Kriemhild Buhl

Mein Vater Hermann Buhl

Kriemhild Buhl

Mein Vater Hermann Buhl

»Das Leben der Eltern ist das Buch,
in dem die Kinder lesen.«

Mit 35 Fotos

Herbig

Bildnachweis

Alle Bilder aus dem Archiv der Familie Buhl, außer:
10, 11, 12 Historisches Archiv des Deutschen Alpenvereins, München
(10 Hermann Köllensperger/FOP 1 FF 548, 11 unbekannt/FOP 1 FF 24,
12 Hans Ertl); 13 Foto Ammon, Berchtesgaden; 18, 19, 20, 21,
22, 23 Kurt Diemberger, Bologna (18–21 auch in: Hermann Buhl,
»Achttausend Drunter und Drüber«, Malik Verlag, München 2005,
22, 23 auch in: Kurt Diemberger, »Aufbruch ins Ungewisse«,
Piper Verlag, München 2004)

Besuchen Sie uns im Internet unter:
www.herbig-verlag.de

© 2007 by F. A. Herbig
Verlagsbuchhandlung GmbH, München
Alle Rechte vorbehalten
Umschlaggestaltung: Wolfgang Heinzel
Umschlagbilder: Privatarchiv der Familie Buhl
Lektorat: Dagmar von Keller
Herstellung und Satz: VerlagsService Dr. Helmut Neuberger
& Karl Schaumann GmbH, Heimstetten
Gesetzt aus der 12/15 Punkt Minion
Druck und Binden: CPI Moravia Books GmbH Korneuburg
Printed in the EU
ISBN 978-3-7766-2506-6

Inhalt

Prolog 7

Teil 1

Mein Vater 13
Eine Romanze 19
Plötzlich Eltern 33
Glück und Trauer 41
Himalaya 59
Allein auf dem Gipfel 69
Plötzlich berühmt 83
Alles gleichzeitig 91
Beim Film 101
Seine letzte Reise, seine letzte Spur 107

Teil 2

Der Tod   121
Das Haus   137
Ingrid – kein Märchen   147
Mütter und Töchter   157
Im Tunnel   179
Freundschaften   191
Cherchez l'homme   209
Abschiede   217
Träume   225
Berge versetzt   243

Nachwort
Von Kurt Diemberger   253

Prolog

Es schneit. Es ist wieder einmal kurz vor Weihnachten, aber anders als viele Male in meinem Leben gibt es weder Hektik noch Aufregung, keinen Streit, keine aufwühlenden Emotionen, keine stumme Bitte um einen friedlichen Ausgang. Ein tiefer Friede breitet sich in mir aus. Die Ruhe kommt aus der Gewissheit, vieles überstanden zu haben und dem Leben gelassen zu begegnen, was auch immer es an Überraschungen für mich bereithält.

Meine Augen ruhen auf dem Bild, das sich mir durch das große Küchenfenster bietet. Dichte Flocken schweben auf die schweigende Landschaft herab, die unter dem Leichentuch des Winters alle Erinnerung an das Leben ausgehaucht hat. So sanft legt sich der Schnee auf Wiesen und Bäume, so zärtlich streicheln die Schneekristalle alles, was ihnen zwischen Himmel und Erde begegnet, dass es mir wie ein Akt der Liebe vorkommt. Der Winter ist die Zeit der Versöhnung in der Natur, in der alle Triebe zur Ruhe kommen dürfen, um Kraft zu sammeln für später, für die Zeit des Erwachens und der Leidenschaften, der Gier nach Wachstum, Fülle und Überfluss. Vielleicht ist der Winter auch die Zeit der Versöhnung zwischen den Menschen, sofern man bereit ist, es der Natur gleichzutun, innezuhalten und sich der Vergänglichkeit unseres Daseins bewusst zu werden. Wenigstens unter dem Tannenbaum. Ich bin in meinen Bergen im Haus meiner Kindheit, das nach meinem Vater benannt ist, der es selbst nie gesehen hat. Fünfzig

Jahre ist er schon tot, begraben unter dem ewigen Schnee *seiner* Berge. Ich habe ihn kaum wirklich kennengelernt, den Helden des Alpinismus in den Fünfzigerjahren. Aber alles in diesem Haus spiegelt die Erinnerung an ihn wider: die vielen Fotos, die er gemacht hat, die Bücher von ihm und über ihn in verschiedenen Sprachen, die Requisiten seiner Bergsteigerkarriere. Das Haus ist erfüllt von seinem Geist, sein Name Legende. Sein kurzes Leben tauchte uns, seine Familie, in grelles Sonnenlicht und überließ uns dann den Schatten der Berge. Im Wohnzimmer ein paar Schritte entfernt von mir schläft meine Mutter. Sie ist über achtzig Jahre alt und müde von der Weihnachtspost.

Ich betrachte sie eine Weile, diese kleine, in eine Decke gehüllte Frau, dieses Vögelchen in ihrem Nest, in ihrem viel zu großen Haus, das sie alleine kaum mehr bewältigen kann. Sie hat so viele Winter durchgestanden, so viele davon ungeschützt nur mit ihren drei Kindern unter den Fittichen, denen sie Wärme und Geborgenheit gab, ohne selbst eine wärmende Schulter zum Anlehnen neben sich zu wissen. Später dann die Winter allein im verwaisten Haus, wir Kinder flügge und nur unsere Bilder, unsere Schulsachen und zurückgelassenen Kleidungsstücke im Kinderzimmer als stumme Zeugen dafür, dass hier einmal das pralle Leben durch die Räume gewogt ist, wo jetzt nur noch ein gelegentliches Gurgeln in den Heizkörpern die Stille hörbar macht. Ich betrachte sie schweigend, um sie nicht zu wecken, so wie sie mich unzählige Male im Kinderbett betrachtet haben mag.

Unvorstellbar, welche Energie diese zarte, zerbrechliche Person damals in sich gebündelt hat, um sich und ihre Trabanten durchzubringen! Meine Mutter. Unvorstellbar auch, dass sie eines Tages ihren letzten Atemzug aushauchen und der Schnee ihr Grab bedecken wird und ich dann nie mehr mit ihr am

Küchentisch sitzen und schimpfen werde: »Jetzt iss doch erst mal in Ruhe dein Essen auf!«

Ich wende mich ab, mich fröstelt trotz der Hitze hier im Wohnzimmer. Gehe in die Küche zurück, an den Küchentisch, an dem ich vor einer Ewigkeit meine Hausaufgaben gemacht habe, an den ich seit meiner Kindheit immer wieder zurückgekehrt bin, allein, mit Freunden, mit meiner Familie, um meine Mutter zu besuchen, diesen Fixstern in meinem oft unruhigen Leben. Wir beide, sie und ich, haben uns nichts geschenkt. Wir haben uns angeschrien und angefleht, wir haben um Verständnis gekämpft, die Messer gewetzt, unsere Wut und unsere Enttäuschung über diesem Tisch ausgekippt. Erst spät, als meine eigene Tochter erwachsen wurde, habe ich angefangen, sie zu verstehen. Und nun, da sie hinfällig wird und mich braucht, erkenne ich ihre Größe. Sie ist die wahre Heldin unserer Familie. Ich bin froh, dass mir noch Zeit bleibt, ihr etwas zurückzugeben: Schutz, Fürsorge und vor allem Anerkennung. Ich möchte sie in einem Buch verewigen, das ich ihr – hoffentlich – eines Tages vorlesen werde. Der Laptop ist aufgeklappt, es ist alles bereit, um den Geist der Vergangenheit heraufzubeschwören. Ich kann beginnen.

Teil 1

»So wie ein Traum scheints zu beginnen,
und wie ein Schicksal geht es aus.«

Rainer Maria Rilke
Aus dem Gedicht »Lieben«, 1896

Mein Vater

Mein Vater starb kurz vor meinem sechsten Geburtstag, kurz bevor ich eingeschult wurde. Es gab Kerzen und Blumen und Tränen für ihn und drei Monate später noch einmal Kerzen und Blumen für mich und Tränen, obwohl ich doch Geburtstag hatte und ein Geburtstag mit Schultüte und nach neuem Leder duftendem Schulranzen ein fröhlicher Anlass ist. Alle, die Mama, die Oma, der Onkel, die Freunde der Familie, sprachen von *ihm*, der fehlte, der stolz auf mich wäre, wenn, ja wenn, während ich stolz meinen Ranzen am Rücken trug und aus der Schultüte naschte. Mein Vater fehlte im Kreis der Familie, natürlich, es war ein Wochenende im September, bestes Bergwetter, ideales Kletterwetter, aber er hätte genauso gefehlt, wenn, ja wenn! In diesem Monat treibt es Bergsteiger unhaltbar hinauf auf Grate und Zinnen.

Mein Vater war auch in den Bergen, als ich sechs Jahre vorher geboren wurde, und als er herunterkam und mich zum ersten Mal erblickte, freute er sich sehr. Nun war er tot und alle waren fassungslos ob der Lücke in unserer Runde. Ich dagegen war stolz, weil ich meinen Namen in wunderbar aufrechten Buchstaben mit Kreide auf meine kleine Tafel schreiben konnte, aber auch traurig, weil Mama weinte. Für mich war er nur weg, wie so oft, im fernen Land Himalaya, wo es eine Märchenwiese gibt, die ich mir bevölkert von Elfen und Zwergen und pfeifenden Murmeltieren vorstellte, aber ohne Tränen. War er wirklich tot? Was bedeutete tot? Er stürzte aus 7000 m

Höhe beim Aufstieg auf die Chogolisa in die Tiefe des Baltoro-Gletschers im Karakorum und wurde nie gefunden. Noch jahrelang, bis ich beinahe erwachsen war, träumte ich immer wieder den gleichen Traum: Mein Vater kommt eines Tages zurück, abgerissen wie ein Vagabund, bärtig, zottelig, die Leute halten ihn für einen Hippie und keiner glaubt ihm, dass er es wirklich ist, der berühmte Bergsteiger Hermann Buhl, der zu sein er beteuert. Nicht einmal meine Mutter erkennt ihn. Nur ich weiß, wer er ist. Ich spüre es in meinen Adern, durch die sein Blut pulsiert, in meinen Beinen, die ihm hinterherwollen, in meinem Herzen, das sich noch immer bemüht, seines zu berühren. Aber man glaubt mir nicht. Und so jagt man ihn von der Schwelle, aus dem Dorf, weg von hier, wo man Herumtreiber und Hochstapler nicht haben will. Schweißgebadet wachte ich jedes Mal auf. Und erkannte, wie sehr ich ihn vermisste.

Wie wäre mein Leben verlaufen, wenn er wirklich zurückgekehrt wäre? Wäre ich sein kleiner Liebling gewesen, sein Stolz, seine Verbündete, die er in Fels und Eis mit sicherem Tritt durch Gefahren und Wagnisse geführt hätte? Die an Vaters Seil ein Gefühl von Sicherheit und Schutz entwickelt, die Angst überwunden und die Gewissheit in sich verankert hätte, allen Herausforderungen gewachsen zu sein? Wäre ich selbstsicher und mutig geworden, unabhängig und frei, zu tun, was ich denke, zu denken, was ich fühle, und zu fühlen, was mir gut tut?

Spekulationen, die es vielleicht nicht gäbe, wenn er da wäre. Kinder brauchen ihren Vater. Einen Vater, der liebevoll und mitfühlend ist, der das Kindliche an sich selbst annimmt, keinen Kraftprotz und keinen Tyrannen. Die Welt ist voll von letzteren und ihren emotional verkrüppelten Kindern. Die Welt ist alles andere als ein Paradies. Aber es gibt auch die anderen, die Traumväter. Man sieht sie auf Spielplätzen und Eislaufbahnen, man sieht sie Trost spenden und Mut machen, sie akzeptieren Pannen bei ihren Söhnen und Wildheit bei den Töchtern, sie bejahen die Eigenart und den Eigensinn ihrer Trabanten, die unverwechselbare Persönlichkeiten werden wollen.

Wäre mein Vater ein solcher Traumvater geworden? Auf jeden Fall hat er mich geprägt. In meinen guten Stunden denke ich: Er steht unsichtbar hinter mir, er war immer da, er hat mir seinen Atem gegeben. In meinen schlechten Stunden denke ich: Er hat mir gefehlt und das hat mich geprägt.

Als Teenager war ich manchmal froh, keinen Vater mehr zu haben, der womöglich mit Prügel droht, wenn ich nicht bis spätestens Mitternacht zu Hause einlaufe. Meine Freundinnen taten mir leid. Sie hatten Angst vor ihren Vätern. Hätte auch *ich* Angst vor meinem Vater haben müssen, als ich die Grenzen meines jugendlichen Tatendrangs auslotete? Da bin ich mir nicht sicher. Bergsteiger haben meist hohe Erwartungen an ihre Kinder. Sie sind wie alle Abenteurer der Inbegriff des männlichen Mannes. Sie retten sich mit eiserner Selbstdisziplin und Härte gegen sich selbst vor dem Urteil, Versager zu sein, schwach zu sein – dem schlimmsten Urteil, das eine mitleidlose, auf Leistung und Gewinn programmierte Gesellschaft über einen Menschen fällen kann.

Mein Vater kehrte wie so viele andere Männer als Überlebender eines verlorenen Krieges desillusioniert und desorientiert in die Heimat zurück. Sie fanden sie zerstört vor, es galt, die Ärmel aufzukrempeln, da blieb keine Zeit zum Nachdenken, zur Reflexion, um das Vergangene zu bewältigen, sich mit Schuld und traumatischen Kriegserlebnissen auseinanderzusetzen. Eine öffentliche Diskussion fand nicht statt, die Katharsis konnte jeder nur mit sich allein vollbringen, wenn überhaupt. Oder man blieb, der man war. Die Vorbilder waren vom Sockel gestürzt, man musste neue erfinden oder sich – ohne Vorbilder – selbst neu erfinden. Der Traum vom sozialen Aufstieg war trotz der Niederlage noch nicht ausgeträumt. Bergsteigen war eine Möglichkeit, das Heroische wieder aufleben zu lassen, ohne sich den gefährlichen Strudeln der Politik zu nähern. Die Freiheitssehnsüchte junger Männer, die sich an der totalitären Politik gerieben hatten, waren nicht verraucht. Sie waren drängender denn je und schufen sich bergsteigend ein Ventil, das harmlos, weil an und für sich unpolitisch ist und dabei gleichzeitig das Ideal des männlichen Mannes erfüllt. Beim Bergsteigen muss man nach vorne schauen, darf sich nicht von den Abgründen, die hinter einem liegen, beirren lassen. Somit entsprach der Bergsteiger ganz und gar dem Bedürfnis des Nachkriegsmenschen, das Vergangene fraglos hinter sich zu bringen und sich neue Heldenlegenden zu entwerfen.

Aus mir wird niemals ein Bergsteiger, dachte mein Vater als Junge, wenn er sehnsüchtig den Größeren nachschaute, wie sie zünftig und kraftvoll davonpreschten. Er schrieb später von sich selbst: *Als Kind war ich so zart, so schwach, dass ich sogar ein Jahr später als normal in die Schule kam.*

Das Empfinden der Unzulänglichkeit kann einen Menschen resignieren lassen, aber es kann auch anstacheln. Mein Vater war offensichtlich trotz seiner körperlichen Schwäche aus hartem Holz geschnitzt. Er gab einfach nicht auf. Er *wollte* Bergsteiger werden, er wollte den Nimbus des Hänflings loswerden und den anderen, den Großen und Bewunderten zeigen, was in ihm steckte. Er *wurde* Bergsteiger. Einer der ganz Großen, der Bewunderten. Die Berge nahmen ihn vollkommen in Besitz.

Für ihn gab es kein Dasein jenseits der Berge, er unterwarf sein Leben dieser Leidenschaft für die Berge, auch die Liebe, auch die Familie. Ich habe keine Erinnerung an das Miteinander meiner Eltern. Sie haben sich geliebt, so viel ist sicher. Aber wie sah ihr Alltag aus in den kurzen Etappen, die einen Anflug von Alltag überhaupt zuließen? Haben sie sich aufeinander eingelassen, sich vertraut, sich miteinander weiterentwickelt? Meine Mutter ist eine ganz und gar emotionale Person, mein Vater war diszipliniert und ehrgeizig. Haben sie es geschafft, den diametral anderen Partner mit der eigenen Wesensart zu versöhnen? Es wäre eine Lebensaufgabe geworden, gewiss. Doch das Leben sollte ihnen nur wenig Zeit dafür geben.

Eine Romanze

Mein Vater arbeitete 1950 in Hintertal (Österreich) südlich des Steinernen Meeres an der Grenze zu Bayern. An sich war er gelernter Speditionskaufmann aus Innsbruck, der in seiner Freizeit, das heißt am Wochenende, für ein Innsbrucker Reisebüro als Bergführer und Skilehrer Führungstouren durchführte. Sein Job bestand darin, Amerikanern, die in Europa stationiert waren, ebenso wie amerikanischen Touristen, die in dieser dollarstarken Zeit einen Eindruck von Österreichs gebirgiger Wunderwelt gewinnen wollten, ein alpines Highlight zu ermöglichen. Seine Touren verliefen äußerst erfolgreich, denn er war sprachbegabt, konnte sich flexibel auf ausländische Kunden einstellen und ihnen abends auf der Hütte noch eine folkloristische Zugabe bieten, indem er Gitarre spielte und dazu jodelte.

Aus den Wochenendtouren wurden infolge der Nachfrage längerfristige Aufträge zum Vorteil des Reisebüros ebenso wie zu seinem eigenen Vorteil, denn die selbstbestimmte Arbeit in den Bergen gefiel ihm wesentlich besser als die logistische Büroarbeit in Innsbruck. Er war sechsundzwanzig Jahre alt, hatte seine ganze Jugend unter nationalsozialistischer Gehirnwäsche und die Kriegshölle von Monte Cassino überlebt, sogar mit der Auszeichnung EK 1, so viel Fremdbestimmung genügte ihm für sein ganzes Leben und deshalb schätzte er sich glücklich, seine Berufung endlich als Beruf ausüben zu können.

In dieser Zeit in Hintertal erinnerte er sich an einen Kriegskameraden nördlich des Steinernen Meeres im Berchtesgadener Land, einen Förster, und als die Tage im März milder wurden, beschloss er, diesen zu besuchen. Auf Langlaufskiern überwand er die sechzig Kilometer über den Hirschbichlpass und stand dann an einem Samstag in dem malerischen Dorf Ramsau vor der Post. Eine junge Frau verließ gerade das Postamt, er sprach sie an und fragte sie, wo das Forstamt sei.

»Ich muss auch in die Richtung«, sagte sie und begleitete ihn. Eine lebhafte Blondine in seinem Alter, grazile Figur, charmant, sie gefiel ihm. Bis sie an der Neuhausenbrücke ankamen, wo sich ihre Wege trennten, hatte sie ihm ihr Leben erzählt.

Sie ging Hermann nicht aus dem Kopf und er beschrieb sie seinem Kriegskameraden, dem Förster.

»Das kann nur die Genie sein, die klettert wie eine Gams. Die hat mit dem Lobenhofer schon Sechsertouren gemacht«, sagte der Förster. Das beeindruckte Hermann. »Kannst du sie mal einladen, wenn ich wieder komme«, bat er seinen Freund. Er hatte gerade für sich beschlossen, die Freundschaft zu seinem Försterfreund zu vertiefen. Sein Freund war zwar kein Bergsteiger, aber er kannte Genie vom Theaterspielen und von Tanzabenden.

»Mach ich«, versprach er und am nächsten Wochenende war Genie zur Theaterprobe bei ihm, als dieser Österreicher völlig verschwitzt auftauchte. Genie gab sich kontaktfreudig. Sie empfand sofort Sympathie für diesen schüchternen Kerl, der mit starkem Tiroler Akzent sprach, das hatte etwas Exotisches. Er war drahtig und nicht besonders groß gewachsen, gleichzeitig wirkte er kraftvoll und selbstsicher. Das gefiel ihr. Dass er verlegen wirkte, gefiel ihr auch. Die meisten Männer ihrer Generation wirkten auf sie eher ungestüm, herrisch, vom

Krieg geprägt. Das machte ihr Angst. Ihr Vater dagegen war still und beharrlich, ihr Bruder nachgiebig. Der andere Bruder, der Älteste, war in Polen gefallen. Obwohl unter Männern aufgewachsen, hatte sie keine Ahnung von ihnen. Männer arbeiteten hart, jammerten nicht. Was sie empfanden, blieb ein Geheimnis. Dieser Österreicher indessen strahlte eine Faszination aus, eine Leidenschaft für das Leben, eine stille Tatkraft. Einerseits wirkte er scheu. Er hörte aufmerksam zu, sagte aber selbst wenig. Auf der anderen Seite sprach aus seinen Worten, wenn er etwas erzählte, die Stärke des Einzelgängers, des Individualisten, etwas Unantastbares, das ihr fremd war und gleichzeitig verheißungsvoll erschien.

Genie, die auf dem Papier Eugenie, die zum Segen Geborene hieß, machte ihrem Namen Ehre. Sie war anmutig und begabt, schrieb Gedichte, musizierte, fühlte sich auf der Theaterbühne ihres Dorfes in ihrem Element, war im elterlichen Haushalt das Mädchen für alles. Die Feriengäste ihrer Mutter liebten sie, die Bauarbeiter ihres Vaters verehrten sie und die Bergsteiger der Region schätzten sie als zuverlässige, mutige Kameradin am Seil und dass sie noch ledig war, konnte man nur ihrem Eigensinn zuschreiben, auf den Besten zu warten, bis er vor ihr stünde. Als er nun vor ihr stand, beim Abschied vor dem Forsthaus, wusste sie mehr als er, denn Frauen waren für ihn, den Mutterlosen, unbekannte Wesen. Er kannte nur wenige, meist Seilgefährtinnen aus seiner Innsbrucker Zeit, wunderbare Frauen, aber er wusste es nicht, weil sie sein Innerstes nicht erreichten.

Nun ließe sich eine hübsche Romanze rekonstruieren: Zwei Menschen lernen sich kennen, verlieben sich, es gibt gesellschaftliche Hürden zu überwinden (er ist ein armer Schlucker und sie die einzige Tochter selbstbewusster Geschäftsleute, die sich für ihr bezauberndes Nesthäkchen eine gute Partie versprechen), aber am Schluss siegt die Liebe und es gibt ein Happy End. Genie hatte die Liebesromane der damaligen Zeit alle gelesen und glaubte an ein glückliches Ende. Hermann las nur Alpinliteratur, aber auch diese endete meistens mit einem Sieg über die Natur, was ihn zuversichtlich stimmte. Seine Erfahrung hatte ihn gelehrt, dass Schwierigkeiten dazu da waren, überwunden zu werden. Allerdings beschränkten sich diese Erfahrungen auf die geologischen Schwierigkeiten in den Kalkalpen, auf die Vertikale.

Mit Genie tauchte die Horizontale an seinem Horizont auf, das Gegenüber von Angesicht zu Angesicht, das Menschliche, dem er sich bisher durch die Flucht nach oben entziehen konnte. Deswegen endet diese Romanze nicht mit einem Happy End, sondern tragisch wie bei den griechischen Klassikern, die beiden fremd waren. Die Götter mögen es nicht, wenn man ihnen zu nahe kommt. Sie sind eifersüchtig und neidisch wie wir Menschen und denen, die das Glück herausfordern, verlangen diese olympischen Krämerseelen gesalzene Opfer ab.

In den nächsten Monaten überwand Hermann an jedem freien Wochenende die sechzig Kilometer zwischen Hintertal und Ramsau mit dem Fahrrad. Die Strecke war ein Gebirgspfad, keine Bundesstraße und Reifenpannen waren an der Tagesordnung. Trotzdem: Er strahlte, wenn er Genie nach dieser Tour de force schüchtern in die Arme nahm, er jammerte nie, im Gegenteil. Es sei ein gutes Konditionstraining, beteuerte er, stimmte seine Gitarre, die er auf dem Gepäckträger mitgenommen hatte, und jodelte sich in die Herzen von Genies Eltern. Denen war dieser Zigeuner erst einmal suspekt, aber immerhin war er höflich, ein kluger Kopf und leistungsfähig.

Sein Ruf als Erstbegeher war beeindruckend, wenngleich ihnen diese Vorstellung in Bezug auf ihre einzige Tochter ein Unbehagen bereitete, das dazu führte, dass Hermann höchstens zur Brotzeit ins Haus geladen wurde, niemals jedoch zum Übernachten in ihrer Gästepension.

Genie war Mitte zwanzig, seit elf Jahren empfängnisfähig, sie hatte außer Küssen und Schuhplattlererotik keine Erfahrung in Sachen Liebe, aber genügend Neugier und Hormone im Blut, um die elterlichen Verbote auf leisen Sohlen zu umgehen. Natürlich hatte sie Angst. Aber die Angst war Teil der Verheißung. Wenn sie Hermann nach dem Abendessen vor die Haustür begleitete, flüsterte sie ihm ins Ohr: »Komm später wieder! Ich warte hinter dem Hühnerstall auf dich.«

Ihr gefiel, dass er warten konnte. Dass er kein Draufgänger war, im Gegensatz zu den betrunkenen Burschen, die gleich aufs Ganze zusteuerten. Hinter dem Hühnerstall sprachen sie über ihr Leben, ihre Träume und erzitterten bei jeder Berührung. Sie ahnten beide, dass ihre Begegnung schicksalhaft und ihre Verbindung unausweichlich war. Wenn er sie an seine Brust drückte und ihr Worte ins Ohr flüsterte, die er noch nie ausgesprochen hatte, von denen er nicht einmal wusste, dass sie in seinem Wortschatz vorkamen, fühlten sie sich so lebendig wie noch nie. Die Liebe war für beide eine Offenbarung. Für sie das lang ersehnte Glück, über das sie in Romanen gelesen hatte und für ihn eine Woge chaotischer Empfindungen, die ihm den Verstand raubten.

Auf seinen einsamen Strecken versuchte er Logik in seine Situation zu bringen, aber es gelang ihm nicht. Sein Begehren war bar jeder Vernunft, es bremste seine Pläne in jeder Hinsicht. Seine kurzfristigen Pläne in Bezug auf die Wochenendtouren in den Kapruner Bergen ebenso wie seine langfristigen

Pläne: sich als Bergführer in den Drei- bis Viertausenderregionen der Westalpen einen Namen zu machen. Diese Pläne rückten in unberechenbare Ferne, weil es ihn am Wochenende auf die immer gleiche Strecke nach Ramsau trieb, um diese betörende junge Frau in die Arme zu nehmen.

Silvester 1950 durfte er bis nach Mitternacht mit ihrer Familie feiern. Er spielte Gitarre, sang dazu, ihre Eltern ließen sich von der Stimmung mitreißen, tranken ein paar Gläser Rotwein, den er mitgebracht hatte, und wankten glücklich ins Bett. Er verabschiedete sich und stieg eine Stunde später auf Strümpfen die Außentreppe hoch zu Genies Dachkammer. Er brauchte nicht zu klopfen. Sie empfing ihn in ihrem selbst genähten Batistnachthemd und ihr Herz stand auf Sturm. Diesmal dachte sie nicht einmal an Zurückhaltung. Genug der Konventionen! Man lebte nur einmal, der Krieg hatte ihr bereits ihre Jugend geraubt, ihm auch, nun galt es, das Leben zu feiern, ihm eine Chance zu geben. Es war ein besonderer Tag. Der letzte Tag des halben Jahrhunderts, einer versunkenen Ära, die keine fröhlichen Erinnerungen hervorrief. Und morgen würde ein neues Jahr, eine bessere Zeit und für beide ihr wahres Leben anfangen. Es stand für sie fest, dass sie zusammengehörten. Sie zog ihr Batistnachthemd über den Kopf, sie entblößte sich zum ersten Mal und sie zitterte nicht nur, weil es eisig in der Dachkammer war, ihre weiße Haut leuchtete im Schein der Kerze wie Gletschermilch, sie hatte keine Ahnung davon, was nun geschehen würde, er auch nicht, er hatte noch nie eine nackte Frau gesehen, aber so viel ahnte er von Frauen, um zu erkennen, dass diese eine Perle war, ein Geschenk, das ihm nur einmal im Leben geboten würde. Es war für beide das erste Mal und mehr aufregend als befriedigend, aber es war ein Wunder. Sie fühlten sich wie schmelzendes Wachs, diese zwei

Körper, die bisher nur Leistung und Askese kannten, so wie man es von ihnen erwartet hatte. Diese zwei hungrigen Körper fühlten etwas Ursprüngliches, etwas, das gleichzeitig besänftigte und süchtig machte, sie fühlten sich nicht mehr allein.

Als er sie zwei Wochen später wieder in seine Arme schloss, war ihr übel, dann blieb ihre Periode aus. Die Mutter merkte es, bevor sie es merkte, und stellte die unvermeidliche Frage. Im März heirateten sie. Sie war blass und nervös. Er durfte nun bei ihr übernachten, was berauschend war, aber er musste sich auch überlegen, wie es weitergehen sollte. Am liebsten hätte er so weitergemacht wie bisher, aber das war unmöglich. Eine Wochenendbeziehung war damals nicht »comme il faut«, ganz zu schweigen von seinem dürftigen Gehalt. Er bemühte sich um seine ehemalige Stelle als Speditionskaufmann in Innsbruck, seiner Heimatstadt. Es war nicht das, was ihm Spaß machte, aber es war das, was man von einem Mann erwartete. Genie, die er liebevoll Generl nannte, weinte beim Abschied von ihrer Familie, ihre Eltern fehlten ihr bereits nach der letzten Umarmung. Tante Marie und Onkel Rudolf, in deren Wohnung das Brautpaar vorübergehend eine Schlafkammer bezog, waren freundliche Leute, aber für die Zugezogene zunächst Fremde. Generl war speiübel und sie hatte Heimweh. Sie assistierte Onkel Rudolf tagsüber im Elektroladen und Tante Marie im Haushalt, beides tat sie gern, denn das lenkte vom Heimweh ab und füllte die Stunden, bis ihr Liebster abends nach Hause kam. Dann kochte sie ihm seine Lieblingsspeisen von den wenigen Lebensmitteln, die es damals im Nachkriegsösterreich gab, Bratkartoffeln und Zwetschgenknödel, und wenn sie spätabends die Tür ihrer Kammer hinter sich schlossen, gehörte der Rest des Tages endlich, endlich ihnen allein. Die Schwangerschaft machte sie empfindsam für seine Berührungen, aber auch unsicher in Bezug auf das Ungeborene. Dieses werdende Leben – sie hatte keine Vorstellung, was sich in ihrem Körper abspielte. Aber sie spürte ihn drängender denn je und lechzte nach der Hitze der Vereinigung, um sich nicht so allein zu fühlen. Langsam lernte sie im Dunkel der Nächte ihren Mann kennen. Seine Verletzlichkeit, die ihn stolz und eigenwillig erscheinen ließ. Seine Bedürftigkeit, deren einzige Zeugin sie in seltenen Augenblicken sein durfte. Seine zarte Anbetung ihrer Mutterschaft und seinen Hunger nach Leben, der ihr aus seinem wärmenden, prickelnden Körper entgegenfloss. In den Nächten suchte er Zuflucht bei ihr vor seinem eigenen Starksein-Müssen, vor seiner Einsamkeit, vor seiner an allen Enden zerrenden Unruhe. Ihr Schoß war sein Ruhepol, dort fand er für ein paar Atemzüge den Frieden, der ihm in seiner mutterlosen Kindheit versagt geblieben war.

Ich war erst vier Jahre alt, als ich meine Mutter verlor, schrieb er später in seiner Autobiografie. Es ist einer der wenigen Sätze über sein Kindheitstrauma. *Sie muss eine feine, zarte Frau gewesen sein. Ihr Bild und die Sehnsucht nach ihr begleiteten mich im Leben.*

Ihr Bild und die Sehnsucht nach ihr hatten ihn in Generls Arme geweht, die aus ebenso feiner Seide gesponnen war wie seine aus dem Grödnertal, dem Herzen der Dolomiten stammende Mutter. Aber im Gegensatz zum elegischen Naturell der Südtirolerin war Generl von quecksilbrigem Temperament. Sie dürstete nicht nur nach fiebriger Fusion in den Mondnächten, sie hungerte auch nach Beachtung bei Tageslicht, nach Zerstreuungen, Geselligkeit und den weltlichen Reizen der Innmetropole. Was konnte er ihr schon bieten?

Die Flitterwochen waren ein schmaler Fleckerlteppich von Blitzlichtern, der Zeit abgerungen, denn Hermann war an den

Werktagen bis weit in die Abende hinein beschäftigt, Überstunden zu sammeln, damit er die Wochenenden für seine Bergtouren frei hatte.

Die Berge ließen ihn nicht los, Generl konnte ihn verstehen. Bis zum siebten Monat begleitete sie ihn auf seinen Touren ins Karwendel. Manchmal bis zur Hütte, manchmal auch weiter hinauf bis zum Einstieg in die Wand, von wo aus sie mit dem Fernglas die Akrobatik seines Höherklimmens bewundernd verfolgte. So konnte sie an seinen Erlebnissen teilhaben und war ihm nahe. Pfingsten 1951 nahm er sie mit auf eine Bergfahrt in die Schweiz, zur Bernina-Gruppe. Trotz des Babybauches und der ungewohnten Kurzatmigkeit schaffte sie den Piz Palu und den Piz Bernina, ihre ersten Eistouren, ihren ersten Viertausender. Beide wussten sie nicht, dass die Anstrengung und der Sauerstoffmangel dem Baby schaden könnten. Im Gegenteil: Die reine Bergluft, die gesunde Durchblutung – das Baby würde ein Teufelskerl werden bei solchem Initialschwung! Sie war glücklich über diese Premiere und er stolz auf seine tapfere junge Frau. Er hatte die Richtige gefunden, das war ihm noch nie so klar gewesen wie jetzt. Sie würde mit ihm durch dick und dünn gehen, wie man sah. Sie war sein Bergkristall, sein Schatz. Übermütig geworden begleitete sie ihn sechs Wochen später zur Marmolata, der weißen Königin der Dolomiten.

Generl kannte bis zu dieser Herausforderung ihre Grenzen selbst nicht. Das Klettern in den Felswänden der Berchtesgadener Berge war für sie, die behende Bergziege, immer eine Spielerei gewesen. Die Bernina-Tour hatte sie ihre ganze Kraft gekostet, gewiss. Aber sie war in Hochform gewesen. Hier, auf diesem nicht enden wollenden Gletscherriesen, im zähen Firn unter sengender Sonne, mit ihrem dicken Bauch, schaffte sie es nur durch Willenskraft, Stunde um Stunde dieser leichtfüßig vorausschwirrenden Fata Morgana eines Ehemannes hinterherzustapfen, ohne aufzugeben. Als sich eine Gletscherspalte vor ihnen auftat, so breit wie ein Ehebett, brach sie in Tränen aus. Hermann nahm Anlauf und war mit einem Satz auf der anderen Seite. »Spring!«, ermunterte er sie. »Ich hab dich am Seil. Es kann überhaupt nichts passieren.« Sie wäre jetzt gern zu Hause bei ihren Eltern im beschaulichen Garten gesessen, einen Kaffee vor sich und ein Strickzeug für das Baby zwischen den Fingern. Wie konnte sie sich nur auf ein solches Abenteuer einlassen? Dieser Vagabund hatte keinen blassen Schimmer von Frauen, von Babybäuchen, von Verantwortung, vom wirklichen Leben und sie, sie hatte diesen Mann auch noch selbst gewählt. Keiner konnte ihr jetzt helfen. »Entweder du springst oder ich geh allein weiter«, sagte er nach einer Weile, als er merkte, dass sie sich immer tiefer in ihre Angst fallen ließ. Die Gletscherspalte leuchtete ihr grünblau und bodenlos entgegen. Die Julisonne brannte sich in ihr Gesicht. Der reflektierende Firnschnee stach ihr in die Augen. Wenn sie Hermann allein weiterziehen lassen würde, ginge sie vor Verzweiflung ein. Und das Baby auch. Es sollte doch eines Tages stolz sein auf seine tapfere Mutter! Na ja, und auch auf seinen Vater, diesen Hasardeur. Sie nahm dreimal Anlauf und stoppte kurz vorher ab. Seine Geduld war zu Ende, er schüttelte verärgert den Kopf. »Reiß dich zusammen, Herrgott noch mal!«, schimpfte er. Sie ließ sich völlig erschöpft in den Schnee fallen und schluchzte los. Als er den Karabiner mit dem Seil ausklinkte, ihrer Nabelschnur zu ihm, schrie sie auf. Er sprang zu ihr zurück, dann wieder vorwärts und wieder zurück, ein paar Mal hin und her, immer wieder über die Gletscherspalte, bis sie seinen Parcours nicht mehr ertrug und ihn festhielt. Er nahm sie in den Arm, beschwichtigte sie mit Tröstungen und Versprechungen, die er nach der Tour bereuen sollte, doch so gelang es ihm, sie langsam zu beruhigen. Dann sprang er wieder, sagte noch einmal: »So, jetzt los!«, und sie nahm Anlauf und sprang mit dem Mut eines Menschen, der mit allem abgeschlossen hatte. Sie sah nicht mehr zurück. Sie wusste, sie würden in wenigen Stunden wieder an derselben Spalte stehen. Aber für den Moment war sie gerettet.

Klaglos stieg sie weiter hinter ihm her, immer weiter, wie eine Marionette. Das straff gespannte Seil war ihr Fokus, es gab nichts als dieses Seil und ihre Füße, die widerstandslos dem Diktat gehorchten. Auf dem Gipfel war sie weder stolz noch glücklich. Sie hatte das Gefühl, bis an ihr Lebensende nur noch schlafen zu wollen, doch das war bedeutungslos. Sie wusste, sie würde alles schaffen, was das Leben für sie bereithielt. Der Abstieg war nicht einen Gedanken wert. Sie würde unten ankommen.

Später, in den Jahren, die folgten, dachte sie manchmal an diese Tour, die nur der Anfang war. Der Anfang einer Ehe ohne Schonung, ohne Rücksicht auf ihre eigene Befindlichkeit, ihre Bedürfnisse.

Ihr Bauch wurde nun von Woche zu Woche praller, die Berghose ging auch mit Tricks nicht mehr über die Hüften, sie musste unten bleiben. Wie sehr sehnte sie sich nach ihrer Familie, wenn sie einen Brief aus Ramsau las, in dem die Mutter ihr Grüße von den Stammgästen ausrichtete und über Hochzeiten, Geburten und Todesfälle aus dem Dorf berichtete. Sie hatte entsetzliches Heimweh, dem nur Hermann abhelfen konnte, wenn er sie nachts in die Arme nahm. An den Wochenenden zog er nun allein fort. Er brauchte diesen Spielraum, das Abenteuer. Sie verstand seine Sehnsucht, auch sie sehnte sich. Sie waren beide nie ganz in der Gegenwart zu Hause, die Gegenwart stillte den Hunger nicht. Seinen nach einer Vollkommenheit gleich jener der Natur und ihren nach der vollkommenen Beziehung.

Anfang September konnten sie in eine eigene kleine Wohnung umziehen, in der Defreggerstraße, ganz nah am Elektrogeschäft von Onkel und Tante. Was für ein Glück! Ihr Bruder Franzl brachte die handgefertigten Lärchenmöbel, ihre Aussteuer, im Lieferwagen nach Innsbruck. Im Gepäck befanden sich außerdem echte Berchtesgadener Bauernbutter, Speck, Johannisbeergelee und Mutters unvergleichlicher Zwetschgendatschi, was alles zusammen wiederum zu Tränen Anlass gab. Weder Ehemann noch Bruder wussten die Tränen zu deuten, nur Tante Marie verstand das Dilemma der verschiedenen Sehnsüchte, dieses grausame Spiel der Gefühle.

Am 11. September 1951, einem Sonntag, war Hermann wie immer unterwegs auf einer Bergfahrt. Generl nagelte Bilder aus Ramsau an die frisch gekalkten Wände, als die Wehen einsetzten. Das Fruchtwasser rann ihr an den Schenkeln hinab, sie erstarrte. Was nun? Der Termin war erst in zwei Wochen. Aber klar, der Umzug hatte ihr viel Schlepperei abverlangt. Sie raffte Nachthemd, Kamm und Babysachen zusammen, schrieb einen Zettel für Hermann, den sie abends zurückerwartete, und rannte hinüber zu Tante Marie. Die gute Seele begleitete sie per Straßenbahn ins Krankenhaus und wünschte ihr viel Glück. Generl fragte sich, wo Hermann war, während sie *sein* Kind auf die Welt brachte? Müsste er nicht wenigstens in der Nähe sein, im Flur, bei den werdenden Vätern, die nervös auf ein quäkendes Lebenszeichen jenseits der Tür warteten? Sie hatte sich die Ehe anders vorgestellt. Aber nun hieß es erst einmal pressen. Noch in derselben Nacht wurde ich geboren. Sie hätte mich so gern als Sonntagskind gesehen. Es nützte nichts. Erst nach Mitternacht, am Montag früh um halb eins machte ich meinen ersten Schrei. Ein paar Stunden später musste sie die Klinik schon wieder verlassen. Die Krankenkasse zahlte bei Patienten dritter Klasse nur die Entbindung. Hermann war derweil auf einer Führungstour mit Fabrikanten im Wilden Kaiser unterwegs gewesen. Ein Wetterumschwung hatte die Gruppe festgehalten, sodass er erst am Montag gegen Abend nach Innsbruck zurückkehrte. Vor der Haustür in der Defreggerstraße begegnete er seiner Frau, die, ein Bündel auf dem Arm, in der abgesetzten Reisetasche nach dem Schlüssel wühlte. »Is des lei die Poppn?«, brachte er überrascht hervor. Mama nickte und Tränen liefen ihr über das blasse Gesicht. Sie war fertig mit allem. So fertig. Er verstand nicht, warum sie weinte. Das Kind war doch goldig. Ein Wunder. Er war hingerissen. Das Kind nannten sie Kriemhild.

Plötzlich Eltern

Mama stillt mich in der Küche, mein Vater nimmt die Gitarre und singt dazu, bis ich nuckelnd einschlafe. Ich habe keine Erinnerung daran. Aber ich bin gesund, ein lebensbejahender Mensch geworden. Kein Glückspilz, kein Sonntagskind, wie Mama es sich erhofft hat. Ein Montagskind. Das Glück fällt mir nicht in den Schoß. Ich muss um mein Glück kämpfen, täglich etwas dafür tun, und sei es nur, achtsam einen Schritt vor den anderen zu setzen, anstatt nach den Sternen zu greifen. Aber ich bringe die Voraussetzungen für das Glücklichsein mit. Meine Eltern haben mir alles in die Wiege gelegt, was man braucht, um Freude am Leben zu haben. Einen leistungsfähigen Körper, ein belastbares Gemüt, eine fröhliche Natur. Ich gerate in vielem meinem Vater nach. Habe seine Körperhaltung, seinen Blick nach vorn, seine Beharrlichkeit geerbt. Auch seine Neugier, seinen Durst nach Wissen und Erfahrungen und seine Selbstgerechtigkeit. Wie er wache ich gleich einem Kettenhund über meine geistige Freiheit und hasse es, mich unterzuordnen.

Mama hat mir ihre geselligen Anteile, ihr Harmoniebedürfnis, ihre Flexibilität mitgegeben. Sie müssen mich in einem Moment grenzenloser Zuversicht gezeugt haben. Als hätten sie in jener glücklichen Silvesternacht 1950 ein Füllhorn guter Wünsche zu den Sternen geschickt und der Himmel habe ein Ohr dafür gehabt. Leider bin ich auch rechthaberisch und starrköpfig, womit ich mir selbst schade. Aber insgesamt, in schwierigen Situationen, staune ich doch jedes Mal, wie belastbar ich bin. Eine Optimistin. In der Lage, den geringsten Strohhalm zu ergreifen, wenn er weiterhilft. Das ist eine großartige Mitgift, für die ich meinen Eltern nicht genug danken kann. Sie haben nicht geschlampt. Hut ab!

Es muss damals, Ende 1951, eine Zeit des ungetrübten Glücks für die beiden gegeben haben. Das junge Paar ist hingerissen von seinem Baby. Das Baby hat alles, was es braucht. Eine hingebungsvolle Mutter, einen stolzen Vater, eine volle Brust. Und im Hintergrund die Harmonie eines Paares, das sich gefunden hat. Als die ersten Zähnchen durchbrechen, bekommt die Harmonie Risse, denn das nächtliche Geschrei stört Papa und macht Mama unsicher. Papa will in Ruhe schlafen, mehr verlangt er nicht. Er ist der Ernährer. Sie weiß es ja. Aber dieses winzige Schneckerl! Man kann es doch nicht seelenruhig schreien lassen, die »Poppn« ist doch völlig abhängig von ihr.

Mein Vater, der nach dem Tod seiner Mutter mit vier Jahren ins Waisenhaus kam, hat nur wenig Mutterliebe erfahren. Er ist trotzdem erwachsen geworden. »Um mich ist auch kein solches Theater gemacht worden und es hat mir nicht geschadet«, sagt er zu Generl und seine Bekannten nicken dazu. Klar, das sieht doch jeder, dass es ihm nicht geschadet hat. Er ist ein Pfundskerl! Der beste Bergsteiger weit und breit, was will man mehr? Oma schreibt, Kinder dürfe man nicht zu sehr verwöhnen, sonst werden sie labil, lass die Kleine schreien, bis sie aufgibt. Tante Marie ist derselben Meinung. Generl gibt ihnen allen recht. Natürlich, ein Kind muss von klein an erzogen werden. Aber doch nicht mitten in der Nacht! Ihr Gefühl sagt ihr, dass ihr Gefühl recht hat, und sie nimmt die Kleine wider alle Ratschläge beim ersten Schrei auf den Arm. Schon wegen Hermann, damit er ungestört schlafen kann.

Wie alle jungen Mütter, die ohne die Hilfe und Geborgenheit einer Großfamilie mit ihrem Baby allein zurechtkommen müssen, ist Generl von Zweifeln hin und her gerissen, wenn sie nachts mit dem Baby über der Schulter durch die Küche geistert, selbst zum Umfallen müde. Dann fragt sie sich, ob alle Frauen so allein sind? Natürlich ist Hermann ein guter Ehemann, das weiß sie. Er ist fleißig, strebsam, interessiert sich nicht für andere Frauen und hockt nicht in Kneipen. Er sorgt für sie und das Kind und liebt sie beide. Aber warum ist es für ihn selbstverständlich, sich seine Erholung zu nehmen, während sie wie ein Geist durch die Küche wankt, obwohl auch sie am Tag ihre Arbeit verrichtet? Kochen, putzen, Wäsche waschen mit der Hand; dann bügeln, einkaufen, nähen. Abends müssen die durchgescheuerten Klettersocken gestopft werden, neue gestrickt und die ganze Babyausstattung dazu, die Kleine wächst so schnell aus allem raus. Kohlen rauf, Asche runter, ach ja, und daneben immer die »Poppn«.

Manchmal, in diesen einsamen Nächten steigt eine Wut in ihr hoch auf Hermann, auf alle Männer, die diesen elementaren Teil des Lebens einfach den Frauen überlassen, als wäre das Kinderaufziehen deren Privatvergnügen. Aber dann schämt sie sich ihrer Wut, wie kann sie nur! Ihre Mutter hat drei Kinder aufgezogen, daneben die Gästepension mit zwanzig Feriengästen geschmissen und im Baugeschäft des Vaters die Büroarbeit erledigt. Gejammert hat sie nie, eher mal gewütet. Alle hatten einen Mordsrespekt vor den Wutausbrüchen der Mutter und verkrochen sich in ihre Löcher, bis der Sturm vorbei war. In den Briefen nach Hause verschweigt sie ihre stumme Wut, natürlich. Sie würde lieber ein wenig klagen, aber das verbietet ihr der Stolz. Ihre Eltern haben sie nicht gezwungen, diesen Innsbrucker zu heiraten. Es hätte in der Heimat genügend bessere Partien gegeben, es war allein ihre Entscheidung. So berichtet sie nur von den schönen Erlebnissen. Von den Fortschritten des Nachwuchses, von Hermanns spektakulären Erstbegehungen, einem Kaffeeklatsch mit ihrer neuen Freundin Herta oder einem gemeinsamen Abendessen mit Hermanns Bergkameraden, für die sie riesige Mengen Speckknödel und Geselchtes gekocht hat, aber diese Männer sind nicht satt zu kriegen. Und manchmal berichtet sie von einem besonders schlimmen Migräneanfall, bei dem sie sich nicht mehr auf den Beinen halten konnte und Traudl, Hermanns zwölfjährige Cousine, bitten musste, sich um Kriemhild zu kümmern.

Zum Glück ist Traudl ganz verrückt nach der Kleinen und umgekehrt. Traudl ist ein Segen für Generl. Sie übernimmt fast jeden Nachmittag für zwei, drei Stunden das Baby, fährt es im Kinderwagen durch den Park spazieren oder nimmt es mit zu ihren Freundinnen. So kann Generl nach wie vor im Elektroladen mithelfen und sich ein Taschengeld dazuverdienen. Manchmal ist sie fast eifersüchtig auf Traudl, die das Baby nur in bester Laune kennt: Nach dem Mittagsschlaf, frisch gewickelt und gefüttert und nie abends, wenn die Kleine quengelig ist und selbst nicht weiß, was sie will.

Wenn Hermann abends nach Hause kommt, hat Generl das Essen gekocht, das er dankbar und genüsslich verschlingt. Er kann Unmengen essen, aber auch tagelang mit nichts auskommen, er scheint völlig unabhängig von körperlichen Bedürfnissen. Auch in der Liebe. Er freut sich, wenn er bei ihr daheim ist, genießt ihre Gegenwart und kann kaum genug kriegen von ihrer zarten Weiblichkeit. Wenn er aber unterwegs ist, bergauf und bergab, tagelang und manchmal nächtelang in Bewegung, ist er so sehr im Takt mit sich selbst, durchströmt vom Flow, diesem Einssein von Körper und Geist, dass er kaum an sie denkt, geschweige denn sie entbehrt.

Generl dagegen sehnt sich nach ihm, wenn er nicht da ist. Sie vermisst seine Präsenz, seine Leidenschaft für alles, was ihn interessiert, seine Intensität. Hermann ist ihr Fixstern, ihre Sonne, er bringt sie zum Blühen. Ist er fort, sind ihre Tage gleichförmig und ihre Nächte kalt. Von ihm strahlt ein Feuer aus, in dem sie brennen möchte, um sich zu spüren. Wenn sie dann das Feuer spürt, wird es ihr manchmal zu heftig. Dann bekommt sie eine Migräneattacke, ihr Stoppschild für zu viele Reize. Bei Migräne muss sie ihn zum sorgenden Ehemann und Vater versklaven. Das hält Hermann nicht lange durch, seine Energie treibt ihn voran. Er kann nicht zu Hause hocken und den Hausmann spielen. Darüber ist sie enttäuscht und beleidigt, es gibt Streit, der ihn erst recht vertreibt. Wenn er wiederkommt, sind sie glücklich wie Flitterwöchner, eine halbe Woche lang, bis ihn die Unruhe aufs Neue packt.

Manchmal kitzelt sie ihm ein Versprechen ab, zu einem gemeinsamen Ausflug oder einem Tanzabend, sie ist geschickt in solchen Manövern. Schließlich war sie Papas Liebling, dem er keinen Wunsch abschlagen konnte. Wenn Hermann so ein Versprechen hält, ist sie im siebten Himmel. Dann gibt es keinen Zweifel: Er ist der beste aller Ehemänner, das große Los. Wenn er nur – na ja, manchmal könnte er einfach von sich aus ein wenig aufmerksamer ihr gegenüber sein. So wie seine Freunde, die ihr Komplimente machen, so wie Onkel Rudolf, der sie wie eine lieb gewonnene Schwiegertochter behandelt und seine Verehrung mit hübschen Geschenken ausdrückt. Hermann sagt, du weißt doch, wie gern ich dich mag, und sie weiß es, natürlich. Aber nicht immer. Nicht wenn es ihn wegtreibt. Er dürfte es ihr ruhig öfter sagen, doch Galanterien sind einfach nicht seine Art. Herta sagt, du kennst doch die Bergsteiger! Sind doch alle gleich, karg wie Urgestein, aber unter der rauen Schale gefühlvoll und treu. »Möchtest lieber einen, der dir Honig um die Goschn schmiert und hinterm Buckel die Puppen tanzen lässt?« Generl seufzt. »Klar, hast ja recht, aber …!?« Sie weiß selbst nicht genau, was sie will. Sie hat zu viele Romane mit romantischem Ausgang gelesen, die allerdings bei den Hochzeitsglocken endeten. Und ihre Eltern waren immer ein Gespann. Sie vermisst das, was ihre Eltern ihr vorgelebt haben. Alles teilen, den Alltag mit seinen Pflichten, Sorgen und Freuden, niemals allein Entscheidungen treffen, alles gemeinsam ausbalancieren. Sie braucht das Gegenüber und den Gleichklang zweier Seelen.

Hermann ist Einzelgänger. Am wohlsten fühlt er sich, wenn er ungestört sein Ziel verfolgen kann. Teams sind ihm zuwider, es sei denn, sie passen sich seinem Tempo an. Und Familie? Hat was, durchaus. Macht Spaß, wenn alles gedeiht. Aber bitte keine Erwartungen! Er ist ja bereit, alles zu tun, damit es seiner Familie gut geht. Es ist schwer für beide, sich gegenseitig zu ertragen. Es gelingt nicht immer. Streit und Tränen sind an der Tagesordnung. Aber beide sind auch extrem belastbar und auf den Partner angewiesen. Besonders emotional. Sie lieben sich und spüren, dass sie sich brauchen. Trotz ihrer Verschiedenheit schaffen sie es, immer wieder zusammenzufinden und glücklich zu sein.

Im Sommer nach Kriemhilds Geburt ist Generl wieder guter Hoffnung. Der stolze Ehemann ist sofort voller Hoffnung auf einen Stammhalter. Sie teilt seine Hoffnung, um ihn glücklich zu sehen. Im Grunde ihres Herzens ist es ihr egal, ob Junge oder Mädchen, Hauptsache, die Schwangerschaft bleibt nicht so beschwerlich, wie sie beginnt. Diesmal ist sie dauernd müde und die morgendliche Übelkeit von der ersten Schwangerschaft weitet sich nun über Tag und Nacht aus. Am schlimmsten ist es beim Kochen. Hermanns geliebtes in Schweineschmalz gebratenes Tiroler Gröstl hebt ihr den Magen, auf Butter auszuweichen verbietet die knappe Haushaltskasse. Sie hat Heißhunger auf Süßes, doch nach dem ersten Bissen Topfenstrudel, den Herta ihr mitbringt, würgt es sie schon wieder. Nach dem Brechreiz beginnt das Kopfweh, dann will sie sich hinlegen und es geht erst recht los. Im Liegen ist sie seekrank wie bei Windstärke elf.

Hermann ist ratlos. Was fehlt ihr denn? Beim ersten Mal ging es ihr doch so gut! Ob das am Buben liegt? Ein Bub wär' schon pfundig! Einer, den er auf seine Touren mitnehmen kann, der in seine Fußstapfen tritt.

Als ich zu laufen anfange, fange ich auch schon zu klettern an. Vom Boden auf den Stuhl, vom Stuhl auf den Tisch, vom Tisch aufs Buffet. Mama hat Angst um mich und Papa ist glücklich. Die wird einmal eine richtige Bergsteigerin, sagt er und ist ganz begeistert von seiner Tochter. Auf einmal sieht er einen Sinn in seiner Zuwendung. Die Kleine ist nicht nur herzig, nein, sie hat seine Anlagen. Sie ist sein Ebenbild. Und trotzdem. Einen Buben könnte man von Anfang an ganz anders einnorden. Abhärten könnte man ihn, anspornen. Für Leistung begeistern. Er weiß doch, wie die Mädels in seiner Jungmannschaft des Alpenvereins waren. Selbst wenn es ihnen im Fels nicht an Geschicklichkeit und Ausdauer mangelte, fehlte ihnen der Biss. Der Kampfgeist, der aus einem guten Kletterer einen Alleingeher und Erstbesteiger macht. »*Ein* Draufgänger in der Familie reicht mir eigentlich«, äußert sich Generl zu seinen Zukunftsplänen für den Buben, der ihr im Moment schon genug Beschwerden beschert. »Vielleicht setzt dir der Innsbrucker Fön zu, vielleicht brauchst du einfach mal Luftveränderung«, meint er, als sie vor Kopfweh die Wände hochgehen könnte. Auch er möchte in diesem Sommer ein paar schöne Wände hochgehen, in den Westalpen, da muss er hin. Also schlägt er ihr vor, für einige Zeit ihre Eltern zu besuchen. Generl nickt. Sie ahnt, dass es ihn in den Beinen kribbelt. Dass sie in diesem labilen Zustand für ihn einen Hemmschuh darstellt. Zumindest moralisch. Dass er nicht rumhocken und Händchen halten kann.

Das Heimweh überfällt sie mit voller Wucht. Sie hat ihre Eltern seit Weihnachten nicht mehr gesehen, sie will sich von ihnen mit frischer Butter und eigenen Hühnereiern aufpäppeln lassen. Sie weiß plötzlich, was ihr fehlt. Oma schickt ihr den Bruder mit dem Motorrad nach Innsbruck, er soll seine Schwester mit dem Baby abholen. Zu dritt kurven sie auf der alten Bundesstraße durch Schwaz, Rattenberg, Wörgl, am Wilden Kaiser vorbei – Hermanns Dorado – über den Pass Strub, den Steinpass, den Pass Schwarzbachwacht nach Ramsau – Generls Dorado. Kriemhild klemmt, in eine Decke gehüllt, zwischen Onkel Franzls Rücken und Mamas Brust und verschläft ihre erste holprige Motorradfahrt auf einer Vorkriegs-DKW.

In Ramsau übernimmt Oma das Regiment. Erst einmal ein warmes Bad für Mutter und Kind und dann ein köstliches Kartoffelpüree mit Gebirgsforelle an heißer Butter. Generl atmet auf. Es tut gut, wieder daheim zu sein.

Glück und Trauer

Nur am Ankunftstag genießt sie das Glück im Elternhaus unbeschwert. Am darauffolgenden Morgen wacht sie mit Bauchkrämpfen auf. Der Schmerz bohrt sich wie eine Schraube durch ihren angespannten Leib. Sie wankt zur Toilette, krümmt sich, ruft nach der Mutter, versucht, den Schwindel wegzuatmen. In ihrer Panik sieht sie das Ungeborene vor sich, das ein Junge werden sollte. Bis die Mutter bei ihr auftaucht, ist der Junge nur noch ein verflossener Traum in einer Blutlache. Der Notarzt bringt sie ins Krankenhaus, wo man ihr unter Narkose die Gebärmutter ausschabt. Als sie nach drei Tagen wieder zu Hause ist, sind ihre Augen in Trauer getaucht.

Die Natur sorge meist selbst dafür, dass nur lebensfähige Geschöpfe ausgetragen werden, hat ihr der Arzt erklärt, und wenn der Fötus nicht in Ordnung sei, stoße ihn der Körper ab. Aber sie sei eine gesunde Frau, sie könne noch eine Fußballmannschaft gesunder Babys auf die Welt bringen, versicherte er ihr.

Im Moment ist ihr das kein Trost, sie fühlt sich wie eine leere Hülle, wie eine Versagerin. Die Nachbarinnen und Jugendfreundinnen besuchen sie mit Blumen und Süßigkeiten, jede erzählt von mindestens einer Fehlgeburt in der Familie, bis der Eindruck entsteht, es gäbe mehr Fehlgeburten als gesunde Lausebengel. Oma mit ihrem Enkelkind auf dem Arm verscheucht die düstere Stimmung, indem sie ein Machtwort spricht. »Denk nicht mehr dran und iss deine Hühnersuppe, die bringt

Leib und Seele wieder in Ordnung! Und überhaupt. So kurz nach dem ersten Kind gleich ein zweites, das ist sowieso ein Unfug. Das Mutterverdienstkreuz ist gottlob mit dem letzten Jahrtausend untergegangen.« Dann setzt sie ihrer Tochter die zappelnde Kriemhild auf den Schoß und fügt hinzu: »Kümmer dich lieber um die Kleine, die stellt mir nämlich das Haus auf den Kopf!«

Vielleicht liegt es an Omas Hühnersuppen, dass Generl sich langsam wieder fängt und die Trauer um das verlorene Kind in die Nachtschicht verbannt, in die Träume, aus denen sie bleibeladen auftaucht, bis ihre quicklebendige Tochter sie mit ihrem Gebabbel in die Wirklichkeit zurückholt. Sie ist froh, in ihrem Elternhaus zu sein, liebevoll umsorgt von ihrer Familie. Und auch die Feriengäste ihrer Mutter, die Nachbarinnen und Jugendfreundinnen sorgen für Ablenkung und Abwechslung, für das tägliche Bad in der Gesellschaft anderer. Sie ist froh, jetzt nicht in Innsbruck zu sein. Gewiss, das Leben in dieser gemütlichen Großstadt mit ihrem internationalen Flair gefällt ihr, denn Generl hat ein Faible für das Mondäne. Sie mag das urbane Treiben inmitten von Bergen, die Aufgeschlossenheit der Städter für alles Neue und Außergewöhnliche.

Was sie dort allerdings entbehrt, ist ihre Familie. Die kluge Mutter, die in jeder Situation weiß, was zu tun ist. Den zuverlässigen, beständigen Vater, bei dem sie Ruhe und Geborgenheit findet. Und ihren Bruder Franzl, mit dem sie die Vertrautheit einer gemeinsamen Kindheit verbindet. Im Grunde ist sie trotz Ehe und Mutterschaft das kleine Mädchen, das Nesthäkchen der Familie geblieben. Sie genießt es auch als erwachsene Frau noch, abends, an ihren Vater gelehnt, Radio zu hören oder sich zu ihrer Mutter ins Bett zu kuscheln, wenn sie kalte Füße hat. Sie ist immer eine folgsame Tochter gewesen. Hat niemals die Autorität ihrer Eltern infrage gestellt, sondern dankbar deren Stärke anerkannt. Was kann es Besseres geben als Eltern, von denen man sich klug geleitet und beschützt fühlt? Aus diesem Grund wäre es für sie viel passender gewesen, einen Einheimischen zu heiraten, um im Dunstkreis der mütterlichen Rockschöße bleiben zu können. Aber sie hat sich nun mal für diesen Innsbrucker entschieden, für den ihr Herz schlägt, auch wenn das Leben an seiner Seite kein »Spaziergang im Park« ist.

Wenn sie morgens den Blick aus dem Dachfenster ihres Ramsauer Mädchenzimmers wirft und über die Bergkulisse des Hohen Gölls schweifen lässt, gilt ihr erster Gedanke Hermann. Durch welche Wand wird er sich gerade hochkämpfen? Er hatte vor, mit einem Bergfreund in die Westalpen zu fahren, zum Mont Blanc und zum Matterhorn, um dort sein Glück zu versuchen. Sein Glück versuchen – sie kennt ihn. Er gibt sich nur mit den extremsten Herausforderungen zufrieden, er ist besessen von der Verlockung des Immerhöher, Immerschwieriger. Die Alpen mit ihren noch immer zahlreichen Möglichkeiten für spektakuläre Erstbegehungen sind für ihn nur Übungsgelände, Training für das Ziel der Ziele, den Himalaya. Wenn ihn nur das Glück nie verlassen möge, hofft sie und sehnt sich bereits wieder nach ihm, obwohl sie dankbar für diese Zeit zu Hause ist.

Nach einer Weile ist auch Kriemhild nicht mehr ruhigzuhalten und rüttelt an den Gitterstäben ihres Kinderbettes. Sie fängt jetzt an, die Welt für sich zu entdecken, nichts ist mehr vor ihrer Neugier sicher, man darf sie keinen Augenblick unbeobachtet lassen. Nicht dass der Kleinen dasselbe passiert wie ihr vor fünfundzwanzig Jahren. Dieser Unfall, der ihre Eltern damals über Nacht um Jahre altern ließ. Und der drastisch vor ihrem inneren Auge auftaucht, sobald sie ihr Kind beim Klettern überrascht. Sie war damals knapp zwei Jahre alt, ihr Bruder Franzl, selbst erst fünf, sollte auf sie aufpassen. So ein Junge hat natürlich keine Lust, sich dauernd um seine kleine Schwester zu kümmern, Nachbarjungs lenkten ihn ab und Generl lief der Katze hinterher, die vor ihr in die oberen Stockwerke flüchtete. Generl verfolgte die ungesellige Stubentigerin bis zur Rumpelkammer im zweiten Stock, die Katze wich durchs offene Dachfenster nach draußen aus, aufs Dach, Generl ihr nach. Sie kam ins Rutschen und landete acht Meter tiefer auf der Hauswiese. Keiner hatte den Unfall bemerkt. Als ihre Mutter am Brunnen hinter dem Haus die Gießkanne füllte, fiel ihr Blick auf ein Stück rosige Haut im hohen Junigras. Sie rief »Wutz, Wutz, Wutz!«, da hatte sich wohl ein Ferkel aus dem Schweinepferch losgemacht, aber das Ferkel bewegte sich nicht. Beim näheren Hinsehen stockte ihr der Herzschlag. Da lag ihr Mädi mit dem rosigen Kinderpopo nach oben und rührte sich nicht. Der Dorfarzt wurde gerufen, die Nachbarschaft kam angelaufen, der Franzl wagte sich nicht mehr heim, denn die Kunde verbreitete sich wie ein Lauffeuer, dass seine Schwester auf dem Küchentisch aufgebahrt lag und die Augen nicht mehr öffnete. Es wurden Kerzen angezündet und Gebete gemurmelt. Resi, die Haushaltshilfe braute Kaffee zur Stärkung auf, aber keiner mochte was zu sich nehmen, alle standen wie erstarrt um das leblos daliegende Kind und warteten auf ein Wunder. Lenei, das Nachbarkind, fragte in die Stille hinein: »Is Mädi schon tot?« Nun flossen Tränen und die Gebete wurden inbrünstiger. Der Pfarrer erschien, ungerufen, und zelebrierte die Zeremonie der Letzten Ölung. Die ganze Nacht standen sie um den Tisch. Keiner brachte es übers Herz, die verzweifelten

Eltern allein zu lassen. Im Morgengrauen kam die Katze laut miauend in die Küche geschlichen, sie klagte ihre Morgenmilch ein und da sich keiner rührte, sprang sie auf den Tisch, schnupperte am Kindergesicht und das Wunder geschah. Das Mädi schlug die Augen auf. Bevor der Schock sich löste, bevor alle gleichzeitig begannen, dem Herrgott zu danken, das Kind zu berühren, zu weinen, zu lachen, bevor die Küche sich in einen Ort des Lebens zurückverwandelte, konnte man einen Engel durch den Raum schweben fühlen. Es muss ihr Schutzengel gewesen sein, ihr treuester Begleiter.

Die Tage in Ramsau vergehen schneller, als Generl lieb ist, die Nächte sind endlos. Die Fantasie treibt ein düsteres Spiel mit der jungen Ehefrau, lässt sie aus Albträumen hochschrecken, in denen sie ihr verlorenes Kind gemeinsam mit dem Vater ins Leere stürzen sieht. Blitz- und Steinschlagträume, deren Nachhall ihr die Gefahren ins Bewusstsein rufen, die sie bei Tageslicht verdrängen kann. Dann spürt sie den kalten Hauch der Einsamkeit, den auch er spürt, wenn die Tiefe einer tausend Meter hohen Wand nach ihm greift.

Doch ihre Albträume sind in *der* Sekunde vergessen, als er nach drei Wochen plötzlich wieder vor ihr steht. Mager, braun gebrannt, strahlend nimmt er sie in seine Arme. Er ist von einer Freiheit erfüllt, die fast greifbar ist. Als sie ihm von ihrer Fehlgeburt erzählt, tut es ihm leid um den Buben und um sie, weil sie gelitten hat, aber seine gute Laune ist kaum zu trüben. »Denk nimmer drüber nach«, tröstet er sie, »bald bist wieder schwanger, und dann wird's ein Pfundskerl!« Oma, die Zeugin dieser Bemerkung wird, fährt ihm vehement in die Parade: »Untersteh dich, Hermann, das Generl ist doch keine Zuchtstuten nicht! Die nächsten drei Jahre will ich nichts von einer

Schwangerschaft hören, bloß dass du's weißt! Du bringst sie mir ja noch um mit deinem Draufgängertum, verrücktes Mannsbild!«

Hermann zwinkert seiner Frau verschwörerisch zu und sie wechselt schnell das Thema, lenkt es auf seine jüngsten Bergtouren. Seine Schilderungen fallen sparsam aus. Wozu viele Worte um Erlebnisse machen, die bereits der Vergangenheit angehören? Seine Gedanken sind längst bei der nächsten Bergtour, der Sommer will genutzt sein und jede gelungene Kletterei gebiert den Wunsch nach weiteren Höhepunkten. Das Karussell der Sucht dreht sich ohne Erbarmen. Nur dass diese Sucht von allen bewundert wird, weil sie von Mut und Idealismus zeugt und unsere Sehnsucht nach Heldentum nährt. Generl ist seine größte Bewunderin, sie will Heldengeschichten hören, die ihr bestätigen, dass sie sich keine Sorgen machen muss, dass er aus jeder Klemme heil rauskommt. »Wo hast dir denn diese Beule am Kopf geholt?«, bohrt sie nach und er lacht und sagt, die stamme aus dem Inn. »Ich dachte, du warst klettern«, frotzelt sie und er lässt sich die Geschichte seines Badile-Abenteuers entlocken.

Diese Tour, die er spontan noch an seine fünfundzwanzig Drei- und Viertausender drangehängt hat, weil das Wetter endlich schön wurde, als er wieder in Innsbruck zurück war. Freitagabend nach der Arbeit verließ er seine Heimatstadt auf dem Rad am Inn entlang zur Schweizer Grenze. Dort, auf einer Wiese abseits der Straße, gönnte er sich drei Stunden Schlaf, denn er war hundemüde. Hatte er doch die Nacht davor wegen einer Vermisstensuche mit der Bergwacht kein Auge zugetan. Um vier Uhr früh weckten ihn die Vögel und er radelte weiter innaufwärts durchs Engadin, vorbei an den lieblichen Seen von Silvaplana und Sils zum Malojapass hinauf, dann die steilen Kehren auf der anderen Seite hinunter ins eintausendeinhundert Meter tiefer gelegene Val Bregaglia, dem Bergell. Er versteckte sein Fahrrad und stieg zur Sciorahütte auf. Inzwischen wurde es schon wieder Mitternacht. Am Sonntag früh um vier begann er mit dem Einstieg in die Badile-Nordostwand, um elf stand er auf dem Gipfel. Dort traf er auf italienische Bergsteiger, die seinen Alleingang durch diese Senkrechte, die zu den schwersten Westalpenwänden zählt, kaum glauben konnten. Haben doch die wenigen Seilschaften, die diese Wand bisher durchstiegen, nicht weniger als drei Tage gebraucht! Hermann dachte an die beiden Bergsteiger, die ein paar Jahre vor ihm auf diesem Gipfel vor Erschöpfung den Tod fanden. Die Italiener in ihrer neidlosen Bewunderung bestürmten ihn, sie nach Lecco hinunter zu begleiten. Sie wollten diesen vielversprechenden Tiroler in ihre Top-Kreise einführen und mit ihm klettern. Es wäre für beide Seiten eine Ehre gewesen, aber er musste leider ablehnen. Er musste ja wieder nach Innsbruck zurück, wo ihn am Montagmorgen die Pflicht erwartete. Der Brotberuf, der Klotz am Bein jedes passionierten Bergsteigers! Wieder einmal verfluchte er diesen Klotz. Ein herzlicher Abschied von den Italienern, Abstieg zur Sciora-Hütte, wo ihm der begeisterte Hüttenwirt von seinem besten Wein immer wieder nachschenkte, bis Hermann kaum mehr von der Eckbank hochkam. Einen Moment lang wollte ihn Müdigkeit überfallen und die Lust, sich einfach mal treiben zu lassen, sich der weinseligen Lethargie hinzugeben. Es half nichts, er musste weiter und preschte im Laufschritt zum Tal hinunter, zu seinem Fahrrad. Er fühlte sich schwerelos wie ein Vogel, von den Schwingen seiner Euphorie und dem Schwindel des Rausches getragen. Ein Gefühl des Jubels durchströmte ihn, des Verzückens über die Weite der Welt. Der Himmel war sein, die Erde war sein, er kannte keinen knausrigen Besitz, keine Grenzen und Trennungen, ihm floss alles zu und er war Teil von allem.

Erst als er sich auf dem Drahtesel die zahllosen Kehren zum Malojapass hinaufkämpfte, wich der wohlige Rausch einer schweißtreibenden Ernüchterung. Von der Passhöhe des Maloja sind es einhundertvierzig Kilometer Landstraße nach Innsbruck. Stunde um Stunde strampelte er im Takt seiner Pedale talauswärts. Die Monotonie seiner Bewegung und die Dunkelheit machten ihn schläfrig. Kurz vor Landeck musste er eingeschlafen sein. Jedenfalls fand er sich plötzlich im eiskalten Inn wieder, der Hochwasser führte. Er hatte Glück im Unglück. Er kam mit einer mächtigen Beule am Kopf davon. Aber das Fahrrad, das er nur mit Mühe aus dem reißenden Fluss retten konnte, war unbrauchbar geworden. Völlig verbogen. Er nahm es im Bus mit nach Innsbruck und hat es wieder reparieren können. »Ihr seht, es geht immer gut aus«, scherzt er in der Küche seiner Schwiegereltern, »auch wenn ich auf Triathlon umdisponieren musste.«

Sein Schwiegervater, der Baumeister, sinniert im Stillen, was könnte dieser zähe Schwiegersohn leisten, wenn er seine Kräfte für eine sinnvolle Sache einsetzen würde! Jetzt, nach dem Krieg, da es einen solch riesigen Bedarf an neuen Häusern gibt. Und da vergeudet der seine Energie an Wänden, die schon da sind, die immer da sein werden, anstatt sich mit Stockwerken ein Denkmal zu setzen! Jammerschade! So viel Kraft und nichts bleibt davon übrig. Eine Sünde.

Sein Schwager Franzl freut sich für ihn. Wenigstens einer in der Familie, der sich aus dem Alltagstrott abseilt in ein wildes, abenteuerliches Leben, wenigstens einer, der sein Talent nicht wegwirft. Wie gern täte er es ihm gleich! Aber er kann ja nicht, er darf nicht, er ist seit dem Krieg der einzige Sohn. Seine Eltern bauen auf ihn.

Burgi, Hermanns Schwiegermutter, ist nicht unempfänglich für das Heroische, aber realistisch genug, als dass sie sich davon mitreißen ließe. Sie wischt die Exkursion in das Fabelhafte mit einem Machtwort vom Tisch: »Jetzt wird's Zeit, dass du dich wieder um deine Familie kümmerst, schau, die Kleine fremdelt schon bei dir. Und das Generl weiß bald nicht mehr, wo sie hingehört. Mach mir bloß mein Dirndl nicht unglücklich!«

Hermann flüstert seiner Frau etwas ins Ohr, das ihre Augen zum Leuchten bringt. In die Schweiz will er sie mitnehmen, zum Eiger. Mit seinem Freund Sepp habe er bereits Vereinbarungen getroffen, es sei noch Platz im VW für sie und das Kind, sie werde von der Hütte aus mit dem Fernglas seine Kletterei verfolgen können. Das ist seine Art, seine Frau glücklich zu machen. Während andere Ehemänner ihren Tribut für häusliche Zufriedenheit beim Juwelier hinblättern oder ihre Frauen ins teuerste Restaurant am Platz ausführen, quartiert er seine Frau mitsamt der zehn Monate alten Kriemhild im Matratzenlager der vollgepfropften Berghütte am Kleinen Scheidegg ein, dem Ausgangspunkt für die berüchtigte Eiger-Nordwand. »Bis heute Abend sind wir wieder herunten«, raunt er ihr zum Abschied, lange vor der Morgendämmerung, zu. Er ist sich des Gelingens sicher. Er hat sich nie besser gefühlt. Seine Seele schwingt mit jedem Schritt zum Berg hin, er fühlt sich wie ein Klangkörper, ein Instrument, das zum Klingen gebracht wird. Beim Anblick der Wand, beim ersten Abtasten des kalten Felsens spürt er, wie das Leben in ihm aufwallt, in ihm überquillt. Der Fels steigt ihm in den Kopf wie ein Schuss Heroin.

Das ist der schönste Augenblick bei jeder Tour. Der Beginn. Es ist eine Verliebtheit. Eine Konzentration auf das begehrte

Objekt, alle Zweifel sind ausgeschaltet. Die Wand lockt ihn, sie ist nur zu dem einen Zweck geschaffen worden, um von ihm durchklettert zu werden. Damit er seine Spur auf ihr hinterlässt. Ihr mit seiner Signatur einen Namen gibt. Damit er sie adelt. Auf die Frage, warum er auf die Berge klettere, warum er sich diesen Strapazen aussetze, wird Hermann später einmal antworten: »Weil sie da sind und darauf warten, bestiegen zu werden.«

Die Gipfel bekommen ihren Sinn erst durch den Menschen, der einen Weg findet, sie zu erobern. Der Berg an sich ist nichts als ein geologisches Phänomen, ein Hindernis. Durch den Menschen wird er zum Kunstwerk. Der Bergsteiger modelliert aus dem Hindernis eine Route heraus, unter seinen Händen entstehen Griffe und Tritte, bündeln sich zu Traversen, Kaminen, Rinnen, Überhängen, Bändern und Rissen, wo für das ungeübte Auge nichts als lebensfeindlicher, unbegehbarer Fels ist. Bergsteiger sind Künstler. Sie entdecken das Verborgene im Vorhandenen. Eine Route durch den Fels zu zeichnen ist eine Komposition aus Schwerkraft, Fantasie und Körperbeherrschung.

Wenn, wie bei der Eiger-Nordwand, unvorhersehbare Wetterstürze vorkommen, schreibt der Mensch das Hindernis zum Epos um, oft mit tragischem Ausgang. Die Tragik ist die Kehrseite der Leidenschaft, am Berg wie in der Liebe. Bergsteiger sind auch Liebhaber. Sie sehen das, was sonst keiner sieht, die Schönheit einer Linie, einer Geste, die Schönheit einer Route. Sie verfallen dem Objekt ihrer Begierde, sie kommen nicht zur Ruhe, bis sie dieses Objekt mit Händen greifen können.

Hermann legt Hand an den Fels. Es ist hier nicht der vertraute, griffige Freund. Es ist abwärts geschichteter, griffloser Stein, nass, glitschig, brüchig, und auf allen Vorsprüngen liegt feiner Sand von den Steinlawinen, die sich bei Sonneneinwirkung aus dem Eis lösen und die Tour besonders gefährlich machen. Eine spröde Geliebte, diese Wand, sie zeigt ihm von Anfang an die kalte Schulter. Und doch ist sein Enthusiasmus nicht zu bremsen. Es wird keine Genusstour werden, es wird einen erbitterten Zweikampf geben, davon ist er schon nach wenigen Stunden überzeugt. Trotzdem könnte er schreien vor Lust an der Herausforderung, der er sich gewachsen fühlt. Der Kampf wertet das Unternehmen auf, macht den Todesmutigen zum Helden, verhilft ihm zur Transzendenz, die er zum Überleben so nötig hat, weil das bürgerliche Leben außerhalb der Gefahrenzone seine Sinne nicht erreicht. Im Kampf mit dem allmächtigen Berg kann er alle Ängste überwinden, die ihn schwach machen: die Angst, zu scheitern, die Angst, ohnmächtig einem höheren Willen ausgesetzt zu sein; die Angst vor der Einsamkeit, dem freien Fall, dem Ausgelöschtwerden. Er kennt diese Ängste aus frühester Kindheit. Sie waren so vernichtend, dass er sie ausblenden musste, um nicht zu verzweifeln. Aber in den Bleikammern seiner Seele gären sie weiter, lassen ihn nicht zur Ruhe kommen, sorgen für Rastlosigkeit. Seine Ängste sind sein Auftrieb. Denn am Berg, Auge um Auge mit dem berechenbaren Feind, dessen Macht er sein eigenes Können entgegensetzt, empfindet er sich als ganzer Mensch. Kämpft sich voran durch das schreckliche Labyrinth von Todesangst, Erschöpfung, Entbehrung, Hunger, Durst und Kälte, nur um sich zu spüren. Um zu fühlen: ich lebe. Wenn er klettert, kann er alles andere vergessen. Er hat viel zu vergessen. Im Waisenhaus war er einer der Kleinsten, der Schwächsten. Ein sensibles, schüchternes Bübchen, das Angst vor allen hatte: vor den strengen Aufseherinnen ebenso wie vor den größeren Kindern, die jeden in die Zange nahmen, der unterlegen war. Um das Waisenhaus zu vergessen, hätte er sich durch sämtliche Bergwände der Welt klettern können.

Lustig ist das extreme Bergsteigen nicht. Die Romantik der Bergvagabunden, denen die Welt zu Füßen liegt und die sich frei wie die Vögel von Gipfel zu Gipfel schwingen, hat ein Bergsteiger seiner Gewichtsklasse längst hinter sich gelassen. Und doch kommen auch die guten Gefühle zum Zug: die Lust am Überwinden der Schwerkraft, die Freude am Gelingen einer schwierigen Passage, der Genuss beim Verschnaufen nach einer Anspannung, die Befriedigung über das Geleistete. Die guten Gefühle dauern nur kurze Augenblicke. Trotzdem sind sie der Kraftstoff, der den Motor Bergleidenschaft antreibt und die Fantasie des Bergsteigers entzündet. Eine Fantasie, die für wahre Größe unverzichtbar ist. Extreme Touren verlangen mehr als Mut, Geschick und Ausdauer. Sie verlangen Inspiration.

Drei Tage und drei Nächte hält die Wand Hermann fest. Nicht nur ihn und Sepp, sondern drei weitere Seilschaften, die sich mit ihnen zu einer Schicksalsgemeinschaft gegen die katastrophalen Witterungsverhältnisse zusammenschließen. Schnee- und Steinlawinen prasseln über die neun Männer hinweg, der Fels überzieht sich mit einer Eisglasur, die jede Ritze ausfüllt. Das Weiterkommen geht quälend langsam vonstatten, da jeder Griff mit dem Pickel frei geschlagen werden muss. Das Heulen des Sturms macht die Verständigung unmöglich, die Kälte bohrt sich in die Knochen, zieht jegliches Gefühl aus Fingern und Füßen, lässt die Seile zu Metallstangen erstarren, die durchnässte Kleidung hart werden wie Holz. Die Sicht reicht kaum zum nächsten Griff, man braucht Intuition, um den nächsten Schritt zu setzen.

Hermann ist froh, die Tour anhand von Karten und Tourenberichten gründlich studiert, sie in seiner Vorstellung schon durchklettert zu haben. Manche Kameraden halten ihn für pedantisch. Einige leben nicht mehr. Haben sich auf das Glück oder ihr Improvisationstalent verlassen. Er weiß, dass man ohne Improvisation keinen Gipfel erreicht. Aber ohne Planung kann es einem passieren, dass man hundert Meter unter dem Gipfel aufgibt, weil man keine Vision hat. Die Vision ist eine innere Karte des Geländes, die dem kundigen Bergsteiger den Weg vorgibt, auch wenn er ihn nicht sieht. Die Vision ist eine Spielanleitung, wenn das Spiel ausweglos scheint. In diesem Inferno führt Hermann seine internationale Seilschaft durch diese Wand, die nicht aufhören will. Für zweihundertfünfzig Höhenmeter brauchen sie den ganzen zweiten Tag. Dabei wollte er die eintausendachthundert Meter Vertikale an einem Tag schaffen. Für Extremtouren gibt es keine Standards. Alles hängt vom Wetter ab. Wenn man Pech hat, kostet ein Höhenmeter bei schlechtem Wetter so viel Kraft wie hundert Meter bei günstiger Witterung. Jeder Meter verlangt die volle Konzentration. Diese Wand ist unerbittlich. Wenn er seine Konzentration verlöre, würde sie ihn nicht auf sich dulden.

Die Nächte im Biwaksack sind keine Erholung. Kein Gedanke an Schlaf, auch wenn die Erschöpfung überwältigend ist. Überleben erlaubt keinen Schlaf. Der Schlaf ist der Bruder der Todes. Jedenfalls bei minus zwanzig Grad Kälte in einer Steilwand hängend. Man würde erfrieren. Nur durch Konzentration gelingt es den Männern, wach zu bleiben in ihrem Leichentuch aus nassen Klamotten, die exponierte Lage durch keine unbedachte Bewegung zu gefährden, die Blutzirkulation anzuregen. Die Gedanken kreisen um den nächsten Tag, die nächsten Seillängen, die nächste Sturmböe. Manchmal schweifen Hermanns Gedanken ab zu Generl mit dem Kind unten am Fuß des Berges. Er weiß, das Warten kann schlimmer sein als der Aufenthalt in der Hölle. Die Hölle ist zumindest selbst gewählt. In der dritten Nacht verbeißen sich die Gedanken in Durst- und Hungerfantasien. Ein Königreich für einen Schluck heißen Tees, für Bratkartoffeln! Es ist quälend, an dampfende Speisen zu denken, wenn der Magen knurrt. Aber es ist eine Möglichkeit, wach zu bleiben. Jeder ist allein im Kokon seiner Gedanken. Das gemeinsame Seil stellt nur eine imaginäre Verbindung unter den Männern dar. Die Einsamkeit jedes Einzelnen ist nicht mitteilbar. Also auch nicht teilbar. Jeder Mensch ist mit seiner Einsamkeit allein. Diese Erkenntnis hat für Hermann etwas Erlösendes. Bestätigt sie ihm doch, dass Gemeinschaft eine Illusion ist. Gewiss eine tröstliche Illusion, aber trotzdem. Es ist gut, der Einsamkeit ins Auge zu sehen, sie einfach auszuhalten, dann kann man alles ertragen. Die Einsamkeit ist die Talsohle menschlicher Empfindungen. Tiefer kann man nicht fallen. Wer sie erträgt, ist gerettet. Nun darf es Morgen werden, sagt er sich. Genug sinniert.

Der Eiger hat Hermann diese Erfahrung gelehrt, er wird für immer sein Berg der Erkenntnis sein. Aber bei aller Erleuchtung – jetzt will er langsam den Gipfel zu fassen kriegen. Er kann es kaum erwarten, die Nacht hinter sich zu bringen. Nach dem dritten Biwak senden Nieren und Lunge stechende Schmerzen aus. Der Körper lebt also noch, ist sein erster Gedanke. Wär' auch schade um die frisch gewonnene Erleuchtung, wenn ihr der Körper abhandenkäme. Der Körper muss in Schwung kommen, so geschwächt er auch sein mag. Mühsam wird er vom Diktat des Willens, dieses Tyrannen, nach oben getrieben. Im Zentrum aller Mühen steht immer der höchste Punkt. Der Gipfel. Dort gibt man sich die Hand, für Worte ist man zu ausgelaugt. Auch für Glücksgefühle, für jedes Gefühl. Die Erschöpfung verdrängt jede weitere Wahrnehmung. Es ist, als sei die Flamme erloschen. Mechanisch seilen sich die Männer ab. Der Berg gibt sie frei. Sie sind seiner überdrüssig. Sie wissen nicht mehr, welche Sehnsucht sie zu ihm geführt hat. Er hat seine Macht verloren. Welchen Sinn haben diese Strapazen gehabt, fragt Hermann sich beim Abstieg, wenn am Schluss nur noch ein Wunsch bleibt? Zu schlafen, bis ans Ende aller Tage zu schlafen. Sein Leben erscheint ihm sinnlos, er hat auf das falsche Pferd gesetzt. Die Berge nehmen alles und geben nichts, sie spucken dich aus und lassen dich als Wrack zurück. Er schaut sich nicht ein einziges Mal um, als er über Geröllhalden und Matten der Kleinen Scheidegg zustrebt.

Und seine Frau, wie verbringt sie die drei Tage? Auch sie hängt am Seil. An einer unsichtbaren Kordel, die sie jeglicher Autonomie beraubt, sie wie eine Marionette zum Fernglas greifen lässt, sobald die Wolken einen Ausschnitt der Wand preisgeben. Wenn der schwarze Fels zwischen Nebelfetzen auftaucht wie ein Schiff in den Wellen, für ein paar Minuten nur, um dann wieder zurückzugleiten in ein Wellental, dann tasten ihre Augen hastig über den Fels auf der Suche nach seinem roten Anorak, nach einem Punkt, der sich bewegt, einem Zeichen von Leben.

Rastlos stromert sie mit dem Kind auf dem Arm durch das Gelände. Es ist auch bei ihr unten auf zweitausend Metern Meereshöhe kein Wetter zum Wandern. Schneeregen peitscht ihr ins Gesicht, die Kleine quengelt, weil sie die Anspannung der Mutter spürt, weil es kalt ist und weil sie lieber selbst krabbeln möchte. Also flüchtet Generl immer wieder in die Hütte, um sich aufzuwärmen, einen Tee zu trinken, vom Hüttenwirt heißes Wasser für das Fläschchen zu erbitten, in das sie Milchpulver rührt. Die Kleine ist eine Ablenkung, aber auch eine Last in diesem Gewimmel. Denn die Hütte ist brechend voll von

Bergsteigern, die auf besseres Wetter, und von Tagesausflüglern, die auf Sensationen warten. Wo könnte man bessere Chancen haben, Bergsteiger in Bergnot zu sichten, Rettungseinsätze mitzuerleben, das Prickeln des Tragischen zu spüren, ohne selbst in Gefahr zu sein? Die Gespräche kreisen um die vier Seilschaften, die in der Wand hängen. Generl kann es kaum ertragen zuzuhören. Weghören gelingt ihr auch nicht, denn ihre Gedanken kleben ohnehin an der Wand. Sie hatte sich so sehr auf diesen Ausflug gefreut. Und nun hockt sie in dieser Hütte fest. Dabei muss sie dankbar sein, im Warmen zu sitzen. Wenn sie an die Männer da oben in klirrender Kälte denkt, zieht es ihr die Schuhe aus. Dann drückt sie die Kleine an sich, spielt »Hoppe Hoppe Reiter, wenn er fällt dann schreit er« mit ihr. Dieses Spiel liebt die Kleine und lacht sich kringelig, wenn der Reiter plumps macht, und Generl gibt es jedes Mal einen Stich ins Herz bei dem Reim, der so makaber ist angesichts der Situation. Das Matratzenlager abends ist ihre Zuflucht. Die Kleine schläft zum Glück ganz brav in dieser fremden Umgebung. Die Höhe, das kalte Wetter draußen, die vielen Menschen in der Hütte haben sie müde werden lassen. Generl lauscht ihrem ruhigen Atem, vergräbt ihre Nase in dem duftenden Babyschopf, schickt lautlose Stoßgebete zum Himmel und findet irgendwann Erlösung im Schlaf.

Am dritten Tag ist sie mit den Nerven am Ende. Sie hält es in der Hütte nicht mehr aus. Wieder und wieder treibt es sie nach draußen. Wenn sie dem Kind beim Gehen Schillers Ballade von der Bürgschaft aufsagt, ohne stecken zu bleiben, wird ihr Hermann entgegenkommen. So versucht sie das Schicksal zu beschwören. Als sie mit der Bürgschaft fertig ist, kommt der Erlkönig an die Reihe, dann die Glocke, der Taucher, der Löwe von Florenz. Sie schwört auf die Macht der Suggestion, sie gibt nicht auf. Mitten im Reiter über den Bodensee hört sie näher kommende Stimmen, dann das Knirschen von Schritten auf Geröll. Sie ruft »Hermann«, hört die vertraute Stimme antworten, dann schält sich aus dem Nebel eine Gestalt heraus, der sie entgegenfliegt. Es ist keine Fata Morgana. Die Balladen haben geholfen.

Hermann umarmt seine Frau und sein Kind. Wie gut tut es, erwartet zu werden. An ihrer Seite taut seine erstarrte Seele wieder auf. Seine wunderbare tapfere Frau. Sie ist seine einzige Geliebte, seine Heimat. Er muss verrückt sein, sich von den Bergen den Kopf verdrehen zu lassen. Sie halten nicht, was sie versprechen, sie ruinieren die besten Männer und deren Familien gleich mit. Was für ein Glück hat er mit Generl, seiner Perle. Er wird in Zukunft mehr Zeit mit ihr verbringen, das schwört er sich. Doch die Vorsätze verliebter Extremalpinisten sind wie Aprilschauer. Schnell vergessen.

Himalaya

Im Herbst 1952 erhält Hermann eine Einladung zu einer deutsch-österreichischen Himalayaexpedition. Ziel der Expedition ist der 8125 Meter hohe Nanga Parbat, auf dem bereits mehrere deutsche Expeditionen gescheitert sind. Als er den Einladungsbrief in den Händen hält, kann er sein Glück kaum fassen. Das Ziel der Ziele – nun rückt es in greifbare Nähe. Er sucht seine Bergfreunde auf, um mit ihnen die fröhliche Nachricht zu feiern. Über den Initiator und Organisator der Expedition, einen Dr. Karl Herrligkoffer, weiß keiner seiner Kameraden irgendetwas.

Von Heinrich Harrer, der vor dem Krieg bereits unterwegs zum Nanga Parbat war, erfährt er, dass Herrligkoffer ein Stiefbruder von Willy Merkl sein soll. *Dem* Willy Merkl, der vor dem Krieg von seiner zweiten Nanga-Parbat-Expedition nicht mehr zurückkam. Auch Harrer hat eine Einladung bekommen, zögert aber, sie anzunehmen. Er hat kein Vertrauen zu diesem Expeditionsleiter Herrligkoffer, der Arzt in München, aber kein Bergsteiger ist und obendrein als eitel gilt. Zwei weitere Bergkameraden von Hermann, Hias Rebitsch und Anderl Heckmair, bekommen ebenfalls eine Einladung. Auch sie lehnen letztendlich ab, ebenso wie Harrer. Hermann ist verunsichert. Ein gutes Team ist das A und O für das Gelingen einer so gefährlichen Unternehmung. Andererseits – im Moment ist es seine einzige Chance, zu einem Achttausender zu kommen. Er sagt zu und stürzt sich mit Feuereifer in die Vorbereitungen.

Gleichzeitig bietet ihm das Sporthaus Schuster in München eine Stelle als Berater in der Alpinabteilung und als Bergführer für Führungstouren an.

Damals, Anfang der Fünfzigerjahre, begann der organisierte Pauschaltourismus und auch der organisierte Abenteuertourismus. Man zahlt bei einem Reiseunternehmer eine festgelegte Summe und für diesen Preis hat man Anspruch auf das Abenteuer Matterhorn zum Beispiel. Das Abenteuer ergibt sich in erster Linie für den Bergführer, der den zahlungskräftigen, aber nicht immer schwindelfreien Kunden auf den Gipfel hinaufkriegen muss, egal wie. Hermann nimmt auch dieses Stellenangebot an, es ist in jeder Hinsicht eine Verbesserung. Und es erleichtert ihm die Expeditionsvorbereitungen, da diese in München stattfinden und das Team vom Sporthaus Schuster ausgerüstet wird.

Eine Wohnung findet sich allerdings nicht so schnell. Die Wohnungsnot in den deutschen Nachkriegsstädten ist Legende. Hermanns Schwiegervater hat schon recht: an der Vertikalen muss noch viel gearbeitet werden. Generl zieht mit der Kleinen vorerst zu ihren Eltern nach Ramsau und Hermann wohnt vorübergehend bei Verwandten. Vorerst und vorübergehend – nun ja. Es werden dann acht Monate daraus, in denen das Paar getrennt lebt, sich nur hin und wieder am Wochenende trifft. Hermann versichert seiner Frau, dass sie in einer gemeinsamen Wohnung auch nicht mehr voneinander hätten, denn er verbringt praktisch seine gesamte Freizeit im Expeditionsbüro. Dort wird geordnet und geschrieben. Die gesamte Ausrüstung muss in englischer Sprache, englischen Maßeinheiten und in Dollarwerten registriert werden. Zehn Tonnen Gepäck müssen so gepackt werden, wie man sie später brauchen wird. Aufgeteilt zwischen Basislager und Lager fünf. Es werden Anträge gestellt, Bittschreiben um Geldspenden verschickt, Verträge aufgesetzt.

Wenn über den Expeditionsplan diskutiert wird, geht es nicht immer harmonisch zu. Der Expeditionsleiter hält nichts von demokratischen Beschlüssen, er ist der Kapitän, er entscheidet. Die Teilnehmerverträge für die Bergsteiger sind Knebelverträge. Sie erlauben den Bergsteigern, ihr Leben für den gemeinsamen Erfolg zu riskieren, aber nichts darüber hinaus. Sollte die Expedition gelingen, bleiben sämtliche Vermarktungsrechte beim Leiter. Was das im Klartext bedeutet, verdrängt Hermann. Er sagt sich: Eins nach dem anderen. Schauen wir erst mal, dass wir den Berg kriegen. Dann sehen wir weiter. Herrligkoffer kann den berühmten Kameramann Hans Ertl für die Expedition gewinnen, das bedeutet Prestige und Geld. Für den Film, den Ertl am Nanga Parbat drehen soll, zahlt die Filmfirma achtzigtausend Mark in die Expeditionskasse. Damit ist das Unternehmen finanziell auf sicheren Beinen. Es kann losgehen.

Die Stadt München gibt für die Teilnehmer eine schillernde Abschiedsgala, schließlich ist die Expedition ein nationales Ereignis. Der Wettkampf um die vierzehn Achttausender hat 1950 begonnen, als die Franzosen Maurice Herzog und Louis Lachenal den Annapurna bestiegen. Eine britische Expedition ist gerade unterwegs zum Mount Everest, auch Schweizer, Italiener, Japaner und Amerikaner mischen seit Beginn der Fünfzigerjahre in der Achttausender-Lotterie mit. Die Extremen der Bergsteigernationen stehen in den Startlöchern. Es ist für die Deutschen und Österreicher höchste Zeit, sich einen Himalayariesen zu schnappen, es ist eine Frage der Ehre, des Patriotismus, nach dem verlorenen Krieg zumindest einen Gipfelsieg für sich verbuchen zu können. Der Nanga Parbat gilt schon seit

Jahrzehnten als der »Schicksalsberg« der Deutschen, obwohl oder gerade weil mehrfache Besteigungsversuche an ihm gescheitert sind. Kein Berg war bisher gnadenloser seinen Angreifern gegenüber. Keiner forderte mehr Opfer: einunddreißig Tote bei acht Expeditionen.

Die Stimmung beim Abschied in München im April 1953 ist eine Mischung aus Euphorie und geschäftiger Unrast, sie lässt auch bei den Zurückbleibenden keinen richtigen Abschiedsschmerz aufkommen. Generl ist optimistisch, sie vertraut auf ihren Hermann. Was er sich in den Kopf setzt, schafft er. Davon ist sie überzeugt. Zweifel und Besorgnis schaltet sie weg wie einen rauschenden Sender. Darin hat sie mittlerweile Übung. Zweifel und Besorgnis sind Ballast, der niemandem nützt, ja vielleicht sogar das Unglück anzieht, wer weiß? Das beste Mittel, sich gegen die Heimsuchung durch ungute Gefühle zu schützen, ist die Flucht in die Arbeit. Sie ist froh, die Zeit des Wartens in ihrem Elternhaus zu verbringen, wo Gästepension und Baugeschäft mit jeder Menge Arbeit über sie herfallen und Stillstand gar nicht erst aufkommt. Klein-Kriemhild fängt zu sprechen an, zu ihren ersten Worten gehört Papa-Lalalaya.

Die Leute im Dorf verfolgen die Expedition mit persönlichem Interesse. Ist doch eine der Ihren, die Genie, in der Wochenschau zu sehen gewesen, wie sie ihren Ehemann in München verabschiedet hat. *In der Wochenschau* – man stelle sich vor. Dieser Buhl werde noch einmal die Scheinwerfer über unserer Heimat erstrahlen lassen, munkeln sie, unserer Heimat, die durch seine Ehe ja so etwas wie seine Wahlheimat sei. Man findet, man könne wieder stolz darauf sein. »Hast schon was gehört vom Hermann?«, spricht jeder Generl auf offener Straße an. Plötzlich ist sie jemand. Nicht nur die fesche Tänzerin, die muntere Schauspielerin von der Dorfbühne und die kleine Schwester vom Franzl, dem Bergwachtmitglied. Sie ist die Frau von diesem Mordskerl, auf den sich die Hoffnungen der ganzen Nation fokussieren. Und hier, wo es nach Adolfs Zeiten wieder still geworden ist, ist sie daheim. Wenn das nichts ist! Sie waren nie näher an einem Achttausender.

Eine Woge der Achtung schlägt Generl entgegen, das schmeichelt ihr. Sie ist nicht allein mit ihrer Nervosität, die Leute fiebern mit ihr neuen Etappennachrichten entgegen, das macht die Spannung erträglicher. Nur für ihre Eltern ist sie noch immer dieselbe. Einmal Tochter, immer Tochter. Wenn Burgi, ihre Mutter, sie beim Plausch mit dem Postboten ertappt, ruft sie ihr vom Balkon aus runter: »Hast du das Dreier-Zimmer vergessen? Zum Schwatzen ist jetzt keine Zeit, schau lieber, dass du mit den Betten fertig wirst!« Da bleibt keine Muße, um ins Grübeln zu fallen.

Währenddessen hat sich das Expeditionsteam in Genua auf die *Victoria* eingeschifft und lässt sich die letzten Tage vor dem großen Marsch von umherschwirrenden Stewards mit opulenten Diners und einem kurzweiligen Vergnügungsprogramm auf hoher See verwöhnen. Hermann ist kein Freund von Kurzweil und üppige Mahlzeiten schätzt er eher *nach* vollbrachter Tat. Die vielen Menschen auf dem Vergnügungsdampfer sind ihm eine Plage, das allabendliche Zeremoniell geht ihm auf die Nerven. Er findet kaum Ruhe, um sich auf die kommende Herausforderung zu konzentrieren. Er kann es gar nicht erwarten, endlich diesen schwimmenden Ballsaal mit seinem sinnlosen Getriebe hinter sich zu lassen. Selbst die Weite des Meeres ist ihm nur eine schöne Kulisse, aber auch nicht mehr. Sie verdammt ihn zur Untätigkeit, das macht ihn rastlos.

In Karachi schlägt die Ohrfeige der tropischen Hitze auf die Männer ein, bis die Zollformalitäten für einhundertzwanzig Tonnen Ausrüstung in orientalischer Umständlichkeit abgewickelt sind. Aber irgendwann sitzen sie in der Eisenbahn nach Rawalpindi. Später in Jeeps, die sich auf einer urzeitlichen Straße entlang dem Indus hinaufquälen, bis sie in Gilgit ankommen, von wo aus sie eine Karawane von Trägern und Mulis zur Märchenwiese hinauftreiben, der letzten Station vor dem großen *Whiteout*. Es ist der 24. Mai, der Pfingstsonntag 1953. Seit fünf Wochen sind die Männer schon unterwegs, haben sich mit streikenden Trägern, nicht eingehaltenen Vereinbarungen der örtlichen Verbindungsleute, unbrauchbaren Fahrzeugen und anderen Widerwärtigkeiten herumgeschlagen, sodass der Zeitplan längst Makulatur geworden ist. Hier auf der Märchenwiese zwischen Tannen und Kiefern können sie das Basislager aufbauen und sich ein letztes Mal wie »zu Hause« fühlen. Von hier aus beginnen sie auch die Einrichtung der Hochlager.

Die Wegsuche durch den Gletscherbruch kostet Zeit und Schweiß. Wie schwerer Seegang, in wilder Bewegung erstarrt, drängen sich die eisigen Wellenberge und Wellentäler des Rakhiotgletschers bergab. Gläserne Klötze gleich Wolkenkratzern ragen einhundert Meter und höher in den Himmel, Spalten führen ebenso tief hinunter in das Gedächtnis der Erde. Dieses Labyrinth von Eiswürfeln, Türmen und Abgründen, worin man völlig den Überblick verliert, gleicht einer Großstadt aus Eis, deren Mauern einem über dem Kopf zusammenschlagen und deren trügerische Unterwelt von tiefem Schnee verdeckt ist.

Der Nanga Parbat, der »Nackte Berg«, wie er in der Sprache der Einheimischen genannt wird, weiß, was er seinem üblen

Der junge Hermann Buhl auf Bergtour in seinen Tiroler Bergen

Hermann Buhl als Neunzehnjähriger während seiner Ausbildung zum Sanitätssoldaten

3 Auch Generl erkletterte in ihrer Jugend die Gipfel ihrer Berchtesgadener Heimat.

4 *Der Held der Nation*

5 Hermann und Generl heiraten 1951 in der Dorfkirche von Ramsau.

6 Hermann mit Frau und Tochter Kriemhild bei einem seltenen Familienausflug

7 In der Senkrechten ist Hermann zu Hause.

8 Bergsteiger sind Künstler: Sie entdecken das Verborgene im Vorhandenen.

9 Hermann in den Dolomiten, der Heimat seiner Mutter

10 Von den Strapazen gezeichnet: Hermann nach seinem Alleingang zum Gipfel des Nanga Parbat (© Historisches Archiv des Deutschen Alpenvereins)

11 Die Mannschaft der Nanga-Parbat-Expedition von 1953 – rechts außen Hermann Buhl (© Historisches Archiv des Deutschen Alpenvereins)

12 Dieses Foto ging um die Welt: 41 Stunden nach Verlassen des kleinen Zeltes kommt Hermann Buhl nach überstandener Gipfelbesteigung des Nanga Parbat wieder zu seinen Kameraden zurück.(© Historisches Archiv des Deutschen Alpenvereins)

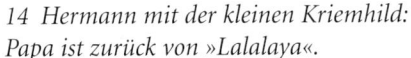

13 Die Heimat empfängt ihren Helden nach seiner Rückkehr vom Nanga Parbat.

14 Hermann mit der kleinen Kriemhild: Papa ist zurück von »Lalalaya«.

15 Hermann vor dem Haus seiner Schwiegereltern in Ramsau

16 Nach der Nanga-Parbat-Expedition fällt alle Spannung von Hermann ab.

17 Papa ist endlich wieder zu Hause und Kriemhild gut behütet.

Ruf, nichts an sich heranzulassen, schuldig ist. Immer wieder schickt er meterhohen Neuschnee, der jeden Elan unter sich begräbt. Und wenn es einmal nicht schneit, brennt die Sonne gnadenlos herunter.

Den ganzen Juni lang ist man bemüht, Hochlager zu errichten, mit Proviant aufzufüllen, Seilsicherungen für die Träger zu installieren, mehr Männer nach oben zu bringen, um die Versorgung zu gewährleisten, Vorstöße zum Gipfel zu planen und wieder aufzugeben, weil das Wetter nicht mitmacht. Während über Radio die Nachricht »Der Everest ist am 29. Mai 1953 gefallen« das Hauptlager erreicht, schindet sich eine Handvoll Extremer, zwischen Lager drei und Lager fünf ab, die Stellung zu halten, bis das Inferno der Lawinen und der Schneestürme nachließe, bis das Wetter besser würde. Die Kooperation zwischen den Organisatoren im Hauptlager und den Bergsteigern in den oberen Lagern verschlechtert sich. Unstimmigkeiten sind an der Tagesordnung. Es ergibt sich das klassische Muster für eine Niederlage. Für die Gipfelmannschaft sieht es manchmal so aus, als habe man sie unten vergessen. Der Nachschub von unten kommt immer wieder ins Stocken. Hermann steigt die zweitausend Höhenmeter zwischen Lager drei und Lager fünf unzählige Male auf und wieder ab, um Vorräte nachzubunkern, um die Spuren freizutreten, um sich selbst immer wieder zu regenerieren. Dieses dauernde Rauf und Runter ist für ihn die beste Höhenanpassung. Er ist nach ein paar Wochen bestens akklimatisiert. Die Höhenmedizin rät heute: Climb high, sleep low. Hermann kennt diese Empfehlung noch nicht, aber instinktiv macht er es richtig. Denn oben im sturmgepeitschten Lager fünf auf sechstausendneunhundert Metern Höhe hält er es nicht lange aus. Kopfschmerzen und ein quälender Höhenhusten rauben ihm den Schlaf, die nächtlichen Neuschneemassen drücken das Zelt ein. Das Weiß dringt ihm bis in die Knochen. Er muss jede Nacht mehrmals aufstehen, um das Zelt freizuschaufeln, die Zeltstangen vor dem Einknicken unter der Schneewalze zu retten und literweise Schnee für Tee zu schmelzen, denn der Flüssigkeitsbedarf in dieser Höhe ist immens. Er fühlt sich wie Sisyphos zu endlosen Strapazen verurteilt, aber er fühlt sich lebendig. Er hat ein Ziel und dieses Ziel ist sein Motor, der alle seine Handlungen beherrscht und ihn mit Leidenschaft für das Äußerste erfüllt. Schmerzen, Kälte, Durst, Erschöpfung und Angst sind der Tribut, den er klaglos für diese Leidenschaft leistet. Der Weg zum Ziel, wird er später einmal sagen, ist es immer wert, sein Äußerstes zu geben, weil man dafür sein Innerstes bekommt. Einen tiefen Blick in das pulsierende, lebendige, kreatürliche Ich, einen Widerhall der Seele.

Unter diesen qualvollen Umständen jagen die Tage und Wochen dahin, ohne dass etwas Entscheidendes geschieht. Am Nanga Parbat mussten schon viele umkehren im hoffnungslosen Kampf gegen das Wetter, gegen die Zeit oder auch gegen sich selbst. Am 30. Juni kommt die Anweisung von Herrligkoffer, die Spitzengruppe solle zur Generalüberholung und Krisenbesprechung ins Hauptlager absteigen. Das Barometer kündigt ein Hoch an. Jetzt absteigen? Das wäre das Ende der Expedition. Denn mit dem Beginn des Monsuns ist täglich zu rechnen. Oder stecken sie bereits mitten im Monsun? Egal. Sie haben sich nicht vier Wochen lang für nichts abgekämpft. Das ist ihre letzte Chance. Sie widersetzen sich dem Befehl. Schließlich sind sie nicht in der Armee, wenngleich Himalayaexpeditionen damals sehr viel Militärisches anhaftet. Als ergreife das Schicksal die Partei der Mutigen, ändert sich am 1. Juli die Wetterlage mit einem Schlag. Der Nanga Parbat lächelt, die Monsunwolken sind wie von Zauberhand vom Himmel gefegt. Acht Mann in Lager drei atmen auf. Sie steigen wieder einmal auf zu Lager vier, das verschwunden ist. Es muss erst aus dem Schnee gegraben werden. Ein Teil der Männer bleibt hier, Hermann und Otto Kempter steigen am nächsten Tag weiter auf zum Grat, der zum Silbersattel führt. Es ist schon spät, als sie auf sechstausendneunhundert Metern das Zelt aufstellen. Zwei Männer unter dem Gipfel, der eintausendzweihundert Höhenmeter und sechs Kilometer Luftlinie entfernt ist. Eine gigantische Entfernung in der Todeszone. Zwei Männer mit ihren Hoffnungen und Ängsten. Sturm kommt auf und rüttelt am Zelt. Gegen Mitternacht flaut er ab. Otto schläft. Er hat die besseren Nerven. Hermann findet keinen Schlaf. Seine Gedanken kreisen unablässig um das »morgen«. Das Denken macht ihn verrückt, also steht er auf und kocht Tee. Um halb zwei Uhr nachts weckt er seinen Kameraden mit dem heißen Getränk. Der dreht sich im Schlafsack um und brummelt, es sei ihm noch zu früh. Er komme später nach. Daraufhin packt Hermann seinen Rucksack: Speck, Dextro, Ovosport, Tee, einen Beutel Dörrobst, seinen Tiroler Wimpel und die pakistanische Flagge. Dann noch seine Kamera, einige kreislauffördernde Tabletten gegen Erfrierungen und einige Pillen Pervitin für den äußersten Notfall. Als er um halb drei Uhr nachts das Zelt verlassen will, wacht Otto auf. Ein kurzes Zwiegespräch, ja, der Freund macht sich jetzt auch marschbereit. Hermann gibt ihm seinen Speck, damit er nicht alles allein zu tragen hat. »Ich spure einstweilen voraus, holst mich dann ja bald ein«, sagt er zum Abschied und geht in die klare Nacht hinaus. Der eisige Atem des Weltalls schlägt ihm entgegen.

Allein auf den Gipfel

Es gibt Männer, die dazu bestimmt scheinen, immer als Erste zu gehen, den Weg zu bestimmen. Sie sind voller Zuversicht und Selbstvertrauen, sie sind die Ersten, die die Grenzen des Lebens überschreiten, den Tod neben sich wissend, den treuesten Begleiter.

Die Nacht ist klar. Fahl beleuchtet die Mondsichel den einsamen Mann auf dem Grat. Bedächtig und zügig stapft er bergauf, Stunde um Stunde. Zwei Atemzüge je Schritt, er ist zufrieden. Im Nordosten, über den Bergen des Karakorum, bildet sich ein Silberstreifen und allmählich weicht die Nacht. Es verspricht ein herrlicher Tag zu werden. Es ist fünf Uhr früh, er setzt sich in den Schnee, verzehrt ein paar Bissen Dörrobst und lässt sich von der Wunderwelt des Ausblicks verzaubern. Hermanns Mut ist ungebrochen, als er hinaufsieht. Über ihm strahlt die geschwungene Linie des Silbersattels, das Tor zum Gipfel. Unter ihm erkennt er Otto als winzigen Punkt am Beginn der Querung. Der wird ihn bald einholen, er braucht ja nicht zu spuren. Auf ihn warten kann er nicht. Heute darf er keine Minute verschenken. Der weitere Weg ist furchtbar mühsam, ein lästiges Auf und Ab über schneegepresste Windgangeln wie über eine aufgewühlte, jäh erstarrte Wasserfläche. Der Silbersattel scheint immer noch gleich weit entfernt. Es ist die dünne Luft, die jedes Maß raubt, das Schätzungsvermögen zunichte macht. Nach zwei Stunden erreicht er die Kimme des Silbersattels. Endlich. Er lässt sich in den Schnee fallen, trinkt einen sparsamen Schluck aus der Feldflasche. Und rafft sich gleich wieder auf. Er muss weiter. Vor ihm erstreckt sich das drei Kilometer lange Hochplateau, es will nicht enden. Langsam schleicht sich eine bleierne Müdigkeit in alle Glieder. Er ringt nach Luft. Ein Schritt, fünf Atemzüge. Was ist los mit ihm? Ist das die Todeszone? Siebentausendfünfhundert Meter zeigt der Höhenmesser. Ja, er ist in der Todeszone. Der Körper baut unweigerlich ab, das Blut wird so dickflüssig, dass es die Zellen nicht mehr versorgen kann, was über kurz oder lang zum Tod führt. Der Wettlauf gegen die Zeit hat begonnen. Er spürt es mit jedem mühsamen Atemholen, mit jeder Bewegung. Die eigene Kraft lässt nach, die Kraft der Sonne nimmt höllisch zu. Ist das die Strahlung? Eigenartig, der Schnee ist trocken, die Luft kalt, doch die Sonne brennt sich unerträglich in ihn hinein, dörrt den Körper aus und zwingt ihn mit ihrem Gewicht in die Knie. Er hockt sich in den Schnee, atmet, versucht etwas zu essen, aber nichts will rutschen. Die Schleimhäute sind schon ganz ausgetrocknet. Jetzt hätte er gern den Speck bei sich. Er bildet sich ein, dass er wenigstens *den* schlucken könnte. Doch den hat Otto im Rucksack.

Dort draußen am Silbersattel ein Punkt. Otto. Wäre schön, wenn der Kamerad jetzt hier wäre. Nicht nur wegen des Specks. Der Punkt scheint sich nicht zu bewegen. Hoffentlich hat er nicht aufgegeben! Später wird er von ihm erfahren, dass ihn am Silbersattel die Kräfte verließen und er zum Zurückgehen gezwungen war.

Es ist zehn Uhr vormittags. Hermann rafft sich wieder auf. Der Rucksack lastet wie Blei auf den Schultern. Braucht er ihn überhaupt noch? Proviant ist für ihn wertlos geworden, er bringt ihn ja doch nicht mehr hinunter. Also lässt er ihn zurück. Bindet nur den Anorak um die Hüften, steckt den Eispickel wie ein Schwert an die Seite, Feldflasche und Wimpel verschwinden in den Tiefen der Taschen. Den Fotoapparat umgehängt und auf die beiden Stöcke gestützt, setzt er seinen einsamen Weg fort. Der Tag dehnt sich endlos vor ihm aus und doch eilt die Zeit. Eine Mulde löst die andere ab, jeder Schritt kostet Überwindung. So viele Schritte! Vom Vorgipfel führt ein steiler, felsiger Abbruch hinunter. Was für eine Verschwendung, der Höhenverlust! Es nützt nichts. Er muss hinunter. Und denkt bereits daran, dass er später, auf dem Rückweg, diesen Gegenanstieg vor sich haben wird. Er darf gar nicht daran denken – erst der Gipfel.

Seine Rechnung geht nicht auf. Bis Mittag wollte er auf dem Gipfel sein. Es ist bereits zwei Uhr nachmittags, als er die Bazhin-Scharte erreicht, die tiefe Senke zwischen Vor- und Hauptgipfel, siebentausendachthundertzwanzig Meter hoch. Noch dreihundert Meter Höhenunterschied bis zum Gipfel. Der Hunger nagt, der Durst quält, aber Hermann will sich den letzten Schluck Tee so lange wie möglich aufsparen. Die Etappen zwischen einer Rast und der nächsten werden kürzer und kürzer. Er möchte liegen bleiben. Nie mehr aufstehen müssen. Vielleicht hilft das Pervitin? Es zwingt die letzten Reserven aus dem Körper heraus. In wenigen Stunden müsste er ja wieder zurück sein und bis dahin wird die Wirkung schon anhalten, sagt er sich. Zögernd steckt er sich zwei Tabletten in den Mund und wartet auf die Wirkung. Sie bleibt aus. Oder hilft es doch, würde er sonst keinen Schritt mehr machen? Das schwierigste Stück kommt erst: steile Granitaufschwünge, steile Firnflanken. Klettern. Die Skistöcke lässt er zurück. An den Füßen vorbei sieht er hinab in das Rupaltal, fünftausend Meter tiefer. Gleichgültig nimmt er dieses Bild in sich auf. Er ist zu apathisch, als dass die Eindrücke auf ihn wirken können.

Das Klettern lenkt ab, nimmt ihn ganz in Anspruch, aber immer nur für Minuten. Sobald er einen Stand hat zum Verschnaufen, schlägt die Erschöpfung mit nie gekannter Wucht auf ihn ein. Das Herz will sich einen Weg aus seiner Brust heraushämmern. Er ringt nach Atem und zwingt sich weiter. Hier befiehlt der Geist, der an nichts anderes denkt als an das Hinauf. Der Körper kann schon lange nicht mehr. Wie in Selbsthypnose bewegt Hermann sich vorwärts. Mit der Unbeirrbarkeit eines Geschosses, das auf seine Bahn geschickt wurde, nähert er sich dem Gipfel. Auf allen vieren kriecht er voran, hält auf den höchsten Punkt zu. Um sieben Uhr abends steht er oben. Allein. Einsam wie nie zuvor. Auf diesem Fleck, wo noch nie ein Mensch seinen Fuß hingesetzt hat. Am Ziel seiner Wünsche. Doch er ist sich der Bedeutung des Augenblickes kaum bewusst. Kein Gefühl von Glück oder Siegerfreude. Nur Erleichterung, weil es nicht mehr aufwärts geht. Und grenzenlose Leere. Der Raum unter ihm hat jede Erinnerung an ihn verloren. Der Raum über ihm hat jede Erinnerung an den Himmel verloren. Er befindet sich im Niemandsland des ersten Menschen. In einer Zeitblase eingeschlossen, losgelöst von der Welt. Die Sonne berührt bereits den Horizont, unten in den Tälern ziehen die Schatten dahin.

Die Zeit holt ihn wieder ein und er tut, was getan werden muss. Mechanisch knipst er Fotos von den unzähligen unberührten Gipfeln rund um ihn. Von seinem Tiroler Wimpel, den er auf den Eispickel gehängt hat. Und dann von der pakistanischen Flagge, die zuletzt mit dem Eispickel auf dem Gipfel zurückbleibt. Schnee und Eis werden den Pickel bald unter sich begraben, das Foto aber wird in die Geschichte eingehen. Knapp fünfzig Jahre später wird ein Japaner diesen Pickel auf dem ausgeaperten Gipfel wiederfinden und sie Hermanns Witwe im fernen Deutschland überreichen. Noch einen letzten Blick zurück, dann wendet er sich ab. Der große Tag geht zur Neige. Da fällt ihm ein Versprechen ein. Er geht nochmals zurück zum höchsten Punkt und steckt einen kleinen Stein ein. Für seine Frau, die zu Hause wartet und bangt. Dann steigt er zur Schulter ab. Gefährlich ist der Abstieg. Er vermisst seinen Pickel. Weiter unten nimmt er die abgelegten Skistöcke wieder auf. Ein Steigeisen lockert sich plötzlich und ehe er danach greifen kann, verschwindet der Befestigungsriemen unter ihm auf Nimmerwiedersehen. Er hat nichts bei sich, um das lose Steigeisen am Schuh festzubinden, nicht einmal ein Stückchen Schnur. So muss er ohne dieses Eisen weitergehen. Traumwandlerisch bewegt er sich abwärts, die Dämmerung bereits im Nacken. Wenn er doch nur die Bazhinscharte noch erreichen würde! Dann könnte er bei Mondschein über das Hochplateau zum Lager fünf gelangen. Doch plötzlich ist es Nacht. Keine zweihundert Meter unter dem Gipfel überfällt sie den einsamen Mann und hält ihn fern von allem Leben gefangen. Hermann hat gerade noch Zeit, sich auf ein wackeliges Felssims zu retten, einen Stand für beide Füße. So groß wie ein Taschentuch. Zum Sitzen ist der Platz zu schmal. Mit dem Rücken zur Wand, stehend, ohne Zelt oder Biwaksack, sogar ohne warmen Pullover, muss er die Nacht durchhalten. Nicht einmal ein Seil, um sich vor dem Absturz zu sichern, hat er bei sich. Die Senkrechte saugt an seinen Füßen, die eisige Luft des Kosmos schlägt ihm entgegen. Und doch erweckt der Gedanke an die bevorstehende Nacht kein Grauen in ihm. Er ist von seltsamer Gelassenheit. Als müsse es so sein, als gehöre das zu einem Achttausender dazu. Ihm fällt das Padutin ein, das kreislauffördernde Mittel als Schutz gegen

Erfrierungen. Die Pillen bleiben ihm fast im Hals stecken, ohne Flüssigkeit. Er schaut auf die Uhr. Neun Uhr abends. Hoffentlich hält das Wetter! Jähe Müdigkeit übermannt ihn. Er kann sich kaum mehr aufrecht halten. Der Kopf fällt nach vorn, die Augenlider werden schwer, er döst ein und wird sich dessen gerade noch gewahr. Erschreckt reißt er den Kopf hoch. Was ist? Wo bin ich? Eine Sekunde hat er jedes Gefühl für Zeit und Raum verloren. Dann sieht er, wo er ist: schutzlos, in einer steilen Felswand, unter ihm der schwarze Abgrund, um ihn herum nichts als die Unermesslichkeit der Nacht. Er sieht sich selbst da stehen, er ist sein eigener Beobachter, Subjekt und Objekt zugleich. Das Objekt will immer wieder abtauchen, der überwältigenden Müdigkeit nachgeben, sich vom Schlaf heimführen lassen in die sanfte Dünung des »Nicht-mehr-Müssens«. Das Subjekt hält ihn mit eisernem Griff fest, zwingt ihm seinen Willen auf, wach zu bleiben, aufrecht zu stehen, die Stöcke nicht loszulassen, die Finger zu bewegen, damit sie nicht erfrieren. Es ist ein Duell mit sich selbst. Der Berg ist vergessen, der Kampf spielt sich in seinem Innern ab. Er findet keine Ablenkung, die ihn von seinem Ich befreien könnte. Der Mond versteckt sich hinter dem Gipfel, die Stille überlässt ihn seiner Einzelhaft. Jeder Augenblick ist von Dauer, es gibt nur dieses Hier und Jetzt und sein erbarmungsloses Aushalten. In raumloser, zeitloser Einsamkeit gebärt er sich selbst, schält Ursprüngliches, von vielen Geschlechtern Verschüttetes aus sich heraus, bis es blank und sein dichtestes Ich ist. Jahrtausende werden rückwärts eingeholt, bis er beim Urgrund aller Empfindungen ankommt: der Angst, hilflos zu sein. Vor dem Tod selbst hat er keine Angst. Der Tod ist allgegenwärtig, vertraut, sein beständiger Genosse. Sie haben sich aneinander gewöhnt, sie respektieren sich. Bergsteigen ist, wie Gottfried Benn sagte, der

Widerstand gegen den herausgeforderten Tod. Angst macht ihm das, was vor dem Tod passieren könnte: schwach zu werden, von der Müdigkeit niedergemäht, von der Kälte für die Ewigkeit konserviert zu werden. Besiegt zu werden. Die Kälte hat ihn bereits in ihren stählernen Krallen, die Füße sind abgestorben, er kann sich ja nicht bewegen auf diesem winzigen Stand. Er muss das Einzige mobilisieren, was ihm an Widerstand in dieser ausweglosen Lage noch geblieben ist: seinen Geist. Die Gedanken sammeln, ihnen Aufgaben aufzwingen, damit sie nicht abdriften in das ersehnte Refugium der Träume. Der Sternenhimmel sendet ihm Signale aus den Tiefen der Zeit, die Größe dieser Nacht macht ihn demütig. Wie erbärmlich wäre es, vor einer solchen Nacht zu kapitulieren! Eine solche Nacht ist ein Wunder, sagt er sich, etwas Einmaliges, ich muss sie ganz bewusst in mich aufnehmen. Er sucht den Großen Wagen, den Polarstern, all die Gestirne, die er benennen kann. Für Momente fühlt er sich körperlos, emporgehoben und eins mit den Sternen. Für Momente überschwemmt ihn ein heißes Glück, eine Verzückung, Mensch zu sein. Er ist allein, aber er empfindet sich verbunden mit allem, ein Teil des Kosmos und auf wunderbare Weise unvergänglich. Es ist wie ein Rausch. So verrinnt die Zeit im Staunen. Als der Mond hinter dem Gipfel hervorkriecht, wird ihm die Zeit wieder bewusst. Mitternacht ist vorbei, die halbe Nacht ist geschafft. Aber nun erlahmt auch das Glücksgefühl, der Körper gewinnt langsam wieder Macht über ihn. Die erstarrten Glieder, der quälende Hunger und Durst, die schweren Augenlider machen die Zeit fühlbar. Er müht sich durch die Stunden, deren Gewicht immer unerträglicher wird. Bis ein schwacher Lichtstreifen am Horizont auftaucht, hat er beinahe die Hoffnung aufgegeben, dass diese Nacht jemals enden würde. Jetzt darf er hoffen. Endlich verblasst auch der letzte Stern, die Venus. Ihm kommt Generl in den Sinn, *seine* Venus. Sie glaubt an ihn, er wird sie nicht enttäuschen. Es ist gut zu wissen, für wen man einen solchen Berg überleben muss. Und dann treffen ihn die ersten Sonnenstrahlen, als hätte sich die Erinnerung an sie in Licht verwandelt. Wie wohltuend das ist. Er löst sich aus seiner Erstarrung und beginnt zu klettern. Ganz vorsichtig, denn alles ist furchtbar glatt und die Füße sind wie Holzklumpen.

In diesen Stunden höchster Anspannung erfasst ihn ein seltsames Gefühl. Als wäre er nicht mehr allein. Als wäre da ein Gefährte neben ihm, der ihn bewacht, beschützt, sichert. Einmal muss er bei einer kniffligen Kletterstelle die Handschuhe ausziehen, und als er sie wieder anziehen will, findet er sie nicht mehr. »Hast du die Handschuhe gesehen?«, fragt er den Gefährten.

»Die hast du verloren.« Deutlich hört er die Antwort. Er dreht sich um, sieht aber niemanden. Narrt ihn ein Spuk? Er kennt die Stimme. Welcher seiner Freunde spricht da mit ihm? Wird er wahnsinnig? Zum Glück entdeckt er im Anorak seine Reservehandschuhe. Die Situation ist gerettet. Er kann weiter absteigen. Während des ganzen Abstiegs begleitet ihn der Gefährte, gibt ihm Anweisungen, macht ihm Mut. Besonders an schwierigen Passagen ist die Gegenwart des anderen deutlicher zu spüren. Manchmal fühlt er sich von ihm am Seil gehalten. Das ist tröstlich.

Es wird schon wieder Mittag. Wo bleibt nur die Zeit? Vor dem Gegenanstieg zum Vorgipfel hinauf setzt Hermann sich in den Schnee und rastet. Die Zunge klebt ihm am Gaumen fest, die Kehle ist ein Reibeisen. Der Durst raubt ihm die Sinne. Er nickt ein. Stimmen wecken ihn. Er reißt die Augen auf. Wo ist er? Überall sieht er Spuren. Und Steinmänner. Allmählich erinnert er sich, wo er sich befindet. Unterhalb seines Gipfels auf fast achttausend Meter Höhe. Die Spuren sind nur Windverwehungen, die Steinmänner Felstürme. Wieder ruft ihn jemand. Oder ist es der Wind? Er weiß, auf der Suche nach den Mysterien steigen wir auf Berge hinauf oder in die Erde hinab. Vielleicht tun wir dies, weil in der erhabenen Stille die Geister hörbar werden. Die Geister, diese körperlosen Gesellen. Wie gern wäre er jetzt selbst einer. Aber er ist nur ein Mensch, ein Wurm. Verurteilt dazu, über die Erde zu kriechen. Er muss weiter. Wie oft hat er sich das schon gesagt! Nach jedem Schritt sinkt der Körper müde auf das Geröll. Die Stimme rafft ihn auf. Sie hat ja recht. Er will zurück zu den Menschen. Er muss den Aufstieg schaffen! Seine Augen schweifen in die Ferne, weit draußen der Silbersattel. Da muss er hin. Und noch weiter. Unvorstellbar! Wie soll er das schaffen? Während er weitersteigt, sieht er auf einmal Punkte im Schnee. Täuschung? Nein, das müssen die Freunde sein. Er will rufen, bringt aber keinen Laut hervor. Also stolpert er ihnen entgegen, schneller, schneller, damit er sie erreicht. Und schon sind die Punkte wieder weg. Nichts anderes als diese schier endlose Eiswüste ist zu sehen. Grenzenlose Enttäuschung streckt ihn nieder. Er will nicht mehr. Da sind wieder Stimmen. Sie rufen ihn. »Hermann!« Er hört es ganz deutlich. Mehrmals. Aber er sieht niemanden. Ist das der Anfang vom Ende? Er muss dahin, wo die Stimmen herkommen. Zum Glück hat er seine Spur von gestern. Plötzlich liegt der Rucksack vor ihm. Er ist kein Spuk, er kann ihn anfassen und findet eine Packung Dextroenergen darin. Gerettet! Aber ohne Flüssigkeit kann er sie nicht schlucken. Also stopft er Schnee nach. Eine herrliche Erfrischung, auch wenn er weiß, dass der Schnee den Durst verstärken wird.

Und weiter geht's im Schneckentempo. Für jeden Schritt braucht er mittlerweile zwanzig Atemzüge. Alle paar Meter fällt er, döst weg. Wird von der Stimme seines unsichtbaren Gefährten weitergetrieben. Er ist kein Mensch mehr, nur mehr ein Schatten. Ein Schatten hinter seinem Schatten. Um halb sechs Uhr abends steht er wieder auf dem Silbersattel und schaut hinunter auf den Rakhiotgletscher, zu den Lagern. Niemand zu sehen, keine Menschenseele dort unten. Hat man die Lager verlassen? Ihm niemanden entgegengeschickt? Seine Augen wandern hinüber zum Rakhiot Peak und da sichtet er das kleine Sturmzelt und in der Nähe zwei Punkte, die sich bewegen. Menschen! Augenblicklich fühlt er sich frischer, geradezu zuversichtlich. Er hat das Gefühl, zur Erde zurückzukehren. Wie ein Geist aus einer anderen Welt wankt er abends um sieben Uhr auf das Zelt zu, das er vor einundvierzig Stunden verlassen hat. Hans Ertl kommt ihm entgegen. Bannt die Rückkehr des Alleingängers in die Kamera, dieses Bild des Siegers, der aussieht wie ein ausgezehrter Greis: das dehydrierte Gesicht von Erschöpfung, Frost und Sonne gezeichnet, eine Ikone des Überlebenswillens. Dann nimmt er ihn in die Arme. Und nach ihm Walter Frauenberger. Keiner kann seine Rührung verbergen. Die beiden Freunde haben nach der letzten Nacht das Schlimmste befürchtet. Sie fragen gar nicht, ob er auf dem Gipfel war. Hauptsache, er ist wieder da, er hat überlebt. Hermann lässt sich ins Zelt helfen, die Schuhe ausziehen, in das Paradies von Daunenschlafsäcken sinken und auftauen. Für ihn ist dieser Abend mit seinen Freunden das schönste Erlebnis der ganzen Expedition. Es ist, als sei er zu Hause angekommen. Hier, wo man seine Wunden versorgt und ihn in einem Meer von Tee wiegt, sieht die Welt für eine Weile wie Heimat aus. Zum ersten Mal seit Wochen kommt er zur Ruhe. Er hat alles gegeben, nun darf er sich von den Freunden verwöhnen lassen. Wie weit musste er gehen, um sich angenommen und geborgen zu fühlen! Es wird eine lange Nacht der Gespräche in dem engen Sturmzelt, dessen warmer Kerzenschein als winziger Punkt gegen die unermessliche Gleichgültigkeit des Whiteout anflackert.

Der Abstieg hinunter zum Basislager dauert drei mühevolle Tage. Die alten Aufstiegsspuren sind vollkommen verfallen, von Lawinen verschüttet, von neuen Spalten durchzogen. Hier haben Gletscherbewegung und Sonnenbestrahlung ein wüstes Zerstörungswerk vollbracht. Auch bei Hermann sind die Folgen der Frostnacht unter dem Gipfel unübersehbar. Zwei Zehen sind erfroren, die Füße schwellen an und passen nur mit schmerzhafter Gewaltanwendung in die Schuhe. Er ist heilfroh, als sie sich dem Basislager nähern. Dort wird man die Erfrierungen behandeln können, schließlich ist Herrligkoffer Arzt. Doch unten angekommen, ist die Enttäuschung groß. Man ist dabei, das Lager abzubauen. Ein Großteil der Ausrüstung ist schon verpackt und wird für die nächstjährige Expedition reserviert. Auch die Medikamente. Der Empfang für den Gipfelstürmer fällt kühl aus, nur bei den Hunzaträgern kommt Freude auf. Eine eigenartige Stimmung liegt über dem Camp. Die Gespräche drehen sich bereits um den K2, das Expeditionsziel des nächsten Jahres. Einer von Herrligkoffers Vasallen dankt dem Expeditionsleiter mit wohlgesetzten Worten für den Erfolg des Unternehmens. An Hermann kein Wort der Anerkennung. Aber der steht nun über den Dingen. Lob kann man sich erkaufen, aber Neid muss man sich verdienen. Ein bedrücktes Schweigen folgt dieser Rede. Die Gemeinschaft bricht auseinander. Nur die beiden Freunde aus dem Sturmzelt kümmern sich rührend um Hermann, der mittlerweile überhaupt nicht mehr gehen kann. Die Wunde am rechten Fuß ist aufgebrochen, die Zehen sind schwarz. Er wird von den Hunzas auf einem Tragegestell ins Tal hinabgetragen.

In Gilgit ehrt man die Expedition mit einem grandiosen Festakt. Aufmärsche in den einheimischen Trachten, Polospiele und Gaumenköstlichkeiten werden geboten, der ganze Zauber des Orients dem Ehrengast zu Füßen gelegt. Die Pakistani defilieren vor dem »Sahib« in seiner Sänfte, jeder möchte ihn berühren, ihm ein Geschenk überreichen, sie verehren ihn wie einen Fürsten. Herrligkoffer steht daneben und knirscht mit den Zähnen. Erst in Deutschland wird er sich wieder als Herr im Haus fühlen, da er die Rechte an der Ausschlachtung des Gipfelsieges per Expeditionsvertrag für sich gesichert hat. Damit wird er zwar Hermanns Ruhm nicht verhindern können, aber zumindest dessen finanziellen Gewinn schmälern. Für jeden Vortrag, den Hermann in den folgenden Jahren halten wird, für jedes Interview und jede Zeile in seinem Buch, die sich auf den Nanga Parbat bezieht, wird Hermann einen prozentualen Anteil an Herrligkoffers »Gesellschaft zur Förderung deutscher Forschung im Ausland« abführen müssen. Auch Reinhold Messner und einige andere junge Bergsteiger mussten später in diesen sauren Apfel beißen, weil es für mittellose Himalaya-Aspiranten damals die einzige Möglichkeit war, an einen Achttausender zu gelangen.

Für Hermann ist diese Expedition trotz des vertraglichen Nachspiels, das ihn in der Heimat einholen soll, der Höhepunkt seines Lebens und ein Sieg auf breiter Linie. Er hat geschafft, was keiner vor ihm schaffte: einen Achttausender im Alleingang und ohne zusätzlichen Sauerstoff zu besteigen. Und er hat zwei wunderbare Freunde dabei gewonnen, Hans Ertl und Walter Frauenberger, mit denen ihn mehr verband als die reine Bergsteigerei. Nämlich eine unorthodoxe Lebensweise und die Freude am Zusammensein, die Freiheit der Gedanken und ein fester Glaube an ihre eigene Unverwundbarkeit. Sie werden künftig eine Dreierseilschaft bilden, nicht nur am Berg, sondern als Schicksalsgenossen in allen Lebenslagen. Sie haben noch viel vor, diese drei vor Ideen berstenden Gefährten, gemeinsame Pläne bis ins weit entfernte Alter. Aber nur einer, Hans Ertl, sollte dieses weit entfernte Alter erreichen, allein auf seiner Hazienda in Bolivien. Walter Frauenberger stürzte wenige Jahre nach der Nanga-Parbat-Expedition zu Tode: von einem Schwindel ergriffen durch das offene Fenster aus dem zweiten Stock. Und Hermann – Hermann bleiben noch vier Jahre zu leben.

Plötzlich berühmt

Als Hermann am Flughafen München die Gangway herabhumpelt, betritt er ein neues Leben. Eine akklamierende Menge begeisterter Menschen erwartet ihn, trägt ihn auf Schultern durch die Masse und lässt nicht mehr von ihm los. Es bleibt ihm nicht einmal Zeit, in Ruhe seine Frau zu begrüßen, schon umzingeln ihn Journalisten mit ihren Mikrofonen für erste Statements, ein Blitzlichthagel aus unzähligen Kameras prasselt auf ihn ein. Er ist der Held der Nation, ein Star. Sein Gesicht strahlt ihm wochenlang von den Titelseiten der Gazetten entgegen, später sogar von Sonderbriefmarken, doch es kommt ihm merkwürdig fremd vor. Ist er das wirklich, dieser bärtige, von der Anstrengung noch immer gezeichnete Mann mit dem Siegerlächeln?

Hermann ist froh, wieder in der Heimat zu sein, aber die Heimat hat er sich gemütlicher erträumt. Eher als einen Ort, an dem er entspannt zu Kräften kommen und die Erlebnisse seiner Gipfelbesteigung langsam in seiner Seele sacken lassen kann. Nicht einmal der Krankenhausaufenthalt, wo ihm zwei Zehen amputiert werden, beschert ihm die ersehnte Ruhe. Sogar hier wird er von Presse und Fans belagert und von Veranstaltungsmanagern bestürmt, erste Termine für Vortragsreisen zu vereinbaren. Nach dem Krankenhaus zieht er sich zur Genesung für kurze Zeit nach Ramsau zurück. Doch auch dort empfängt man ihn mit Pauken und Trompeten und einem nächtlichen Fackelzug wie einen Sohn des Dorfes. Seit der Ära

Obersalzberg hat die Region keinen solchen Triumphzug mehr gesehen und das ist, wie Oma Burgi zu bemerken ihre Zunge nicht im Zaum halten kann, tausend Jahre her. Generl ist die strahlende Ehefrau neben dem Helden, schick in schmale Kostüme gekleidet, die ihre Grazie unterstreichen und an denen der Faden von Schneiderhand noch warm ist. Sie genießt den Kult mehr als er, sie liebt große Auftritte, sie blüht im Rampenlicht geradezu auf.

Da Hermann für die bevorstehenden Vortragsmarathons mobil sein muss, aber wegen des bandagierten Fußes selbst nicht Auto fahren kann, macht sie binnen einer Woche ihren Führerschein und holt den neuen Ford Taunus ab, den die Firma Ford dem Gipfelstürmer als Werbegeschenk übereignet hat. Das Leben der beiden verdichtet sich nun auf eine Weise, wie sie es nicht für möglich gehalten haben. Die Stadt München bietet ihnen eine Mietwohnung an, das Paar hat endlich wieder einen gemeinsamen Lebensmittelpunkt. Generl organisiert den Umzug, während Hermann seine Fotos auswertet und ein Vortragskonzept erarbeitet. Während Hermann seine Stelle als Sportartikelberater bei Sport Schuster wieder einnimmt, kümmert sie sich tagsüber um die Post, die der Briefträger waschkörbeweise in der Schluderstraße anliefert. Sie beantwortet Fanpost, die er abends nur noch unterschreiben muss. Besonders leidenschaftliche Briefe weiblicher Fans gehen bei ihr allerdings unbeantwortet in den Papierkorb. Sie führt seinen Terminkalender, handelt Honorare für Vorträge aus und wimmelt Trittbrettfahrer ab, die sich am Erfolg ihres Mannes festkrallen möchten. Es ist nicht immer leicht, die Wichtigtuer von den potenziell Wichtigen zu unterscheiden. Doch Generl hat eine feine Nase für Vitamin B, für brauchbare Beziehungen, und hat mit der ihr eigenen diplomatischen

Finesse binnen kurzer Zeit ein dichtes Netz von Kontakten um Hermann herum aufgebaut, das ihn manchmal verwirrt. Ihn, der eigentlich nichts anderes möchte, als so bald wie möglich wieder hinauf in die Stille menschenferner Gipfel. Aber natürlich weiß er, dass er seiner Publicity in dieser heißen Phase nicht entkommen kann, dass er sie jetzt für sich nutzen muss, um sich den Weg freizubaggern für sein Ziel des berufsmäßigen Abenteurers. Vom Bergsteigen leben, das ist mehr denn je sein Traum.

Die Vorträge sind ein wichtiger Schritt in diese Richtung. Dass er vor Publikum frei reden kann, dass er das Zeug dazu hat, zu faszinieren und in vollen Häusern für tosenden Applaus zu sorgen, erfüllt ihn mit Freude und Stolz. Der schüchterne, im Kern introvertierte Einzelgänger entpuppt sich als selbstbewusster Redner, der auf internationalem Parkett gewandt und charmant seine Botschaft verkündet: Bergsteigen als Lebensform. Bergsteigen nicht nur als skurrile Freizeitbeschäftigung für sportliche Naturliebhaber. Vielmehr Bergsteigen als Metapher für die Sehnsucht des Menschen nach Grenzüberschreitung und Transzendenz, für das Auf und Ab in der Bewältigung unserer Lebensaufgabe. Die Zuhörer sind hingerissen von diesem leidenschaftlichen Mann mit dem weisen, melancholischen Lächeln, das er auch in Augenblicken glanzvoller Triumphe nie ganz ablegen kann. Hermann weiß um die Brüchigkeit des Erfolgs, er verliert nicht die Bodenhaftung und vergisst nie, woher er kommt: von ganz unten, aus dem Waisenhaus, ein Überbleibsel aus einer zerfallenden Familie. Umso mehr weiß er zu schätzen, mit welcher Hingabe Generl seine Sache unterstützt. Sie holt ein junges Mädchen aus ihrem Heimatdorf als Haushaltshilfe und Kindermädchen nach München, um sich selbst den Rücken frei zu halten für die zahlreichen Einladungen, denen er sich nicht entziehen kann und denen sie sich nicht entziehen möchte. Sie ist jung und unternehmungslustig und weit davon entfernt, als stumme Eminenz des Haushalts und der Büroarbeit in der kleinen Münchner Wohnung Staub anzusetzen. Wenn er von Sport Schuster nach Hause kommt, schwirrt ihm der Kopf. »Müssen wir denn da unbedingt hin?«, zweifelt er angesichts der Einladungskarten, die Generl ihm mit der einen Hand unter die Nase hält, während sie ihm mit der anderen den frisch gebügelten Smoking reicht. Ihre Haare sehen bereits nach einer gelungenen Friseurbehandlung aus. »Natürlich müssen wir da hin«, beschwört sie ihn, »steht doch drauf, dass wir die Ehrengäste sind!« Das Kindermädchen Vroni sitzt bereits am Kinderbett und erzählt ihrem Schützling eine Gutenachtgeschichte, es ist alles organisiert. An den Freitagen packt Generl Kriemhild und Vroni in den Wagen und fährt mit den beiden nach Ramsau, zwei Stunden Autofahrt für die einfache Strecke bei vollem Stimmeinsatz, denn ohne »Hänschen klein« und »Alle meine Entchen« wird es der Kleinen im Auto schnell langweilig. Trotzdem freut sie sich auf Oma und Opa, dort hat sie Auslauf und Nachbarskinder und eine Katze. Die fünfzehnjährige Vroni freut sich auch auf daheim, sie stammt aus einem Bauernhof und vermisst in München die Kühe. Oma Burgi schüttelt an den Freitagen nur noch den Kopf, sie wundert sich über nichts mehr. »Eine Unruhe ist das mit euch jungen Leuten«, schimpft sie. »Bleib wenigstens zum Mittagessen noch da, in einer Stunde gibt's Lüngerl mit Knödeln.« Aber Generl hat keine Zeit, nur schnell einen Kaffee im Stehen und einen Informationsaustausch im Telegrammstil: »Heut Abend Karlsruhe, um acht hat der Hermann dort einen Vortrag, morgen dann weiter nach Saarbrücken und am Sonntag Mannheim. Ich hol s'Dirnei am Montag wieder ab.« Bussi hier und Bussi dort und schon schwingt sie sich hinters Lenkrad und flattert davon Richtung Alpenstraße, Richtung Autobahn Salzburg–München. Die Oma schaut ihr vom Gartentor aus nach, seufzend. Ihr Kommentar wird vom Knirschen der Reifen übertönt. Den selbst geräucherten Speck für Hermann, den er so gerne isst, hat sie noch in der Hand. Eine Hektik, denkt sie, und kehrt zu ihrem Knödelteig, ihren Lohntüten und ihren Feriengästen zurück.

Als Hermann am späten Nachmittag vom Sporthaus Schuster nach Hause kommt, hat Generl alles gepackt für die Vortragsreise, die Dia-Kassetten, die Autogrammkarten, seine Notizen, die Abendgarderobe, eine Thermoskanne Tee für die Fahrt. Nur der Speck fehlt. Schade. Sie fährt, er sitzt daneben, sichtet seine Aufzeichnungen, übt sich im Vortragen, sie gibt ihm Tipps, erzählt ihm, wer angerufen hat, zeigt auf die wichtige Post im Handschuhfach, zu der er sich Gedanken machen soll, reicht ihm den Trockenrasierer, damit er sich im Rückspiegel schon mal kultiviert. Er berichtet auch von den heutigen Begegnungen an seinem Arbeitsplatz, den Besprechungen, den Führungstouren, die Sport Schuster für ihn geplant hat, sie erzählt von Kriemhild und der Katze in Ramsau und den neuen Herztropfen der Oma, von einem Neubauauftrag ihres Vaters für einen Gasthof am Hintersee, und während sie plaudernd und planend über die Betonpiste der Autobahn durch die Dunkelheit brausen, er mit der Straßenkarte auf dem Schoß, sie den Fuß entschlossen auf dem Gaspedal verankert, weicht die Hektik langsam einer behaglichen und zuversichtlichen Ruhe zwischen ihnen. Das Auto ist ihre Zeitkapsel, in der die beiden immer wieder ungestört ihre Zweisamkeit auffrischen. Hier werden die ehelichen Kursschwankungen des Alltags ausgeglichen, hier machen sie sich gegenseitig mit ihren

Gedanken und Vorstellungen vertraut, schießen sich immer wieder auf eine gemeinsame Linie ein. Hier in dieser von der Außenwelt unbelasteten Intimität finden sie zu den Wurzeln ihrer Beziehung zurück und erfinden sich im Gewirr der sich wandelnden Determinanten immer wieder aufs Neue. Wenn sie am jeweiligen Ziel ankommen, zerplatzt die Zeitblase unter Händeschütteln und Lächeln und großem Hallo in einem perfekt choreografierten öffentlichen Auftritt, als wären sie im Showgeschäft groß geworden. Sie sind ein strahlendes Paar. Traumwandlerisch bewegen sie sich in ihren Rollen als Darsteller eines Erfolgsstücks, das unzähligen Bewunderern als Vorbild für eine in der Geschichte gescheiterte Gesellschaft gilt und Kultstatus erreicht. Auch Menschen ohne bergsteigerische Ambitionen sind hingerissen von diesem Paar. Wenn Hermann seinen Vortrag mit Zugaben beendet und alle Autogrammkarten signiert hat, wenn das Galadiner im Rathaussaal überstanden ist und letzte Verbindlichkeiten ausgetauscht sind, wenn der Applaus noch in den Ohren nachhallt und der Sekt ihnen durch das Hirn schwirrt, dann landen die beiden Hauptdarsteller mit erschlaffenden Segeln in ihrem Hotelzimmer wie zwei havarierte Schiffe, die der Sturm an Land gespült hat. Geschafft, sagen sie sich, und fallen ins Bett. Generl mit ihrer Schwäche für komfortable Hotelzimmer hat extra ein verführerisches Seidennachthemd für ein mögliches Nachspiel eingepackt. Aber nun, da alle Anstrengung überstanden ist, wird sie von einem Migräneanfall überschwemmt, der Nachspiele aller Art vergessen lässt. Hermanns Atemzüge neben ihr signalisieren ohnehin bereits Tiefschlaf, kaum dass er sich der Krawatte entledigt hat. So vagabundieren sie in den nächsten vier Jahren durch die Lande. Manchmal nur für einen Abend zwischen zwei Arbeitstagen nach Linz oder Nürnberg, manchmal für ein ganzes Wochenende nach Norddeutschland oder Sachsen, manchmal für ein paar Tage mehr mit dem Flugzeug nach Rom oder Manchester.

Auf seinen Klettertouren in den Dolomiten hat Hermann sich ein rudimentäres Italienisch angeeignet, in der Schule und als Kriegsgefangener hat er Englisch gelernt und beide Sprachen erhalten nun im Eilverfahren auf den langen Autofahrten den salonfähigen Schliff. Sie steuert und er büffelt Vokabeln. Oder er steuert und Generl fragt ihn ab. Die Italiener sind entzückt über die grammatikalischen Schnitzer in seinen italienischen Vorträgen, sie sind selbst alles andere als Perfektionisten und finden allein sein Bemühen schon charmant; und die Engländer zeigen sich *amused* über seinen österreichischen Akzent und sehen über den einen oder anderen sprachlichen Lapsus wohlwollend hinweg.

Die Römer bieten ihm sogar die italienische Staatsbürgerschaft an; ein zukünftiger Achttausender auf das nationale Konto scheint vielversprechend. Aber Hermann lächelt nur verlegen. Er sei Bergsteiger und Tiroler, sagt er, einer Nation fühle er sich nicht verbunden. Ein begeisterter Engländer will ihm zwei Windhunde aus eigener siegreicher Zucht schenken. Generl wird ganz blass. Sie wurde als Kind von einem Schäferhund gebissen. Und überhaupt: »Wohin willst du mit zwei Windhunden in unserer engen Münchner Zweizimmerwohnung?«, erinnert sie ihn hastig, damit er unmissverständlich ablehnt. »Ich hätt' die Viecher in München verkaufen können«, meint er beim Rückflug. »Die hätten uns einen Batzen Geld eingebracht.« Generl wünscht sich zwar gelegentlich mehr Geschäftssinn und weniger Idealismus bei seinen geschäftlichen Verhandlungen. Aber die Hundegeschichte ist für sie indiskutabel. »Du meinst, *ich* hätte die Viecher in München verkaufen können. Oder wann hättest du noch Zeit für so einen Schmarren?«, entgegnet sie aufgebracht. »Jetzt will ich nichts mehr davon hören!« Er lässt das Thema fallen. Es war ja nur so ein Gedanke. Und sie hat recht. Er hat genug Wichtigeres um die Ohren. Zum Beispiel das Buch.

Alles gleichzeitig

Der renommierte Nymphenburger Verlag ist an Hermann herangetreten, ob er nicht ein Buch über seine Bergerlebnisse, insbesondere die Nanga-Parbat-Besteigung schreiben möchte? Man werde ihn natürlich nach Kräften unterstützen, bei Bedarf auch einen Ghostwriter zur Seite stellen. Einen Geist…? Eigentlich wurde sein Bedarf an Geistern am Nanga hinreichend gedeckt. Nein, einen Ghostwriter will er auf keinen Fall. Da hat er seinen Stolz. Außerdem ist ihm der Gedanke an ein Buch schon selbst gekommen, schon bei der Rückkehr vom Himalaya. Eigentlich schimmerte schon bei seinen Bergtagebuchaufzeichnungen unterschwellig die Absicht durch, eines Tages seine Erlebnisse in einem Buch einzufangen. Und nun, da sich täglich so viel Alltägliches und Banales zwischen ihn und sein Bergabenteuer schiebt, da der Nanga Parbat vom Hier und Heute immer mehr verdrängt wird und wie ein ferner Traum am Horizont verblasst, nun reift der Wunsch zur Tat, seinem Berg mit seinen Worten ein Denkmal zu setzen. Es ist sein Berg und er soll seine Signatur tragen, bevor Herrligkoffer ihn für sich ausschlachtet. Hermann hat in den letzten Monaten viel Ärger mit dem Expeditionsleiter gehabt. Dabei ging es immer um die Verwertungsrechte, also um Geld. Der alte Haudegen ist ein kleinlicher Erbsenzähler, der seine Rennpferde für sich laufen lässt und das Zielgeld für sich allein beansprucht. Aber damit ist jetzt Schluss. Mag der Alte prozessieren, bis er schwarz wird! Er, Hermann, wird sich in einem Buch verewigen und dieser Wicht wird in diesem Buch nur in einem Nebensatz Erwähnung finden. Basta.

Zwischen Arbeitsalltag, Führungstouren und Vortragsreisen frisst nun das Schreiben den kargen Rest an unverplanter Zeit auf, der ihm für die Familie geblieben war. Die Familie, das ist dieser erschreckend reproduktive Organismus um ihn herum, der auf wunderliche Weise an Umfang zunimmt. Ein Jahr nach dem Nanga Parbat kommt Generl mit einer weiteren Tochter nieder, die eigentlich Hermann heißen sollte. Nun gut, Silvia ist auch ein schöner Name für ein wunderschönes Kind. Und überhaupt, man ist jung und hat noch weitere Versuche in der Büchse, obgleich kaum Zeit dafür. Ein Stammhalter erfordert offenbar mehr Zeit und ist nicht durch Flugsamen zwischen Schreibmaschine und Pressetermin hinzukriegen, Teufel noch mal! Dabei ist Generl ohnehin ein Phänomen. Sie wird bereits schwanger, bevor er den Rucksack in die Ecke gestellt hat. Vielleicht ist solch vegetative, quasi selbst befruchtende Empfängnisfähigkeit bei Bergsteigerfrauen ein Trick der Natur, um diese überlebensfähige Zunft vor dem Aussterben zu retten. Vielleicht erklärt es auch, warum Extrembergsteiger mehr Töchter als Söhne zeugen.

Jedenfalls gelingt es Hermann in seinem sechsjährigen Eheleben nicht, einen Stammhalter auf seine Umlaufbahn zu setzen, wohl aber kurz nach Silvia eine dritte Tochter, Ingrid, die trotz ihres nordischen Namens ganz nach seiner Südtiroler Mutter gerät. Schon nach dem zweiten Kind wird es Hermann in der Familie schnell zu eng. Die Familie, sie dehnt sich aus, kleine Kinder sind raumgreifend und unüberhörbar.

An seine Schreibmaschine gelangt Hermann mittlerweile nur, indem er sich an Bergen von Windeln und Kindersachen vorbeikämpft, sein Bett erreicht er auf sportliche Art über die Hürden von Gitterbettchen hinweg. Obwohl ihm die häusliche Akrobatik vom Bergsteigen her vertraut sein müsste, gelingt es ihm nicht immer, sie gelassen hinzunehmen. Dann liegt es an Generl, ihn zu besänftigen und die aufgeschreckten Kinder zu beruhigen. Manchmal gelingt es ihr nicht. »Mein Gott, es sind halt Kinder!«, schreit sie zurück, wenn der Gaul mit ihm durchgeht. Hinterher tut es ihm leid, so unbeherrscht gewesen zu sein, und er macht es auf der Gitarre wieder gut. Natürlich säße er jetzt lieber vor der Schreibmaschine. Eben hatte er noch so einen schönen Gedanken im Kopf. Aber es nützt nichts. Solange die Kinder nicht eingeschlafen sind, ist an Schreiben nicht zu denken.

Silvia, der Wildfang der Familie, ist aus demselben Urgestein wie er und gibt erst auf, wenn die Erschöpfung sie niederstreckt. Sie liefern sich regelmäßig ein hartes Duell. Er zur Klampfe italienische Partisanenlieder singend und sie mit ihren tiefblauen Augen jede Bewegung ihres Troubadours verfolgend. Wenn ihre Lider sich gegen Ende seines Repertoires langsam senken, ist er dem Koma näher als irgendeinem kreativen Gedanken. Dann muss er zunächst eine Runde durch den Nymphenburger Park laufen, bevor er sich für die Schreibmaschine gewappnet fühlt. Das Stakkato der Tasten begleitet Generl in den Schlaf. Manche Nacht erwacht sie aus einem Traum und tappt ins Wohnzimmer hinüber, um Hermann daran zu erinnern, dass bald ein anstrengender Tag für ihn beginnt. Die Sterne verbleichen schon am Münchner Himmel. Er liest ihr das jüngste Kapitel vor, aufgeregt wie ein Examinand. Ihr Kopf sackt mit jeder Seite tiefer. Woher nimmt dieser Kerl bloß seine Energie?, denkt sie, während seine Worte an ihr vorbeirauschen. Als er verstummt, ist sie ihm einen Kommentar schuldig. Das verlangt der Ehefrieden. »Schön hast geschrieben«, quetscht sie aus einem unterdrückten Gähnen hervor. »Aber komm jetzt ins Bett! In zwei Stunden klingelt der Wecker.« Sie hat recht. Er sollte für heute zufrieden sein. Also folgt er ihr unter die Decke. Sie kuschelt sich an seinen warmen Körper und ist eine Sekunde später eingeschlafen. Sein Gehirn formuliert noch weiter. Es ist hellwach.

Schreiben ist wie klettern auf dem Papier. Es trifft seinen Nerv. Es ist ein Höhenflug, es fordert alle Sinne und äußerste Konzentration. Es ist eine Insel der Seligen für den, der Fantasie und Präzision gleichermaßen liebt und aus dem Nichts heraus einen Weg zeichnen will. Einen Fußabdruck, eine Spur auf jungfräulichem Gelände hinterlassen oder einen Gedanken beschreiben, das ist für ihn das Gleiche. Er spürt die Freiheit, die im Schreiben ebenso liegt wie im Klettern. Es gibt keine Vorschriften, wie man einen Berg besteigt oder eine Geschichte schreibt. Man darf beides der Inspiration überlassen, der die Verdichtung folgt. Auf das Überflüssige verzichtet man, das Wesentliche kristallisiert man heraus. Den nächsten Schritt, den nächsten Satz. Den nächsten Atemzug, den nächsten Absatz. Und doch darf man nie den Gipfel des Berges aus dem Blick verlieren, die Botschaft des Buches.

Im Klettern fand Hermann eine Möglichkeit, sich Freiheit zu verschaffen. Doch die Bergerlebnisse belagerten seinen Kopf, die vielen Eindrücke, die sich in sein Gehirn gebrannt haben, verlangten nach einem Ventil. Vom Schreiben ist er sofort fasziniert. Er kann nicht mehr aufhören. Es ist wie ein Sog, der ihn an die Schreibmaschine zieht.

Nach sechs Monaten hat er sein Baby ausgebrütet und kann das Manuskript dem Verlag übergeben. Sein Buch »Achttausend. Drunter und Drüber« wird ein Bestseller, geht nach kurzer Zeit in die zweite Auflage, Lizenzen in verschiedenen Sprachen folgen.

Generl ist stolz auf ihn. Aber auch auf sich. Sie weiß, ohne sie hätte er es nicht geschafft. Sie hat ihm alles vom Hals gehalten, was ihn belästigt oder belastet hätte. Sie hat das Rohmanuskript ins Reine getippt, wenn die beiden Kinder schliefen. Also nachts. Später gesteht sie, dass es eine schlimme Zeit war. Für sie. Zu viel gleichzeitig, zu viel von allem, nur das Familienleben blieb auf der Strecke. Denn Hermann war kaum mehr ansprechbar, mit den Gedanken immer weit fort, für die Familie nicht erreichbar. Wie ein Geist. Er hingegen hat es genossen. Die Schaffensfreude versetzte ihn in einen euphorischen Zustand, der ihn die Banalitäten des Stadtlebens und des Familienalltags vergessen ließ.

Der Familienalltag sollte ihm zeitlebens ein Mysterium bleiben, das er lieber als Passant denn als Betroffener streifte. Und nun sieht er ja auch: Seine Kinder gedeihen, er ist sehr stolz auf seine Grazien, sofern sie gefüttert, sauber und brav in ihren Betten schlafen. Sie sind Frauensache, zumindest jetzt, solange sie für Bergtouren noch zu klein sind.»Wenn sie größer sind, werd ich sie schon mal mit hinaufnehmen ins Karwendel«, verspricht er seiner Frau, wenn sie sich beklagt, dass die Kinder nichts von ihm haben. Aber auch seine Frau hat wenig von ihm, das sieht er ein. Er wird ihr etwas bieten müssen, etwas Schönes, das sie aus den Pflichten heraushebt. Ein Urlaub würde ihr gut tun. Vielleicht mal in die Walliser Alpen? Auch er würde ein paar gepflegte Viertausender ohne Klienten, nur mit seiner Frau am Seil, genießen. Mal sehen, ob er sich eine Woche freinehmen kann.

Wenn ich die Fotos aus den Jahren nach dem Nanga Parbat Revue passieren lasse, lächelt mir meistens eine strahlende, schöne Frau an Vaters Seite entgegen. Aber hinter der schmalen Silhouette und dem tapferen Lächeln ahnt man die Nervosität eines Rennpferdes, das täglich an den Start getrieben wird. Die Abgespanntheit einer Frau, der kaum Zeit zum Luftholen und das eigene Leben seltsam fremd bleibt. Ihre drei Töchter waren schon auf Drei- und Viertausendern, bevor sie das Licht der Welt erblickten. Schwangerschaften wurden von Generl en passant hinter sich gebracht; man ist ja nicht zimperlich. Ihren Wert als Mensch schöpfte sie ein Leben lang aus ihrem Gebrauchswert. Aus der Funktion, die sie für andere erfüllte. An sich selbst zu denken wäre ihr anmaßend, geradezu egoistisch erschienen. Als gute Ehefrau wusste sie, was sie im Schatten ihres Zentralgestirns zu leisten hatte, um einen Sonnenstrahl abzubekommen. Nämlich alles. Ihr lebhaftes Temperament täuschte darüber hinweg, dass sie eigentlich von zarter Konstitution war.

Drei Wochen nach Silvias Geburt erlebt sie einen Blutsturz der Gebärmutter. Die Plazenta hatte sich bei der Entbindung offenbar nicht vollständig gelöst. Da sie noch Wöchnerin ist, macht sie sich zunächst keine Gedanken über den stärker werdenden Blutfluss. Sie ist mit den beiden Kindern und Vroni allein in der Münchner Wohnung, Hermann unterwegs in Thüringen zu Vorträgen, worüber sie nicht unglücklich ist. Denn als frisch Entbundene wird ihr die Rastlosigkeit ihres vor Plänen sprühenden Ehemannes leicht zu viel. Ein Wochenende ohne ihn – es ist beinahe wie im Sanatorium! Fast schämt sie sich für diese Empfindung. Sie geht früh zu Bett, an jeder Seite ein Kind. Auch die Kinder haben etwas Ruhe nötig. Nachts wird sie von dem hungrigen Säugling aus einem bleiernen Schlaf geweckt. Sie stillt ihn dösig, wie im Traum. Eigentlich müsste sie auf die Toilette, ihre Binde wechseln. Sie spürt das

Blut warm und feucht zwischen den Schenkeln. Aber die Müdigkeit ist so überwältigend, dass sie einfach nur weiterschlafen kann. Am nächsten Morgen ist sie kaum wach zu kriegen. Der Säugling brüllt, die muntere Dreijährige hopst im blutbefleckten Pyjama auf dem Bett herum und trällert »Hoppe hoppe Reiter«. Vroni, irritiert durch das Morgenkonzert, kommt von ihrem Nachtlager auf dem Küchenkanapee ins Schlafzimmer getrippelt und stößt einen Schrei aus. »Mei, Dirnei, wos is denn mit dir passiert?«, ruft sie und sucht bei Kriemhild nach einer Wunde. Generl scheint von dem Radau kaum etwas mitzukriegen, so fest hält Morpheus sie in seinen Armen. Vroni muss sie mit Gewalt wach rütteln. Als sie die Decke zurückschlägt, kriegen sie beide einen Schreck. »So vui Bluat!«, haucht Vroni fassungslos und Kriemhild fängt zu weinen an. Blut bedeutet aua, so viel weiß sie von den Löchern in ihren Knien. Generl weiß gar nicht, was mit ihr geschieht? Sie liegt in einem See von Blut. Als sie sich aufrichten will, dreht sich ihr alles. Erst mal das schreiende Baby stillen, denkt sie, vorher ist kein klarer Gedanke zu fassen. Während sie Silvia anlegt, merkt sie, wie der Schlaf sie wieder in die Tiefe ziehen möchte. »Ruf den Doktor her«, sagt sie zu Vroni, der nun auch die Tränen kommen. Sie ist ja selbst fast noch ein Kind. Bis der Arzt kommt, versucht Generl mühsam, gegen die Ohnmacht anzukämpfen, um das weitere Geschehen zu organisieren. Sie wird ins Krankenhaus gebracht werden, das ahnt sie. Was soll mit den Kindern geschehen? Sie kann sie doch nicht einfach bei der hilflosen Vroni zurücklassen? Schon gar nicht den Säugling. Das Konzentrieren fällt ihr schwer. Es ist wie ein Taumeln im Schneegestöber. »Ruf die Tante Liesi an, vielleicht kann die herkommen!«, fällt ihr in letzter Sekunde ein, als es schon an der Wohnungstür klingelt. Dann trägt man sie auf einer Bahre weg.

Das Flennen ihrer Kinder begleitet sie noch durchs Treppenhaus.

Sie überlebt den beträchtlichen Blutverlust. Sie ist eine zähe Katze. Fünf Leben bleiben ihr noch. Sie wird sie auch brauchen. Das Schicksal schont sie nicht. Doch hat es sie in seiner weisen Voraussicht auch mit der Energie ausgestattet, alles zu überleben.

Bereits ein halbes Jahr später landet sie ein weiteres Mal im Krankenhaus. Es ist Winter. Sie besuchen nach einem Vortrag in Kufstein Hermanns Jugendfreund Luis und gehen mit ihm zum Skifahren auf die Streif, Kitzbühls Skifahrerolymp. Am Rande der Steilpiste gönnen sie sich eine Verschnaufpause, als ein Pistenrowdy den Hang herunterbrettert wie ein Gestochener, sich verkantet, die Kontrolle verliert und auf den Pistenrand zuschießt, genau auf Generl zu, die noch auszuweichen versucht. Aber zu spät. Der junge Kerl reißt sie mit. Sie überschlagen sich mehrmals den Steilhang hinunter mit ineinander verknäulten Skiern. Eine Fichte in ihrer Falllinie stoppt das unselige Duo. Generl hat Glück im Unglück. Sie kommt mit einem doppelten Oberschenkelbruch, Prellungen, gebrochenen Rippen und einer Gehirnerschütterung ins Spital, das sie erst zwei Monate danach auf Krücken verlassen wird. Der junge Mann landet in der Leichenhalle. Genickbruch. Die Kinder wurden glücklicherweise schon vorher bei den Großeltern untergebracht, wo sie nun auch für die nächsten Monate gut aufgehoben sind. Kriemhild ist ohnehin mehr in Ramsau zu Hause als in München, da ihr als erster Enkelin drei Jahre lang Omas ungeteilte Aufmerksamkeit zugute gekommen ist. Aber wie muss es für die kleine Silvia gewesen sein, dass die Mama einfach weg war, nun schon zum zweiten Mal in ihrem ersten Lebensjahr? Ein Jahr später, die jüngste Tochter Ingrid ist gerade geboren, grassiert der Keuchhusten und verbannt alle drei Kinder ins Krankenhaus. Aber nicht mit Rooming-in für die Mutter, wie das heute üblich ist. Im Gegenteil. Die kleinen Patienten kommen in Quarantäne, wie es damals üblich war. Durch eine große Glasscheibe können sie ihre Eltern betrachten, wenn sie auf Besuch kommen, was selten geschieht. Denn die Besuche reißen die Wunde des Heimwehs jedes Mal aufs Neue auf und sind auf beiden Seiten der Glasscheibe eine Qual. Besonders bei Silvia hinterlässt der Mangel an Kontinuität und Geborgenheit in ihrer frühen Kindheit tiefe Spuren. Sie sieht früh ein, dass sie allein ist. Und wird zur emotionalen Selbstversorgerin wie ihr Vater. Ein emotionales Waisenkind, ein unzugängliches Kind, eine rebellische Jugendliche und als Erwachsene eigensinnig und ein wenig weltfremd. Eine Entrückte, die sich in der Natur am wohlsten fühlt und lieber durch die Wälder und Gebirge ihrer Umgebung streift, als sich in *Word for Windows* einzulernen oder den Wagen zum TÜV zu bringen. Sie wäre vielleicht einmal Hermanns zäheste Begleiterin geworden, wenn – ja wenn. Aber in ihren ersten Lebensjahren ist sie nichts als ein bedürftiges Kleinkind in einem unruhigen Haushalt. Hermanns turbulentes Leben beansprucht die Aufmerksamkeit der Mutter ganz für sich. Schließlich will seine Frau ihn nicht aus den Augen verlieren. Seine Verehrerinnen warten bloß darauf.

Was sollte sie machen? Sich zerreißen? Wahrscheinlich hat sie es täglich versucht. Trotzdem hat es nie gereicht. Kinder wollen der Augenstern sein. Silvia, die vitalste von den dreien, erkämpft sich die Aufmerksamkeit, die man ihr freiwillig nicht schenkt. Sie entwickelt sich schon im Babyalter zum Trotzkopf der Familie. Bleibt wach, wenn sie schlafen soll. Brüllt, wenn sie auf den Topf gesetzt wird. Kräht, sobald man die Flasche absetzt, selbst wenn ihr der Brei schon aus allen Poren quillt. Nur unaufhörliches Füttern stillt ihre Sehnsucht, lässt sie vorübergehend zur Ruhe kommen. Und mit ihr Generl, die Harmoniebedürftige, die nichts anderes möchte als ein friedliches Heim, glückliche Kinder und einen entspannten Gatten.

Ihr Gatte ist alles andere als entspannt, wenn sich die Kinder der Junta seiner Verhaltensregeln widersetzen. Sein Waisenhauskodex ist auf das Familienleben nicht immer übertragbar. »Kannst du nicht endlich dafür sorgen, dass dieser Radau aufhört!«, faucht er dann seine Frau an, als wäre es an ihr, per Knopfdruck den Film zu wechseln. Vom »Trotzkopf« auf »Heidi« umzuschalten und das friedliche Wiederkäuen der Kühe auf die lebhafte Brut zu zaubern. Nein, drei Kinder mit seinen wilden Genen sind kein Märchenprogramm. Nicht in einer engen Mietwohnung mit einem Mann, der Berge versetzen möchte. Und zwar alle auf einmal. Manchmal könnte sie aus der Haut fahren. Manchmal möchte sie einfach nur einen Tapetenwechsel. Irgendwohin, wo keiner was von ihr will.

Beim Film

Im Frühjahr 1956 nimmt eine französische Filmgesellschaft mit Hermann Kontakt auf. Die Gesellschaft will ihn als Double für Adrian Hoven in dem Bergfilm *La Grande Crevasse* engagieren. Hermann möchte seine Frau gern nach Chamonix mitnehmen, weil er ihr einen Tapetenwechsel wünscht. Als die Filmleute Generl kennenlernen und erfahren, dass sie selbst Bergsteigerin ist, bietet man auch ihr ein Engagement als Double an. Generl ist sofort Feuer und Flamme. Die Vorstellung von vier Wochen Urlaub – bezahltem Urlaub – am Mont Blanc übersteigt ihre kühnsten Träume. Die Schauspielerei hat sie im Blut, wird also gar nicht erst mit Arbeit assoziiert. Der einzige Schatten, der ihre Vorfreude bremst, sind die Kinder. Wohin mit den dreien? Oma in Ramsau schüttelt bereits bei der diplomatisch verpackten Voranfrage energisch den Kopf. »Was heißt, die Kinder hängen so an mir?«, wischt sie Generls schmeichelhafte Begründung vom Tisch. »Ich hab's Haus voller Gäste und der Vater hat drei Neubauten; der wird mir stocknarrisch bei dem Kindergewiesel. Er ist eh nit gut beinand. Sein Magen bringt ihn noch um.« Ja, der Vater will auch Generl gar nicht recht gefallen. Bleich und ausgezehrt legt er sich sofort aufs Sofa in der stillen Stube, sobald er daheim ist. Und seine Frau übernimmt mehr und mehr den geschäftlichen Part. Er hat sich mit den letzten Bauten übernommen. Wollte nicht Nein sagen, als gleich mehrere Aufträge ins Haus prasselten. Schließlich ist man froh über den beginnenden Wirtschaftsaufschwung. Wohin also mit den Kindern? Nach aufreibenden Überlegungen ergibt sich eine Lösung. Kriemhild kommt in ein Kindererholungsheim in der Nähe von Ramsau. Erholung, da ist man sich einig: Das ist genau das Richtige nach dem Keuchhusten. Die knapp zweijährige Silvia verweigert immer wieder das Töpfchen, daher bleibt ihr die Aufnahme im selben Kinderheim versagt. Aber der Bauernhof, aus dem Vroni stammt, erklärt sich bereit, sie in Kost und Logis zu nehmen. Mit Vroni an der Seite und deren drei jüngeren Geschwistern wird sich die kleine Wildkatze schnell einleben. Und das Baby Ingrid? Eine ledige Jugendfreundin von Generl, die seit Jahren ein Auge auf deren ebenfalls noch ledigen Bruder Franzl geworfen hat, findet die Kleine zum Anbeißen und übernimmt sie. Ihre Hoffnungen in Hinblick auf den begehrten Junggesellen sollten sich leider nicht erfüllen. Obwohl sie ihren adrett herausgeputzten Schützling der Oma fast täglich vorführt, wohl in der Absicht, ihre mütterliche Hingabe könne Franzls Herz erweichen, wird ihre Zuneigung nur von der kleinen Ingrid erwidert. Franzl macht sich nichts aus Kindern. Er macht einen großen Bogen um diese sabbernden, quäkenden Wesen und um Frauen, denen der Kinderwunsch aus den Augen springt. Pech für sie. Aber zumindest Ingrid blüht auf.

Ganz anders Kriemhild in ihrem Erholungsheim. Ohne Mama noch Oma mag sie sich einfach nicht erholen. Um diesem Umstand Nachdruck zu verleihen, verrichtet sie ihr großes Geschäft jedes Mal mitten auf die gebohnerten Holzdielen des Flurs, bis es den Erzieherinnen zu bunt wird. Sie rufen Oma an und drohen, so gehe es nicht weiter. Oma beteuert, das Kind sei seit drei Jahren sauber. Offensichtlich nicht in diesem Etablissement. Beteuerungen ändern nichts an der

Situation und Oma muss ihre Enkelin abholen. Die atmet erleichtert auf, als sie wieder auf Omas Toilette sitzt. Es lohnt sich, manchmal auch unorthodoxe Maßnahmen zu ergreifen.

Hermann und Generl verbringen unterdessen vier traumhafte Flitterwochen am Mont Blanc. Es sollte ihr letzter Urlaub werden. Wie gut, dass sie nichts davon ahnen. Das Filmteam ist im mondänen *Hotel des Alpes* untergebracht, wo man es versteht, seine Gäste mit französischem Savoir-vivre zu verwöhnen. Frühstück ans Bett: Generl könnte diesem Luxus stundenlang frönen, während sich Hermanns Augen über Café crème und Croissants hinweg durch das Fenster bohren, hinauf zu den gleißenden Gletscherwülsten des Mont Blanc. Dort oben ist das Paradies und er hockt im Bett.»Sei nicht so ungemütlich«, beruhigt ihn seine Frau, vor Behagen schnurrend, vom Komfort sediert.»Es ist früher Morgen, wir kommen schon noch hinauf. Schließlich haben sie uns für die Szenen am Berg engagiert. Also entspann dich, du kriegst deine Chance!«

Dein Wort in Gottes Ohr, denkt er sich und lenkt sich mit Kartenstudium und Routenbeschreibungen ab. Wer weiß? Vielleicht bietet sich untertags eine Gelegenheit? Abends, wenn die Leute vom Film mit der letzten Seilbahn in die Zivilisation zurückgeschwemmt werden, empfängt sie das Hotel mit seinem Zeremoniell der Lustbarkeiten. Erlesene Speisen und Weine umschmeicheln den Gaumen, eine Kapelle sorgt für Stimmung, beim Walzer kommt man sich näher. Manchmal zu nahe für Generls Geschmack, der nicht entgeht, wie sich die hübschen Französinnen ihrem Mann an die Brust werfen. Ganz verrückt sind sie nach dem charmanten Tänzer, dem der Ruf des Helden vorauseilt. Klar, er hat Pfeffer im Blut. Wer wüsste das besser als Generl? Aber geht er da nicht eine Spur zu sorglos auf die Avancen ein, die ihm von weiblicher Seite entgegenwogen? Das juckende Ekzem der Eifersucht verfolgt sie bis ins Bett. Dann ist es an Hermann, ihre Besorgnis zu zerstreuen. »Mein Gott, das sind verrückte Hennen«, beruhigt er sie. »Ich kann's doch nicht ändern, dass sie so um mich rumflattern. Du kennst mich doch. Ich versteh eh nur die Hälfte von dem Gegacker.« Natürlich bedarf es mehr als bloßer Worte, um einer Frau die Gewissheit zu geben, dass sie die Einzige für ihn ist. Nur der Körper lügt nicht. Die Liebe hat für Frauen wie Generl religiösen Charakter. Sie wollen angebetet werden, nicht nur überzeugt. Die Predigt gilt nichts. Die Kommunion, die Vereinigung ist das himmlische Elixier. Ist der Kern der Liebe. Jener archaische Ritus schmilzt die vielen Unsicherheiten und Differenzen zwischen einem Paar immer wieder zu einem Glutpunkt, einem Glaubensbekenntnis zusammen.

Für Generl und Hermann ist dieser geschenkte Urlaub mehr als ein Tapetenwechsel. Sie treiben für ein paar Wochen auf der sanften Dünung ungestörter Nächte. Sie kosten ihre Leidenschaft aus, nach langer Zeit wieder ohne die Ketten des Familienlebens. Tagsüber jedoch empfindet Hermann den Urlaub auch als Job. Wenn auch vor herrlicher Kulisse, es bleibt ein Job. Das Drehbuch setzt seinem Gipfeldrang enge Grenzen. Bis die Kameraleute ihre Technik an die Drehorte geschleppt und installiert haben, vergeht für ihn sinnlos vergeudete Zeit mit Warten, Proben, Wiederholungen. Indes lächeln ihm die Nadeln von Chamonix, der Harem um den eisgekrönten König auf Europas Thron lockend entgegen. Seine Füße in den Startlöchern vibrieren wie Stimmgabeln. Seine Stimmung sackt hinab auf den Grund des *Mer de Glace*-Gletschers, sobald die Franzosen ihrer Lieblingsbeschäftigung nachgehen: der breit angelegten Diskussion. Generl hingegen genießt die Geschäftigkeit im Team, die Spannung beim Drehen, das Geplauder in den Pausen. Und die Franzosen sind so galant zu ihr. Einfach hinreißend. Sogar deren Sprache, mit der sie sich in der Schule abgeplagt hat, erscheint ihr hier reizvoll und geht ihr wie von selbst über die Lippen. In ihrer Rolle blüht sie auf wie eine Blume, für die man das richtige Substrat gefunden hat. Ihre Einsätze sind anspruchsvoll genug, um sie nicht zu langweilen. Aber nicht so anstrengend wie eine Tour allein mit ihrem Mann.

Der hingegen versucht immer wieder einmal, eine Verzögerung der Dreharbeiten für sich zu nutzen, indem er auf Französisch verduftet. Das heißt, unauffällig in einer Wand verschwindet, aus der er gerade noch rechtzeitig zu seinem Einsatz wieder auftaucht. Geradeso, als habe er sich mal kurz die Füße vertreten. Nur sein erhitztes Gesicht und sein dampfender Körper verraten den anderen, dass er sich zwischen zwei Scheiben Schicht einen Gipfel stibitzt hat. Und sein Stimmungsumschwung. Die gute Laune schießt nach solch geglückten Abwegen aus ihm heraus wie ein Blitz und schlägt in jeden ein, der in seine Nähe kommt. Plötzlich fließt der Strom und alles läuft wie geschmiert. Plötzlich steht das Set, das Wetter stimmt, die Technik funktioniert, den Darstellern gelingt ein überzeugender Auftritt, die Szene ist im Kasten. Alle sind zufrieden. Und alle drücken beim nächsten Mal ein Auge zu, wenn Hermann sich wieder einmal klammheimlich verdrückt. *Pas de quoi!* Nicht der Rede wert! Hinterher, das zeigt ihnen die Erfahrung, wird Hermanns Siegerlaune das Gleitmittel sein, das den Karren aus dem fest gefrorenen Firn zieht. Die Götter der Berge verlangen nach Opfern. Dieser Mythos umgibt die Berge mit einem Mysterium. Und der Film lebt ja von Mythen.

Seine letzte Reise, seine letzte Spur

Bereits auf dem Rückweg vom Nanga Parbat, beim Abschied von den Eisriesen Asiens, nahm Hermann sich vor, so bald wie möglich hierher zurückzukommen. Er spürte es: Das hier war sein Eldorado. Hier harrten so viele Herausforderungen wie Gipfel seiner, hier gab es unendlich zu tun. Erst drei von den vierzehn Achttausendern waren bestiegen: der Annapurna, der Mount Everest und nun der Nanga Parbat. Aber die Konkurrenz schlief nicht. In allen Bergsteigernationen regte sich Aufbruchstimmung. Er musste sich sputen.

Hans Ertl und Walter Frauenberger teilten seine Ansicht. Man war sich einig, dass man beim nächsten Mal nur als kleine Gruppe aufbrechen würde. Nur wir drei und vielleicht noch der Vigl Luis, schlug Hermann vor, der die Nase voll hatte von der Schwerfälligkeit der überstandenen Expedition, dem militärischen Gehabe, den kleinlichen Scharmützeln in einem zu großen, zu heterogenen Tross. Nur ein eingeschworenes Team echter Kameraden kann ohne Reibungsverlust die Schwierigkeiten bewältigen, die hier durch die Höhe und das Wetter, die körperliche Anstrengung und das seelische Ausgeliefertsein auftreten. Mit seinem eingeschworenen Team würde Hermann das nächste Mal pakistanischen Boden betreten.

Pakistan, das steht für ihn fest, sollte auch beim nächsten Unternehmen das Ziel sein. Einfach aus praktischen Gründen. Zu diesem Land hat er nun schon nützliche Beziehungen aufgebaut. Er kennt die maßgeblichen Verbindungsleute, die

Mentalität der Menschen und das Gelände. Die Einheimischen verehren ihn und werden alles tun, um ihm weitere Erfolge zu ermöglichen. Der K2 wäre das Prunkstück im westlichen, pakistanischen Randgebirge des Himalaya, dem Karakorum. Der zweite in der Weltrangliste der Kolosse, er hat ihn vom Flugzeug aus gesehen. Eine Pyramide von unglaublicher Wucht. Unvermittelt, ohne mildernde Zwischenstufen, ragt sie über dem Baltoro-Gletscher in die Höhe. Der Berg hätte ihn gereizt. Aber die Italiener haben sich bereits auf ihn eingeschossen und erreichten seinen Gipfel, während Hermann in München auf die Schreibmaschine einhämmert, seine zweite Tochter über das Taufbecken hält und bei jedem Föhnwetter die Nachwehen seiner Nanga-Parbat-Nacht an seinen amputierten Zehen spürt, als Phantomschmerz.

Das Leben ist das, was uns dazwischenkommt, während wir ganz andere Pläne haben, sagte John Lennon. Hermann verliert seinen Plan weiß Gott nicht aus den Augen. Trotzdem ziehen die Jahre an ihm vorbei und der Traum von einem zweiten Achttausender wird vom Alltag verschüttet. Vier Freunde, das sind vier Familien mit ihren Erwartungen, vier Berufe mit ihren Verpflichtungen, vier ganz unterschiedliche Lebenswelten mit ihren Prioritäten. Jedes Mal, wenn die Freunde zusammentreffen, um endlich Nägel mit Köpfen zu machen, ist die Liste der eroberten Achttausender um einen Gipfel reicher: 1954 der K2 und der Cho-Oyu, 1955 der Makalu und der Kantsch, 1956 Manaslu, Lhotse und Gasherbrum 2. Was bleibt da noch für sie? In Pakistan sind es der Hidden Peak und der Broad Peak. Sie entscheiden sich für den Broad Peak. Er wurde vor dem Krieg intensiv erkundet und wegen seiner Steilheit damals als »nahezu unersteigbar« klassifiziert. Auch Herrligkoffer hatte sich bereits an ihm versucht, ein Jahr nach dem

Nanga Parbat. Das macht den Berg erst recht reizvoll. Achttausender sind bisher – bis auf den Cho-Oyu – nur auf eine Art erobert worden: durch Materialschlachten. Hermann, der Minimalist, hat eine verwegene Idee für diesen Berg: ihn im Handstreich zu besteigen, im sogenannten Westalpenstil. Ohne aufwendige Technik, ohne Hochträger und selbstverständlich auch ohne künstlichen Sauerstoff. Ein paar Träger bis zum Basislager, das war klar. Von dort ab würde man das Notwendige selbst hinauftragen, drei Hochlager mit dem Unverzichtbaren ausstatten, Proviant und Kocher, warme Kleidung und Schlafsäcke.

Hermann setzt die Maschine der Vorbereitungen in Gang. Die Sponsoren sind das Erste. Da kommen ihm seine Verbindungen sehr zugute. Während er Werbeaufträge an Land zieht, wackelt es im eingeschworenen Team. Der eine wird krank, der andere hat familiäre Probleme, der dritte kann einen fetten beruflichen Auftrag nicht sausen lassen. Wieder verschieben? Unmöglich. Die Werbeverträge sind unterschrieben, das Expeditionskonto wächst. Ersatz für seine Freunde ist nicht schwer zu finden. Ehrgeizige junge Bergsteiger warten bloß auf eine Chance. Er kennt das. Er war selbst einer von ihnen. Drei Salzburger springen für die Verhinderten ein. Kurt Diemberger, Marcus Schmuck und Fritz Wintersteller. Man kennt sich kaum, aber es wird schon werden.

Bereits im Vorfeld kommt es zu Kompetenzdifferenzen. Hermann kennt auch das. Das Joch der Extrembergsteiger: ihre Eigenwilligkeit. Ein ungutes Gefühl beschleicht ihn. Seine Freunde raten ihm auszusteigen. »Brich dir an Haxen«, schlägt Luis vor, »dann hast an Grund zum Daheimbleiben.« Undenkbar, sagt sich Hermann, sich selbst zum Krüppel zu machen. Sein Körper ist sein Kapital. Er macht weiter. Er will zum Broad

Peak. Jetzt. Nicht erst, wenn andere sich den Gipfel geholt haben. Ende März, während Diemberger und Wintersteller das Expeditionsgepäck per Schiff rund um Afrika begleiten, sitzt Hermann mit Marcus Schmuck in einer KLM-Maschine nach Karachi. Zwischenstop in Beirut. Beim Weiterflug setzt der rechte Außenmotor aus. Das Flugzeug dreht, lässt alles Benzin ab und landet eine Stunde nach dem Start wieder in Beirut. Ein schlechtes Omen. Der Motor wird ausgetauscht, man kann den Flug fortsetzen. In Karachi das übliche Prozedere mit den Behörden. Aber diesmal sind es nur eintausendzweihundert Kilo Gepäck, ein Zehntel dessen, was Hermanns Nanga-Parbat-Expedition mit sich führte. Teils mit der Bahn, teils mit dem Flugzeug geht es weiter nach Rawalpindi, schließlich an dem in Wolken gehüllten Nanga Parbat vorbei nach Skardu. Wegen ungünstiger Flugbedingungen verzögert sich die Anreise. Die Männer nutzen die Zeit zu Ausflügen ins Blaue, beispielsweise nach Peshawar, um einen Blick über den Khyberpass ins wilde Afghanistan zu werfen.

Mitte April trifft der Großteil der Balti-Träger in Skardu ein, weitere werden angeworben, dann werden die Lasten verteilt und die Karawane beginnt ihren Fußmarsch in einer Höhe von zweitausendeinhundert Metern Richtung Baltoro-Gletscher. Trotz der abgespeckten Version sind es eine Menge Leute: siebenundfünfzig Träger mit je zwanzig Kilo Expeditionsgepäck auf dem Rücken, zehn weitere Träger schleppen die Trägerverpflegung. Der Proviant für die vier Sahibs macht den Löwenanteil aus. Er ist für vier Monate bemessen, da die Bergsteiger davon ausgehen, dass man sich nach dem Broad Peak noch Zeit nimmt für den einen oder anderen Siebentausender, für Vergnügungstouren und Erkundungsgänge.

Drei Wochen halten die Träger durch, natürlich nicht ohne wiederkehrende Tarifverhandlungen zwischen den Etappen. Fünf Kilometer vor dem Basislagerplatz geben auch die letzten Träger auf. Sie sind müde, sie haben genug verdient, sie mögen nicht mehr. Da helfen alle Bestechungsversuche der Bergsteiger nichts, Geld bedeutet ihnen eben nicht alles. Man kann es ihnen nicht verdenken. Sie sind mangelhaft ausgerüstet, haben keine richtigen Bergschuhe und außerdem das Pech, auf der langen Gletscherwanderung in ein fürchterliches Sauwetter zu geraten. Frierend und murrend hauen sie ab. Nur die beiden Köche und der Begleitoffizier Qader bleiben den Bergsteigern, um die Tonne Gepäck zum Basislager zu schleppen. Drei Jahre zuvor bot sich dem Gletscher ein völlig anderes Bild: sechshundert Träger mit sechzehn Tonnen Gepäck tummelten sich am Fuße des K2. Jetzt gehen sieben Männer zwei- bis dreimal pro Tag mit Lasten bis zu dreißig Kilo die fünf Kilometer über den Gletscher zum Fuße des Westsporns am Broad Peak. Es ist ein Schlauch, aber gut für die Kondition. Am Muttertag schreibt Hermann noch schnell eine Grußkarte an Generl, um sie den beiden scheidenden Köchen nach Askole mitzugeben. Dann beginnt das eigentliche Abenteuer. Die Besteigung des Broad Peak. Die geplante Route über den Westsporn ist vom Baltoro aus die direkteste, also auch die kürzeste. Sie hat den Nachteil, dass klirrende Kälte herrscht. Auf der Westseite des Berges erreicht die Sonne die Aufsteigenden erst spät. Hermann mit seinen frostgeschädigten Füßen spürt diesen Nachteil am schlimmsten. Zu den Mühen des Steigens kommen die Mühen, den Kreislauf immer wieder in Gang zu bringen, hinzu. Bei minus dreißig Grad Celsius in den frühen Morgenstunden werden seine Füße sofort gefühllos. Um kein Gesundheitsrisiko einzugehen, ist er gezwungen, häufige Rasten einzulegen, die Schuhe auszuziehen und die tauben Füße so lange zu massieren, bis die Durchblutung in Fluss kommt und das Gefühl in die Füße zurückströmt. Eine lästige und zeitraubende Nebenaufgabe für ihn, die ihn zermürbt.

Zermürbend ist auch das Wetter. In drei Wochen gibt es einen einzigen Schönwettertag. Bei einem ersten Gipfelangriff kommen sie bis zur Scharte zweihundert Meter unterhalb des Hauptgipfels. Wintersteller und Diemberger erreichen zwar einen Vorgipfel, doch sie müssen alle vier umkehren, weil es Abend wird. Hermann weiß, was eine Nacht in dieser Höhe ohne Biwaksack bedeutet. Seine angefrorenen Füße erinnern ihn dauernd daran. Mürrisch steigen sie ab und erholen sich kurze Zeit im Basislager. Die Stimmung sinkt gegen Null. Wird ihnen das Wetter noch eine Chance gewähren?

Sie kriegen ihre Chance. Am 9. Juni erreichen alle vier Männer nacheinander den Hauptgipfel des Broad Peak. Kurt Diemberger schafft es sogar zweimal auf dem höchsten Punkt zu stehen. Er hat Hermann unterhalb des Vorgipfels zurückgelassen. Wehen Herzens, aber Hermann sagte, »geh du weiter, ich warte hier auf dich«. Seit Stunden hat er immer wieder jedes Gefühl in den Füßen verloren und bleibt im Schnee hocken. Es ist nicht sein Tag. Für ihn der Tiefpunkt dieser Expedition. Die Verzweiflung flutet ihn an wie eine tonlose Brandung. Er sehnt sich auf die grünen Matten seiner Heimatberge zurück, in den Backofen des Baltoro-Gletschers, zu seinem Schlafsack im Sturmzelt. Überallhin, wo es wärmer ist als in dieser Tiefkühltruhe. Die Schatten werden schon wieder lang und länger und begraben seinen Traum. Soll das wirklich alles gewesen sein? So viel Plackerei und Energieeinsatz, um hier, kurz vor dem Ziel, aufzugeben? Ein letztes Aufbäumen seines Willens zwingt ihn auf die Beine. Apathisch folgt er der Spur nach oben. Jeder Schritt ein Klimmzug, jedes Atemholen ein Gebären. Auf halber Strecke des Gipfelaufschwungs kommt ihm Kurt entgegen. Er war schon oben. Hermann gibt ihm zu verstehen, dass auch er noch hinaufwill, und da kehrt Kurt wortlos um, weil er seinen einsamen Freund nicht allein weiterstapfen lassen möchte. Ein grandioser Akt der Freundschaft. Gemeinsam gehen sie dem Gipfel entgegen, in den sinkenden Abend hinein. Und dann stehen sie oben, im letzten Sonnenlicht. Sie drücken sich die Hände und lassen sich von der Abendstimmung verzaubern. Stumm atmen sie die Stille des Weltalls in sich hinein, staunen über das überirdische Leuchten der Farben. Tieforange färbt sich der Schnee, die Farben werden dunkler, feuriger. Der Schnee glüht zu ihren Füßen, sie stehen auf einer lodernden Insel im Raum. Märchenhaft schimmern die Gipfel der Gasherbrumgruppe. Im Gegenlicht erhebt sich düster der K2. Weiter draußen das opalisierende Dach der Chogolisa. Ein tiefer Frieden umfängt die beiden Gestalten. Alles Sehnen kommt zum Stillstand, alle Gedanken verebben am schmalen Sonnenrand des Horizonts. Kann das Leben schöner sein?

Als das Sonnenlicht erlischt, tauchen die beiden aus ihrer Faszination auf. Schnell hinunter. Bleich steht der Mond über ihnen. Um halb acht verlassen sie den Gipfel und schon senkt sich die Dämmerung über die müden Männer. Unten in den Tälern ruht schon die Nacht. Vorsichtig steigen sie ab in die Finsternis der Tiefe. Das Mondlicht hilft ihnen. Aber die Gefahr ist allgegenwärtig und die Müdigkeit ist ein lautloses Gift. Wie gut, dass sie zu zweit sind. So reißt sich doch immer wieder einer hoch und drängt zum Weitergehen. Nach Mitternacht fallen sie in ihr Zelt. Sie haben es geschafft.

Zwei Wochen später stellen die beiden ihr kleines Zelt am Fuße der Chogolisa auf. Sie haben ihren Achttausender, haben die Lager abgebaut, haben unten im Basislager zahlreiche Grußkarten geschrieben, ihr Expeditionstagebuch auf den letzten Stand gebracht und sich erholt. Nun haben sie vor, sich einen Gipfel nur zum Vergnügen zu holen. Die Expedition verspricht, ein einmaliger Erfolg zu werden. Außer dem Broad Peak würden sie noch eine ganze Reihe von Sechs- und Siebentausendern nach Hause bringen. So haben alle vier Bergsteiger vor, die Berge der Savoiagruppe zu erschließen.

Schmuck und Wintersteller sind schon unterwegs, ohne Ankündigung. Im Viererteam am Broad Peak kriselte es unter den Männern immer wieder. Das Resultat war schließlich, dass sie als Zweiergruppen unabhängig voneinander ihre Ziele verfolgten. Hermann und Kurt fühlen sich seit ihrem gemeinsamen Gipfelgang vertrauensvoll verbunden. Sie sind durchtrainiert, bestens akklimatisiert, hoch motiviert und »zu zweit allein« ohne jeden Zugzwang. Sie haben alles, was sie brauchen. Ein Zelt, ihr Hochlager, mit dem sie jeden Tag ein Stück höher hinaufwollen. Markierungsfähnchen für den Rückweg und genügend Proviant für den Fall, dass es sie einschneit. Etwa fünfunddreißig Kilo wiegen ihre Rucksäcke am Ausgangspunkt. Der Plan ist kühner als der für den Broad Peak. Sie freuen sich darüber. Auf die Ausrüstung können sie sich ebenso verlassen wie auf sich selbst. Die 7654 Meter hohe Chogolisa, der »Brautberg« (Bride Peak), wie Conway ihn 1892 taufte, weil er von der Schönheit seiner weißen, gewellten Schultern überwältigt war, ragt mehr als zweieinhalbtausend Meter über dem Gletscherboden des Baltoro auf. Ein lächelnder Zauberberg, ein himmelhohes Brautkleid aus Eis. Die beiden Männer suchen sich eine Aufstiegsroute. Über den Kaberisattel zum

Südostgrat. Dort hätten sie bereits Morgensonne und würden sich keine kalten Füße holen. In drei Tagen könnten sie den Gipfel erreichen, rechnen sie sich aus. Wenn das Wetter mitspielt. Das Wetter jedoch macht ihnen einen Strich durch die Rechnung. Wäre auch zu schön gewesen! Nun gut, ihre erwartungsvolle Stimmung lassen sie sich nicht verhageln. Knapp unter der sechstausendsiebenhundert Meter hohen Gratschulter stellen sie ihr Sturmzelt auf. Der Platz ist recht exponiert. Einen Meter neben dem Zelteingang beginnt der dreihundert Meter tiefe Abgrund zum Kaberisattel. Sie verankern das Zelt fest im Eis, denn die blank gefegte Schulter lässt sie ahnen, wie fürchterlich hier die Stürme toben, deren ungebremste Gewalt den frei stehenden Grat trifft. In den Morgenstunden des 26. Juni bestätigen sich ihre Ahnungen. Wilder Sturm braust auf, Salven von Böen wuchten auf das leichte Hochlagerzelt nieder. Ein Inferno tobt los. Die Männer stemmen sich gegen die Zeltwände, halten die sich biegenden Stäbe fest, bangen davor, mitsamt dem Zelt in den Schlund geschleudert zu werden. Doch das Zelt hält stand. Allmählich gewöhnen sie sich an das Heulen. Sie lauschen den tausend Stimmen der Luft, den Geistern des Himalaya. Im Zelt geborgen, entspannen sie sich. Hermann spricht von neuen Himalayaplänen, vielleicht in ein, zwei Jahren. Zum Rakaposhi zieht es ihn hin, dem schon so oft versuchten »pakistanischen Matterhorn« über dem Hunzatal. Wir werden noch oft zusammen in die Berge ziehen, versprechen sie sich. Draußen lässt der Sturm nach, es wird ruhiger. Auch die Männer verstummen in ihren Schlafsäcken, hängen ihren Gedanken nach. Plötzlich fährt Hermann hoch und zeigt auf den Höhenmesser: »Schau, Kurt, der Höhenmesser sinkt. Morgen kann es schön werden.« Sie blinzeln durch die Zeltöffnung und wirklich: Über ein paar Nebelfetzen steht der klare Himmel. »Wir müssen noch Ovomaltine machen und die Rucksäcke für morgen packen«, sagt Hermann. »Das wird unser Gipfeltag, wirst sehen!« In strahlender Laune treffen sie ihre Vorbereitungen.

Der Morgen des 27. Juni ist klar, kalt und windstill. Der Tag verspricht ein Geschenk des Himmels zu werden. Die Männer stapfen glücklich und ohne Last den Grat hinan. Als die Füße allmählich kalt werden wollen, treffen sie die ersten Sonnenstrahlen. Was für eine Wohltat! Der Broad Peak schaut unfreundlich aus dem Schatten seiner Westflanke zu ihnen herüber. Den haben sie hinter sich, zum Glück. Sie steigen schnell höher. Schon nach kurzer Zeit sind sie über die Siebentausendmetergrenze hinweg. Die Wächten dort oben sind gewaltig. Bis zu zehn Meter weit hängen sie über den Gratrand hinaus. Wie werden sie nur darüber hinwegkommen? Plötzlich ein Knall. Alles bebt. Ein paar Meter neben ihnen fährt die ganze Schneefläche als riesige Scholle ab, zerbricht, ergießt sich über die Flanke und endet tief unten im Donnern einer Lawine. Peinlich genau setzen die beiden von nun an jeden Schritt.

Bis neun Uhr vormittags haben sie die gefährlichsten Stellen überwunden. Hermann ist in Hochform. Er ist kaum zu stoppen. Aber da das Wetter so angenehm, die Sicht so berauschend und die Zeit überhaupt kein Problem ist, gönnen sie sich eine ausgedehnte Rast. Heiß brennt die Sonne auf sie nieder, während sie sich die für den Gipfelgang aufgesparten Schmankerl munden lassen. »Das ist der schönste Tag für mich, seit ich auf dieser Expedition bin«, meint Hermann und räkelt sich behaglich. »So hab ich es mir immer vorgestellt.« Erwartungsvoll brechen sie wieder auf. Knipsen bald darauf noch ein paar

Fotos, weil die Motive nicht traumhafter sein könnten. Noch vierhundert Höhenmeter bis zum Gipfel.

Was ist das für eine Bewegung dort im Süden? Wolkenberge kommen schnell näher. Wenig später zieht eine kleine Wolke über die Flanke herauf. Sie wird größer, verhüllt die beiden Gestalten, verhüllt den Gipfel. Auf einmal wird es unheimlich dunkel. Graue Fetzen fegen über den Grat. Dann bricht die Hölle los. Eben war der Himmel noch blau. Wie ist so ein plötzlicher Umschwung möglich? Die Männer haben keine Zeit zum Nachdenken. Jetzt rasch weiter. Durch Wolken von Schneestaub kämpfen sie sich voran. Alle paar Meter wechseln sie sich im Spuren ab. Die Sicht reicht gerade für die nächsten Schritte. Geduckt versuchen sie, den Böen Widerstand zu leisten. Eisnadeln bohren sich in ihre Haut. Sie müssen den Kopf abwenden, um das Gesicht zu schützen. Die Peitsche des Schneesturms drischt auf sie ein, nimmt ihnen die Luft.

»Wir müssen umkehren«, schreit Hermann zu Kurt hinunter, »der Sturm verweht uns die Spuren!« Seine Stimme geht im Sturmbrausen unter, aber Kurt hat verstanden. Noch dreihundert Meter bis zum Gipfel. Es wäre Wahnsinn, sagt die Vernunft. Nun heißt es rasch handeln. Sie drehen sofort um. Hermann hat zuletzt gespurt, jetzt geht Kurt voraus. Sie gehen im Abstand von zehn, fünfzehn Metern. Gebückt tasten sie sich hinab. Nur die tiefen Pickellöcher vom Anstieg haben sich im Schnee gehalten, von der Fußspur ist fast nichts mehr zu sehen. Kurt schaut immer wieder nach links. Dort muss der Wächtenrand sein. Dem dürfen sie nicht zu nahe kommen. Aber auch dem Steilhang nicht. Da – plötzlich eine Bewegung, ein dumpfer Schlag. Alles bebt. Entsetzt macht er ein paar Riesensätze nach rechts, in den Steilhang hinein, noch ein Stück hinab. Dicht vor ihm war soeben noch der Wächtenrand, von dem sich kleine Stücke lösten. Er war schon auf der Wächte. Glück gehabt. Ob Hermann das gesehen hat? Er dreht sich um. Hermann müsste jetzt gleich erscheinen. Eigentlich müsste er schon da sein. »Hermann!«, ruft er in das gleichgültige Weiß hinauf. »Hermann!«

Keine Antwort. Er kann nicht über die Wölbung im Hang drüberschauen. So rennt er los, zurück, sieht Minuten später Hermanns Spur, die hinaus zum gezackten Rand des Wächtenabbruchs führt. Nirgends kann er hier hinabblicken und so eilt er zum Vorgipfel zurück. Und dort: Für einen Augenblick gibt der Sturm die Sicht auf den Grat frei. Die weiße Klinge des Todes wölbt sich vor ihm: unschuldig, rein und menschenleer. In der Tiefe darunter nur die Bahn einer Lawine. Da ist kein Hermann mehr. Seine Spur führt ins Leere. Mitten in seinen Hoffnungen wurde er vom Tod überrascht. Auf einer Wächte. Sie nahm ihn mit in die Tiefe. Dort liegt er im Gletscher, ein zum Stillstand gekommener Solitär. Weit in die Ferne geschoben von der Endmoräne seiner Sehnsucht.

Teil 2

»Steh nicht an meinem Grab und weine.
Ich bin nicht dort. Ich schlafe nicht.
Ich bin der Gipfelwind, der weht.
Ich bin das diamantene Glitzern des Schnees. (…)
Ich bin der ferne Stern, der in der Nacht leuchtet.
Steh nicht an meinem Grab und weine.
Ich bin nicht dort.
Ich bin nicht tot.«

Quelle unbekannt

Der Tod

Als mein Vater auf einer abbrechenden Schneewächte ins Bodenlose stürzt, wird es in Ramsau, sieben Zeitzonen später, gerade Nacht. Generl hat uns drei Kinder ins Bett gebracht, die Spielsachen aufgeräumt, die getrocknete Wäsche von der Leine genommen und zusammengelegt. Jetzt noch die Lohntüten fertig machen, denn morgen ist Freitag und dann hab ich Feierabend, sagt sie sich. Sie träumt gerne mal ein wenig voraus und ein wenig zurück, ihr Naturell, das zunimmt, sowie Hermann weg ist. Aber trotz gelegentlicher Tagträumereien steht sie mit beiden Füßen fest auf dem Boden der Lebensbewältigung. Seit Ostern, seitdem Hermann nach Pakistan aufgebrochen ist, wohnt sie in ihrem Elternhaus wie immer, wenn er längere Zeit unterwegs ist. Hier haben die Kinder Auslauf und ihr selbst tut die Ablenkung gut, die der Geschäftshaushalt bietet. Nicht nur *sie* ist froh, bei ihrer Mutter zu sein. Auch Oma Burgi ist froh, ihre Tochter in dieser schweren Zeit um sich zu haben.

Opa ist vergangenen Herbst gestorben, sie besucht ihn täglich an seinem Grab. Er war ein liebevoller Ehemann und Vater, das ausgleichende Element in der Familie. Er fehlt ihr sehr. Er fehlt allen. Auch Franzl, seinem Sohn, der jetzt das Baugeschäft allein führen muss, obwohl er ganz und gar kein Geschäftsmann ist, sondern lieber Kunstmaler geworden wäre. Natürlich unterstützt Burgi ihren Buben, wie sie vorher ihren Mann unterstützt hat. Aber die Flamme ihrer Lebenskraft lodert nicht mehr so hell, seitdem sie den Ehemann begraben hat. Das Herz, das Organ der Liebe, kann den Verlust nur schwer verwinden. Sie müsse sich schonen, hat der Doktor gesagt. Darum geht sie schon ins Bett. Generl schaut noch mal vor die Haustür, ein paar Atemzüge frische Luft schnappen, denn die Küche stinkt immer nach Franzls Zigarettenqualm. Der Himmel ist klar, es wird weiterhin schön bleiben. Wie's wohl bei Hermann drüben aussieht? Vor wenigen Tagen flatterte das Telegramm mit der freudigen Nachricht ins Haus: *Broad Peak bestiegen, alle 4 Gipfelstürmer ok. Jetzt noch einige Vergnügungstouren geplant. Bis bald!* Ihr ist ein Stein vom Herzen gefallen. Das Schlimmste ist überstanden, der Achttausender. Ihr schossen Tränen des Glücks aus den Augen, als sie das Telegramm las. Kriemhild war ganz verwundert bei ihrem Anblick: »Warum weinst du denn, wenn du dich freust?« Sie konnte dem Kind das Ausmaß des Erfolgs nicht erklären. »Weil Papa bald gesund nach Hause kommen wird«, sagte sie erleichtert und nahm ihre Tochter auf den Schoß. »Du darfst stolz auf deinen Papa sein.«

»Was ist stolz?« – Dieses Kind immer mit seinen Fragen! »Stolz ist, wenn du auf deine Schwestern aufpasst und ich dich dafür lobe. Dann kannst du stolz auf dich sein.«

»Dann bin ich lieber nicht stolz«, beschloss die Fünfjährige und trollte sich nach draußen zu den größeren Nachbarskindern.

Generls Augen folgen einem Glühwürmchen, dann verweilen sie bei den Sternen am Firmament, ihren nächtlichen Sendboten zu Hermann in der Ferne. Ihnen schickt sie ihre stummen Wünsche, ihre Fürbitten für ihn. Seit dem Telegramm sind es auch Dankgebete. Es hat geholfen, denkt sie erleichtert und kehrt ins Haus zurück. Beim Entkleiden wirft sie einen Blick in den Spiegel. Schwarz steht ihr überhaupt nicht. Seit acht Monaten trägt sie Trauer, es macht sie alt, findet sie. Sobald Hermann zurückkommt, wird sie sich wieder was Buntes anziehen. Muss ja nicht gleich Kirschrot sein. Blau mag er am liebsten an ihr. Kornblumenblau, das passt auch zum Sommer. Morgen wird sie sich einen Stoff aussuchen und zur Schneiderin bringen. Damit alles bereit ist für seinen Empfang.

Wenige Tage später sitzt sie im Büro und tippt Rechnungen in die Schreibmaschine. Heute ist ein glücklicher Tag für sie. Der Postbote überreichte ihr einen ausführlichen Brief von Hermann, im Basislager geschrieben nach der Rückkehr vom Broad Peak. Seine Briefe – ihre Wegzehr. Wie sehr sie sich für ihn freut! Das Telefon klingelt. Es ist Luis, sein Jugendfreund. Auch er hat heute eine Grußkarte erhalten. Seine Begeisterung mischt sich mit Wehmut. »I wollt, i wär dabei gwesen«, sagt er. »Scheiß Betrieb! Immer geht die Arbeit vor.« Er hat einen Installationsbetrieb, den er nicht für Monate allein lassen kann. »Beim nächsten Mal wird es schon klappen«, tröstet ihn Generl, die weiß, wie sehr sich das auch Hermann wünschen würde. »Ich stell schon mal den Sekt kalt, bis der Hermann zurückkommt«, verspricht Luis zum Abschied.

Ein paar Wochen später bei der Trauerfeier wird er ihr erzählen, dass ihm am Todestag von Hermann auf der Königsspitze der Eispickel runtergefallen ist, den Hermann ihm geschenkt hat. Es habe ihm einen Stich gegeben, als der Pickel unter dem Eisgrat verschwand.

Wieder klingelt das Telefon. Sie hält den Hörer fester ans Ohr, um besser verstehen zu können. In der Leitung rauscht es so. Deutsche Botschaft, versteht sie. Karachi. Eine Hiobsbotschaft. Sie ist ganz still. Dann legt sie wieder auf. Schreibt die Rechnung fertig. In ihren Ohren rauscht es noch immer. Wenn bloß keiner kommt und was von mir will, denkt sie benommen. Ich muss die Büroarbeit zu Ende bringen. In den nächsten Tagen werde ich nicht mehr die Zeit dazu haben. Oder die Kraft. Hinter ihren Schläfen spürt sie den Herzschlag hämmern. Sie lebt. Seltsam. Ihre Finger tippen zittrig auf die Tasten. Der Ehering glänzt golden im Schein der Nachmittagssonne. Sie darf nicht hinsehen, sonst tritt sie über die Ufer. Jetzt noch die Umschläge frankieren. Ihr ist kalt. Sie sollte sich eine Jacke überziehen. Aber dann müsste sie das Büro verlassen. Das geht nicht. Ihre Beine werden sie nicht tragen. Sie kann jetzt nicht unter Menschen. Wie soll sie es bloß ihrer Mutter erzählen? Das hält deren Herz nicht aus. Schade, dass sie selbst es nicht ist, die ein schwaches Herz hat. Dann hätte sie es vielleicht schon hinter sich. Oder wie lange dauert ein Herzanfall? Sie schaut auf die Uhr. Erst halb sechs. Die Zeit vergeht nicht. Um sechs wird Vroni die Kinder bringen. Mein Gott, die Kinder! Die brauchen sie noch. Mindestens noch fünfzehn Jahre. Unvorstellbar. Sie räumt den Schreibtisch auf. Ordnung muss sein. Die Kaffeetasse ist noch halb voll, inzwischen aber kalt. Sie setzt sie an den Mund, vorsichtig, um nichts zu verschütten. Ein Brechreiz steigt in ihr hoch. Sie muss was tun, um die flatternden Nerven in Schach zu halten. Die Wohnung in München könnte sie schon mal kündigen. Zum nächstmöglichen Termin, das spart Geld. Von was werden sie leben, sie und die Kinder? Komisch, denkt sie. Über so etwas haben wir nie gesprochen. Über den Ernstfall. Hastig spannt sie ein Blatt Papier in die Schreibmaschine, um die anrollende Walze von Panik abzufedern. Es hilft. Ihr Nacken ist völlig verspannt. Der ganze Schädel wie in einem Schraubstock. Eine Migräne, das fehlte noch! Sie macht ein paar Lockerungsübungen. Da kommt Vroni mit den Kindern durch das Hofgatter. Wie glücklich sie immer vom Bauernhof zurückkehren! Eigentlich müsste sie jetzt rausgehen und ihre Räuberbande in Empfang nehmen. Wie soll sie das bloß schaffen, reden? Auf ihre Stimme ist kein Verlass. Ein trügerisches Eis, beim ersten Laut könnte es einbrechen. Sie versucht, sich vom Schreibtisch, ihrer Rettungsboje, zu erheben. Die Beine sind zwar stocksteif wie die Glieder einer Marionette, aber sie gehorchen den strammen Fäden ihrer Selbstbeherrschung. Einen Schritt vor den anderen tritt sie hinaus in den Hof, der ihr überbelichtet erscheint. Geblendet kneift sie die Augen zusammen. Die Sonne scheint, unbegreiflich. Vom Balkon aus ruft ein Feriengast zu ihr hinab: »Na, Frau Buhl, fertig für heute?«

Sie schweigt wie ein Grab. Unhöflichkeit sind die Gäste nicht von ihr gewohnt, doch Not kennt kein Gebot. Sie geht einfach weiter, eine ferngesteuerte Puppe, zur Haustür, durch den Flur in die Küche, wo die Kinder schon um die Oma herumwuseln und Vroni sich verabschiedet.

Als sie fort ist, nimmt Generl ihre Jüngste auf den Arm, bevor die Eineinhalbjährige nach dem Tischtuch mit dem gedeckten Abendessen grapschen kann. »Du Mama, ich bin heute stolz. Ich hab nämlich auf die Ingrid aufgepasst, damit sie die Kühe nicht immer am Schwanz zieht«, berichtet ihr Kriemhild. »Lobst du mich jetzt?« Generl nickt wortlos. Sie spürt, wie der Damm Risse bekommt. »Warum weinst du denn, Mama, freust du dich schon wieder auf den Papa?«

»Euer Papa ...«, bricht es hervor, »kommt nicht mehr.« Und dann ein Aufschrei: »Er ist tot!«

Es ist, als fließe das Leben aus ihr raus. Ihre Tränen schwemmen sie durch die Tage, aber die Welt steht für sie still. Sie hat aufgehört sich zu drehen. Nur das Telefon steht nicht still. Durch das Radio verbreitet sich die Unglücksnachricht in Windeseile, ihr Elternhaus gleicht einem Bienenstock. Mechanisch verrichtet sie, was getan werden muss. Familie und Freunde unterstützen sie zwar, doch die Entscheidungen muss sie selbst fällen. Jede Entscheidung ein Fallbeil. Die Stimme des Scharfrichters – ihre eigene Stimme – ein dröhnender Nachhall im Ohr. Die scharfe Schneide trennt ihre Existenz in norher und nachher. Zurück bleibt ein zuckender Torso in einer Lache aus Leid. Eine Trauerfeier am Friedhof in Ramsau ist zu organisieren. So schnell wie möglich, sagt sie, damit der Rummel aufhört. Und auch, damit sie einen Fluchtpunkt hat, eine Gedenkstätte, zu der sie ihren Schmerz schleppen kann. Da es kein Grab geben wird, soll eine Gedenkplatte an der Friedhofsmauer das Grab ersetzen.

Ein Seilkamerad von Hermann ist Steinmetz und bespricht mit ihr Aussehen und Inschrift dieser Gedenkplatte. Mit einem Foto als Vorlage gelingt es ihm, Hermanns Konterfei als Relief aus dem Untersberger Marmor naturgetreu herauszuarbeiten und seitdem lächelt einem unser Vater von dieser Gedenkplatte so jung entgegen, wie ihn der Tod angetroffen hat.

Am Tag der Trauerfeier gleicht Ramsau einem Pilgerort, Scharen von Menschen bewegen sich durch das enge Tal auf den Friedhof zu. Die Polizei, die hier höchstens im Fasching auftaucht, wenn sich ein betrunkener Autofahrer um das Ortsschild gewickelt hat, muss den Verkehr regeln. Generl kriegt von dem Menschenauflauf kaum etwas mit. Wie durch eine Nebelbank nimmt sie die Feierlichkeiten wahr, die Ansprachen und die Kondolenzbezeugungen. Sie hat an jeder Hand eine Tochter, nur Ingrid hat sie in der Obhut eines Gästemädchens daheim gelassen. Wie warm die kleinen Kinderhände in ihren Händen liegen! Wie verlorene Vögel in einem Nest aus Schnee. Ein Bergsteigerchor schickt als letzten Gruß ein ergreifendes *La Montanara* zu den Bergen hoch und während sich in diese

Klänge das Schnäuzen der Umstehenden mischt, steht Generl regungslos in ihrem Vakuum, selbst in Stein gemeißelt, vor dem steinernen Bild ihres Mannes.

Gott hat ihn zu sich gerufen, weil er ihn liebt, predigt der Pfarrer. Gott ist mitleidlos, denkt sie, er kennt die Liebe nicht. Sie hat bereits begonnen, ohne dieses Phantom auszukommen. Das Leben geht weiter, sagen die Leute zu ihr beim Abschied. Wozu?, schreit ihre Seele nur für sie hörbar. Wozu leben? Wozu mit einer Funzel durch die Finsternis waten, wenn man das Sonnenlicht kennengelernt hat? Das ist das Grausame. Dass das Leben einfach weitergeht, obwohl nichts mehr so ist, wie es war. Deine Kinder brauchen dich, fügen sie tröstend hinzu. Aber sie will keinen Trost. Ihre Kinder sind ihre Qual. Wenn die Kinder nicht wären, müsste sie nicht weiterleben. Dann könnte sie sich fallen lassen. Sich dahin treiben lassen, wo Hermann ist. In sein schneeweißes Bett an den Flanken der Chogolisa und gemeinsam mit ihm zu Eis gefrieren.

Kurt Diemberger übergibt ihr Hermanns Habseligkeiten, die nach seinem Absturz in Zelt und Basislager zurückgeblieben sind: Tagebücher, Filme, ihre Briefe und seine Kleidungsstücke. Ihre Briefe an ihn – es zerreißt ihr das Herz. Seine Kleidungsstücke – sie riechen noch nach ihm. Das kann nicht sein, vielleicht ist alles nur ein Irrtum? »Ich wollt, es wär' ein Irrtum«, sagt Kurt unter Schluchzen und zeigt ihr die Fotos vom Wächtenabbruch, von Hermanns letzter Spur. Er macht sich schreckliche Vorwürfe und verliert sich in einer Spirale von Hättichdochs und Wärichnurs. »Dich trifft keine Schuld«, tröstet ihn die Untröstliche, »du hast bloß Glück gehabt. Der Hermann hat sich nie auf einen anderen verlassen, das weiß ich. Er war der geborene Einzelgänger. Auch zu zweit. Er hat nur dieses eine Mal kein Glück gehabt.«

Kurt fühlt sich durch dieses Unglück zutiefst mit Generl verbunden. Er könnte ihr in den Jahren danach aus dem Weg gehen, um die Erinnerung auszulöschen. Er tut es nicht. Er wird ein zuverlässiger Freund.

Für uns Kinder sind diese flirrenden Hochsommerwochen nach Vaters Tod eine Zeit gesteigerter Lebensqualität: Berge von Schokolade und Eistüten wechseln von den vor Mitleid mit den Halbwaisen generösen Besuchern zu drei gierigen Mündern über, die alles verschlingen, was süß schmeckt und endlich einmal im Überfluss vorhanden ist. Mamas verminderter Wachsamkeit entgehen nicht nur diese Naschorgien, ihr entgehen fast alle Freiheiten, die wir uns in diesem Ausnahmezustand unbemerkt nehmen. Ob Zähneputzen oder Haarewaschen, ob Manieren oder Mittagsschlaf, wir brauchen das alles nicht und verkrümeln uns ins Freie, bevor die abgelenkten Erwachsenen einen Blick auf uns erhaschen. Bis in die Nacht hinein stromern wir durch die Nachbarschaft, die noch wackelig tapsende Ingrid in ihren ersten Schuhen zwischen uns im Schlepptau. Denn da sind wir drei uns plötzlich einig. Wenn schon frei, dann gemeinsam frei. Geschwisterrivalität funktioniert nur unter der Obhut einer höheren Instanz.

Langsam verebbt der Rummel um den verunglückten Helden und für uns halb verwilderte Kinder und seine Witwe beginnt der Alltag. Aber was bedeutet Alltag, wenn einem das Leben fremd geworden ist? Generl möchte sich einigeln, sie sehnt sich nach einem Winterschlaf, aus dem sie nicht mehr aufwacht. Doch es ist Sommer, die Tage sind lang und heiß. Sie kann seine Hitze, seine Körperlichkeit, seine Diesseitigkeit kaum ertragen, aber sie hat keine Wahl. Ob die Kinder sie brauchen steht nicht zur Diskussion. Sie sind da, tagsüber lärmend und fordernd, in den Nächten zarte duftende Wesen, eng an Generls Körper gekuschelt. Manchmal lächeln sie im Schlaf, manchmal stöhnen sie aus einem Albtraum auf, dann streichelt Generl behutsam über ihre verschwitzten Schöpfe und vergisst für einen Moment ihre eigene Einsamkeit.

Wie sehr sie ihrem Vater gleichen: Die Große mit ihrem forschenden Blick, die Mittlere mit ihrem wilden Selbstbestimmungsdrang, die Kleine mit ihrer sinnlichen Bedürftigkeit. Sie halten sie in Atem und das hält sie am Leben. Eigentlich verabscheut sie dieses Leben ohne Höhen und Tiefen, diese abgegraste Prärie der Hoffnungslosigkeit. Wenn sie zwischen Gästebetrieb, Baustoffbestellungen und Kinderversorgung ein Schlupfloch sieht, verschwindet sie – eine Raumkapsel auf der Bahn zu ihrer Bodenstation – für eine halbe Stunde zum Friedhof, um Hermann nahe zu sein. Stumm wie eine Verbündete teilt sie ihm dann ihre Gedanken mit, ihre Beobachtungen und Sorgen. Stumm antwortet er ihr, sie nickt und kommt zur Ruhe. Er ist immer für sie präsent, ein in Marmor verewigtes Lächeln. Manchmal hat sie viel im Gepäck. Dann schleudert sie ihm ihre Wut und Hilflosigkeit entgegen. »Du machst es dir leicht«, klagt sie ihn an. »Du bist wie immer nicht da.«

»Du schaffst es, meine Gams«, flüstert er ihr dann zu. »Ich kenn dich: Du schaffst alles.«

»Ich pack's nicht, es ist zu viel für mich«, jammert sie verzweifelt.

»*Mach's* einfach. Ich bin bei dir, du wirst schon sehen«, bestärkt er sie.

Und wirklich. Sie verlässt den Friedhof jedes Mal ein bisschen ruhiger, als sie ihn betreten hat. Ein paar Schritte weit begleiten sie seine stummen Worte, umhüllen ihre Nervenbahnen wie ein wirksames Tranquilans. Bis zur Neuhausenbrücke, wo sie sich vor sieben Jahren zum ersten Mal »Auf Wiedersehen« gesagt haben. Auf Wiedersehen – sie sieht ihn vor sich in der Sekunde des Absturzens. Seinen ungläubigen Blick, der jung und verletzbar ist. Wenigstens hat er nicht gelitten, versucht sie sich zu trösten. Aber *sie* leidet. Täglich. Wer tröstet *sie*? Das Unabwendbare seines Todes nimmt ihr die Luft.

Sie hatten nie über den Tod gesprochen. Nur über das Leben, diesen prall gefüllten Rucksack. Nun hängt dieser Sack schlaff und leer in einer Ecke, genauso sinnlos wie ihr halb fertiges kornblumenblaues Sommerkleid. Es sollte noch lange unberührt im Schrank hängen, vom Schwarz ersetzt und später zu weit für die geschrumpften Brüste der Witwe. Es passt erst wieder wenige Wochen, bevor sie zum nächsten Mal Trauerkleidung anlegt. Als sie glaubt, über den Berg zu sein, und langsam wieder Besitz von sich ergreift. Aber bis dahin sollte sie noch oft auf der Neuhausenbrücke stehen bleiben, um für einen Atemzug dieses Bild in sich aufsteigen zu lassen, diese Erinnerung an zwei unbekümmerte fröhliche Menschen im Augenblick des Urknalls. Erinnern – ihre Tyrannei und Droge zugleich.

Bevor ich in Ramsau eingeschult werde, löst meine Mutter ihre Münchner Wohnung auf und verpackt ihre glückliche Vergangenheit in Kisten. Aus offenen Wunden sickert das Blut, während sie Hermanns Habe an die Brust presst und beim Zerlegen des Ehebettes Hand anlegt. Noch heute schläft sie darin. Die anderen Möbel verschwinden auf Omas Dachboden und damit ist dieser Teil ihres Lebens von der Landkarte ausradiert. Sie kehrt endgültig dahin zurück, wo alles angefangen hat. Nach Ramsau. Sie kehrt auch wieder unter die Jurisdiktion ihrer Mutter zurück. Ohne Ehemann an der Seite und ohne eigenes Einkommen landet sie abermals in der Tarifgruppe der Töchter, das geschieht ganz automatisch nach dem Gesetz der

Familienhierarchie. Ihr ist es egal, Hauptsache, sie ist nicht allein. Auch für ihren Bruder Franz fällt sie in den Status der kleinen Schwester zurück, die man im eigenen Haushalt vorerst duldet, wenn auch mit knirschenden Zähnen. Sie allein – das würde er ja akzeptieren. Schließlich ist sie eine Hilfe, auch im Baugeschäft. Aber ihre Blagen, nein wirklich, das geht zu weit. Auf Schritt und Tritt stolpert er über deren Krimskrams, nirgends findet man seine verdiente Erholung vor lauter Kindergeplärr. Nicht einmal in Ruhe essen kann man, ohne dass eine ihn anrempelt oder eine andere ihm ihre Milch über seinem Kraut verschüttet. Er weiß, warum er Kinder nicht mag. Weil sie Wilde sind, eine Horde Unzivilisierter. Um deren Zivilisationsprozess zu beschleunigen, rutscht ihm schon mal die Hand aus und das Gequengel weitet sich zu einem polyphonen Accelerando. Dann wirft sich Generl dazwischen wie eine wild gewordene Katzenmutter, »untersteh dich und vergreif dich noch mal an den Kindern«, faucht sie ihn an, doch mit was soll sie eigentlich drohen? Sie hat nichts in die Waagschale zu werfen, das weiß er, wenn er ihr im Gegenzug den Mund verbietet, sie habe ihm gar nichts zu befehlen, sie solle lieber ihre Fratzen anständig erziehen, sonst könne sie schauen, wo sie mit dieser Bagage bleibe. Diese Drohung bringt Generls labiles Gleichgewicht erst recht zum Einsturz, sodass dem Gefecht nur durch ein Machtwort aus Omas Mund Einhalt geboten werden kann. »Versündige dich nicht«, staucht sie ihren Sohn zusammen, »du warst selbst mal ein Lausbub. Ein richtiger Rotzlöffel warst du, vergiss das nicht. Sei froh, dass du noch keine eigenen Kinder in die Welt gesetzt hast bei deinen Weibergeschichten. Und jetzt essen wir weiter, wird ja alles kalt. Kommt's rauf, Dirndln, setzt euch wieder an den Tisch!«

Silvia und ich kommen eingeschüchtert unter der Eckbank hervorgekrochen, unserem Zufluchtsort vor Onkels kräftigen Maurerhänden. Bis zum Ende der Mahlzeit sind nur mehr die Geräusche des Kauens vernehmbar. Der Hausfrieden ist trotzdem noch lange nicht wieder hergestellt. Wie soll er auch? Man müsste die Kinder in Beton gießen, Franzls Machart, um seinem Verlangen nach Ruhe und Ordnung zu genügen. Oma ergreift zwar immer Partei für ihre Weibsen, aber das ist nur ein Notverband, unter dem es rot durchschimmert.

Wenn sie einen Beruf ausüben würde, grübelt Generl in ihren endlosen Nächten, dann könnte sie sich eine Wohnung leisten und der Unfrieden hätte ein Ende. Aber wohin dann mit den Kindern während der Arbeit? Kindergärten gab es zu der Zeit nur in den Städten; auf dem Land blieben die Mütter zu Hause oder stützten sich auf die Großfamilie. Eine Gästepension erscheint ihr als die einzige Lösung in diesem Dilemma. Eine Gästepension, ja, damit kennt sie sich aus. Etwa in der Größe ihres Elternhauses, überlegt sie. Davon könne eine Familie leben und die Kinder liefen nebenher mit. Hier in Ramsau, wo sie zu Hause ist und ihre Mutter als rettenden Engel in allen Notsituationen neben sich hätte. Manchmal, wenn sie und Hermann sich über ihre Zukunftsvorstellungen austauschten, brachte sie Ramsau ins Spiel. Wäre es nicht viel angenehmer für die ganze Familie, schlug sie dann vor, wenn sie ihren Lebensmittelpunkt dorthin verlagerten, in ein eigenes Haus mit genügend Platz für alle, einer idealen Ausgangsbasis für seine täglichen Trainings- und Führungstouren, vielleicht sogar für ein Sportgeschäft, in dem sie ihn vertrete, wann immer er unterwegs sei?

Ihr Traum von einem eigenen Nest gefiel ihm. Er brauchte die Großstadt nicht. Die Entfernung zum Himalaya sei die gleiche wie von München aus, sagte er sich und nahm ihren Vorschlag in seine langfristigen Pläne auf. »Warten wir noch, bis ich meinen zweiten Achttausender in der Tasche hab«, vertröstete er sie, wann immer sie ihm, erschöpft vom Pendeln zwischen Elternhaus und Stadtwohnung, damit in den Ohren lag.

Nun ist sein zweiter Achttausender seine Grabbeigabe geworden und es obliegt ihr allein, den angedachten Traum Wirklichkeit werden zu lassen. Sie hat sich ihre Zukunft anders vorgestellt, weiß Gott! Sie taumelt zwischen den Kulissen eines Bühnenstücks hin und her, in dem sie angeblich eine der Hauptrollen spielen soll, aber sie hat ihr Skript, sie hat den Überblick völlig verloren.

Wo war das Drehbuch? Es muss mit Hermann in die Tiefe gerauscht sein. Sie hat sich nie die Zeit genommen, sich über die Ausrichtung *ihres* Lebens Gedanken zu machen, eine eigene Chronologie zu verfolgen. Erst diente sie als Steigbügelhalterin im Elternhaus und später übernahm sie dieselbe Rolle als Ehefrau. Wenn sie zurückschaut, findet sie nichts als eine Ansammlung von bruchstückhaften Etappen, von Bühneneinsätzen aus der untergeordneten Perspektive der Statistin. Sie hat dies gemacht, sie hat jenes gemacht, aber insgesamt hat sie nichts gemacht, was ihr im gegenwärtigen Abschnitt dieses Schauspiels, das ihr Leben sein soll, weiterhelfen könnte. Von einem Tag zum anderen hatte die kühne Hand eines ungerührten Dramaturgen die Rollenverteilung geändert und *sie* ohne Rücksprache noch Vorbereitung einfach nach oben gesetzt, auf Platz eins einer Improvisation ohne Manuskript. Die Souffleusen hat er gestrichen, das ganze Equipment hat er gestrichen, er hat nur angedeutet, dass jedem Mangel, auch einem Mangel an Vorgaben und Sicherheiten, die Chance innewohne, auf unser nacktes kreatürliches Ich zu stoßen und ihm eine eigene Form aufzuprägen. Wie bei Hermann, muss sie sich eingestehen, den ja auch ein Übermaß an Mangel in die Flucht nach vorn, genauer gesagt nach oben, getrieben und auf seinen eigenen unvergleichlichen Weg gebracht hat. Sie weiß nicht, wo ihr der Kopf steht, sie weiß bloß, dass sie ihn braucht.

Als Franzl in ihrer Abwesenheit seine Nichten wieder einmal in den Keller verbannt hat, steht ihr Entschluss fest. Sie weiht ihre Mutter in ihre Überlegungen ein. Freilich, sinniert diese, sie habe recht. Ein Dauerzustand sei die Lage nicht. Für keinen. Aber traue sie sich denn so ein Unterfangen zu, ganz allein, ohne starke Schulter an der Seite? Die Mutter wäre die Letzte, die ihre Tochter schutzlos in die Wildnis hinausschicken würde. Sie weiß ihre Jüngste richtig einzuschätzen: bis vor kurzem war diese gewohnt, als Tandem zu funktionieren, als Copilot neben dem Captain. Generl zuckt mit den Schultern. Was bliebe ihr übrig? Irgendetwas müsse sich ändern und da sei die Idee von der Pension doch am ehesten zu realisieren, oder? Die Mutter nickt. Im Grunde ist sie froh über Generls Courage. Ihr Sohn hätte diesen Mut nicht aufgebracht. Er hätte dieselben Gründe für eine Veränderung, gerade er, dem die familiäre Situation am wenigsten behagt. Aber die Bequemlichkeit seines Elternhauses aufzugeben, den gedeckten Tisch und die gebügelte Wäsche im Schrank, kurzum, auf ihre allgegenwärtige mütterliche Unterstützung zu verzichten, das käme ihm nie in den Sinn. Vielleicht hat sie etwas falsch gemacht bei ihrem Buben, durchzuckt es sie, oder sind Männer einfach beschränkter? »Also gut«, sagt sie etwas wehmütig. Sie hätte im Alter lieber die Tochter neben sich gehabt. »Morgen soll der Franzl mit dem Bauplan anfangen.

Und wir zwei gehen zum Notar, damit ich dir mein Hintermühlgrundstück überschreibe. Brauchst ja was, wo du's draufstellst, deine Pension.« Auch Generl seufzt. Nun wird sie also ins kalte Wasser springen. Sie ist Nichtschwimmerin. Und das Ufer ist weit weg.

Das Haus

Das Grundstück, das Oma unserer Mutter überschreibt, ist ein malerischer Hügel außerhalb des Dorfes, auf halber Strecke zum Hintersee. Eine unerschlossene Blumenwiese, kein Bauland. Eine Baugenehmigung sei ausgeschlossen, versichert ihr der Bürgermeister, bei aller Freundschaft, er könne nichts für sie tun. Da müsse sie sich schon an die Kreisverwaltung wenden. Der Landrat schüttelt bedauernd den Kopf und zeigt auf die Rechtsbestimmungen. Er wisse um ihren großen Verlust, er sei ein Bewunderer ihres verstorbenen Mannes, aber leider. Über das Gesetz könne er sich nicht hinwegsetzen, da sei seine Macht zu Ende. Vielleicht versuche sie es auf Landesebene. So kämpft sie sich durch bis nach München. Und auch da scheitert sie an dem zuständigen Beamten der Baubehörde, der sich für Fußball und nicht für die Bergsteigerei interessiert. Es bleibt bei der Blumenwiese. »Binden Sie halt Kränze daraus«, rät ihr der Sachbearbeiter. »Gestorben wird immer.«

Sie erinnert sich an das Kondolenzschreiben des Münchner Oberbürgermeisters Dr. Wimmer, der ihr sein aufrichtiges Beileid zum Tod ihres Gatten bezeugte, mit dem ja auch die Stadt München ihren Ehrenbürger verloren habe. Von Hermanns Ehrenbürgerschaft könne sie ihre Kinder nicht ernähren, gesteht Generl dem Oberbürgermeister in dessen Büro und schildert ihm ihr Problem. Sie hat zum ersten Mal seit ... – jedenfalls hat sie Lippenstift aufgelegt. Ihr aquamarinblauer Augenaufschlag appelliert an seinen Beschützerinstinkt. Er fühlt sich von der tapferen Frau bei der Ehre gepackt. Wenn die Queen ihren Everestbesteiger in den Adelsstand versetzen könne, werde er ihr doch wenigstens eine Baugenehmigung erteilen können, verspricht er ihr bei einer Tasse Kaffee.

Eine Woche später hat sie das amtliche Permit und Franzl krempelt seine Ärmel hoch. Keiner ist erleichterter als er. Sieht er da etwa einen Streifen Abendruhe am Horizont aufziehen? Wenn er alle seine Arbeiter auf ihren Neubau ansetzte, räsoniert er, könnte sie zu Beginn der nächsten Sommersaison, zu Pfingsten die Pension eröffnen. Das müsste sie auch, schließlich braucht sie das Geld. Nicht seinetwegen, natürlich nicht. Er wird doch seine Schwester nicht abzocken. Aber um seine Maurer zu bezahlen, die Baustoffe und Fremdleistungen, die anderen Handwerksbetriebe. Es ist eine gewagte Gleichung. Wir haben Oktober, die Luft in den Bergen riecht bereits nach Schnee. Im Winter kann er nicht mit den Schalungsarbeiten anfangen, da macht kein Arbeiter mit. Und überdies: Es muss ja erst einmal eine Zufahrt zum Haus geschaffen werden, dreihundert Meter Weg den Hügel hinauf. Den wird man aus dem Fels heraussprengen müssen, ebenso wie später den Keller. Man hockt hier auf Dolomitkalkgestein, das ist ein harter Brocken. Gut, er kennt sich mit den Verhältnissen aus, es ist sein täglich Brot. Was ihm zu denken gibt, ist der Zeitfaktor. Alles hängt von der Dauer des Winters ab. Weiße Ostern sind keine Seltenheit in diesem Tal. Von Ostern bis Pfingsten sind es sieben Wochen. Wenn sich der Winter bis über Ostern in die Länge zöge, stünden die Gäste zu Pfingsten auf dem blanken Estrich statt auf Parkett.

Der Bauplan liegt bereits fertig in seinem Büro. Er hat ihn nach ihren Vorstellungen gezeichnet, während sich seine Schwester wegen der Baugenehmigung von Pontius zu Pilatus durchkämpfte. Sie können mit der Entscheidung nicht warten, bis der Frost nachlässt und der Schnee schmilzt. Denn die Feriengäste planen ihren Sommerurlaub gewöhnlich schon im Winter, nach Weihnachten, wenn die dunklen Tage Lust auf Sommer, Sonne, Szenenwechsel wecken. Wieder und wieder studiert er den ausgeklügelten Zeitplan, die Organisationsabläufe, und bespricht sie mit seiner Schwester. Sie verhandelt inzwischen mit dem Installateur und dem Zimmermann, dem Elektriker und dem Dachdecker und all den anderen Handwerkern, die ihr der Bruder empfohlen hat, um sich deren Zusicherung einzuholen, das veranschlagte Zeitfenster nicht zu überschreiten. Es werde knapp, meinten alle, aber es könne gehen. Garantieren will keiner. Was also? Soll sie auf Risiko setzen und den Stein ins Rollen bringen? Sich jetzt, zum Abgabeschluss, ins nächstjährige Gastgeberverzeichnis eintragen lassen mit einem Phantombild des Hauses und einer Beschreibung der Gästezimmer, bevor der erste Spatenstich getan ist?

»In sieben Wochen ein bezugsfertiges Haus hinstellen, ein Wahnsinn, oder?«, vertraut sie ihrer Klagemauer an, während sie ein Grablicht entzündet. Allerseelen steht vor der Tür. Sein erstes Allerseelen. Ihre Tränen tropfen auf die Latschen, die sie für ihn auf der Reiteralpe gepflückt hat. »Sieben Wochen, überleg mal! Rekorde sind doch eigentlich deine Sache«, klagt sie bitter und sein steinernes Lächeln ist seine einzige Antwort.

Auch er kann ihr die Entscheidung nicht abnehmen. Sie muss selbst in die Segel blasen, wenn es vorangehen soll. Da ist noch kein Pfad. Der Pfad entsteht beim Gehen. Sie wagt es. »Also gut«, beschließt sie, »mehr als Schiffbruch kann nicht passieren. Ein Wrack bin ich ohnehin schon.« Und überreicht dem Kurdirektor ihre Unterlagen für das Gastgeberverzeichnis. *Haus Hermann Buhl* soll die Frühstückspension heißen:

zwanzig Betten, alle Zimmer mit Balkon und Bergblick, Duschen, Garagen, sonnige Liegewiese. Irritiert schaut er ihr nach. Ein Teufelsweib, die Genie. Hoffentlich verkalkuliert sie sich da nicht! Bei aller Achtung vor ihr – er will keine Beschwerden von unzufriedenen Gästen.

Für Generl und ihren Bruder beginnt der Countdown. Der Winter in diesem Jahr setzt spät ein. Soll man es als gutes Zeichen werten oder als schlechtes? Die Bauern starren den davonfliegenden Vogelschwärmen hinterher. Könnt ein kurzer, aber strenger Winter werden, meinen sie stirnrunzelnd. Vielleicht schaffe er die Zufahrt noch vor dem Bodenfrost, vor dem massiven Schneefall, sagt Franz und sprengt eine steile Rinne in den felsigen Hügel, während der Baggerfahrer an der geplanten Einfahrt mit dem Erdaushub beginnt. Die Tage sind kurz. Bei Flutlicht wühlen sich die Männer durch das aufgerissene Gelände, machen Überstunden, um dem Winter zuvorzukommen. Überstunden kosten Geld und das Geld kommt nicht mit dem Nikolaus dahergeschneit. Für die Bank kein Thema, sie gedeiht durch die Zinsen und Oma bürgt für den Baukredit mit ihrem eigenen Haus.

Nur Generl schlottern die Knie, als sie den Kreditvertrag unterschreibt, ihren Marschbefehl für die nächsten dreißig Jahre. Hermanns Ersparnisse hat die Expedition verschlungen und ihre Witwenrente würde für die Heizkosten reichen. Von was soll sie die Zinsen bezahlen, wenn der kommende Sommer im Regen versänke und die Gäste ausblieben? Aber eins nach dem anderen, ermahnt sie sich, ich darf mich jetzt nicht verrückt machen. Verrückt werde ich noch von allein.

Bis Nikolaus hat Franz die Zufahrt planiert, ja sogar den Keller gesprengt und ausgehoben, er kommt aus den Arbeitsschuhen nicht mehr heraus. Mit jeder Baggerladung fällt ihm ein

Stein vom Herzen. Nur wir Kinder sind unzufrieden mit dem Wetter. Wir wollen Schnee, wir wollen Schlitten fahren und draußen ist nur Matsch. Bis Ostern sollten wir genug von diesem Winter haben, von den schweren Stiefeln und den vielen Schichten Kleidung, in die man uns zwingt, von Omas immer währenden Ermahnungen, die Stiefel draußen auszuziehen und ihr nur ja keinen Schnee ins Haus zu tragen. Wir träumen von Osternestern im Grünen, wir träumen alle von grünen Ostern, während Generl auf ihre Gästeanfragen die Zimmer beschreibt, die bis jetzt nur in ihrem Kopf existieren. Für sie hat das virtuelle Zeitalter bereits begonnen, als Bill Gates noch in die Hosen pinkelt. Gleichzeitig ist sie gerufen, ganz praktisch ihren Mann zu stehen. Während sie zuschauen kann, wie die Maurer Ziegel auf Ziegel setzen und das Haus in die Höhe wächst, steht sie an der Betonmischmaschine und schaufelt Sand in das gierige Loch. Wenn die Arbeiter schneller sind, als die Lieferanten disponieren können, schwingt sie sich in den Kleinlaster und sorgt selbst für Nachschub. Der Zeiger der Uhr rast über das Zifferblatt und sie rast im selben Takt über die Landstraßen von einer Firma zur nächsten, damit die Arbeit nicht ins Stocken gerät. Sie schiebt sich beim Fahren eine Semmel zwischen die Zähne, sie schläft, während ihr Laster beladen wird. Uns Kinder sieht sie zu einem flüchtigen Gutenachtkuss auf der Toilette, bevor sie auf dem Zahnfleisch in ihren Neubau zurückwankt, zum Fliesenabkleben, zum Aufräumen oder zum Putzen. Wer Arbeit hat, hat nur noch Arbeit. Schwimmen wie verrückt oder ertrinken, das ist ihr Motto in diesen Frühlingswochen. Keine Frage. Die Uhren, das Telefon, die Maschinen haben gewonnen. Müde wie eine Schraube, die nicht mehr fasst, beugt sie sich in den Nächten über die Rechnungen, die Gästekorrespondenz, die Nähmaschine. Das Haus hat fünfzig Fenster, die Vorhänge näht sie selbst. Keiner ist billiger als sie.

Rote Lippen soll man küssen, denn zum Küssen sind sie da, erinnert die Stimme im Radio, das sie wach halten soll. Es ist nur ein fernes Geräusch, die Worte wecken keine Erinnerungen. Da ist nichts, was sich erinnern könnte: kein Körper, keine Seele, nur eine stampfende Turbine, die unablässig funktioniert.

Am Pfingstsamstag balanciert sie die ersten Gäste über einen Balken zur Haustür, der Mörtel darunter ist noch feucht. Zur Begrüßung wischt sie sich die farbbekleckstenen Hände an der Schürze ab und beruhigt die verstimmt sich räuspernden Hanseaten: Keine Sorge, ihr Zimmer warte schon auf sie, schon seit Sekunden sei es fertig, alles picobello, und das Frühstück morgen komme frisch von der Kuh. Nur Vorsicht auf der Etagentreppe, das Geländer fehle noch, aber der Schmied sei unterwegs. Der Kurdirektor entspannt sich nach Fronleichnam. Keine Beschwerden, dem Himmel sei Dank. Er hat es gleich gesagt. Ein Teufelsweib, diese Genie.

Das Haus, das in sieben Wochen hochgezogen wurde, trotzt seitdem den Elementen wie eine Burg. Manchmal stöhnt es unter der Last des Schnees, manchmal ächzt es unter dem Fausthieb der Stürme und wenn in schwülen Sommernächten Gewitter das Tal belagern, kann man hinter den Fenstern das aufgeregte Trippeln von Kinderfüßen vernehmen, die fluchtartig auf Mutters Bett zusteuern. Das Haus ist unsere Arche und bisweilen auch unser Fluch. Vor allem im Winter stecken wir da oben auf unserem abgelegenen Hügel fest. Mögen andere sich bei Neuschnee auf traumhafte Skipisten freuen, für uns vier Hinterwäldler heißt es erst einmal zu den Schneeschaufeln greifen. Aus der Ferne dringt das Donnern der Gemeindeschneepflüge zu uns herüber, während wir uns wie Verbannte im Gulag Schaufel für Schaufel durch die Schneewehen boxen. »Das ist gut für die Kondition«, ermuntert uns Mutters Stimme, sobald wir aufgeben möchten. *Kondition* soll unser erstes und abgenutztestes Fremdwort werden, worunter wir uns Konditoreiwaren vorstellen und uns wundern, was die Schufterei mit solchen Köstlichkeiten zu tun haben soll. Erst als wir anfangen, auf die schlanke Linie zu achten und unseren Kalorienverbrauch ausrechnen: pro Stunde zwei Tortenstücke und bei nassem Schnee noch eine Tafel Schokolade hinterher. Erst da bestätigt sich der Bezug zur Konditorei. Plötzlich bekommt die Fronarbeit einen ästhetischen Sinn. Später, nachdem ich in die Stadt gezogen war, sollte ich feststellen, dass ich auch ohne Schneeschippen nicht aus dem Leim gehe. Aber da bin ich schon konditioniert und achte auf Kondition.

Der Fluch der Idylle auf dem eingeschneiten Hügel sollte sich sogar auf Silvias Berufswahl auswirken. Als meine Schwester die Mittelschule hinter sich hat, beschließt sie, Fotografin zu werden. Ein schöner Beruf, ein erfüllender Beruf, da geben ihr alle recht. Unser Vater wäre stolz. Hat er doch seinerzeit Generl gegenüber die Hoffnung geäußert, seine Töchter mögen eines Tages mit Fremdsprachen, Büchern und der Fotografie ihr Geld verdienen. Silvia bekommt zur Firmung ihre eigene Kamera und beginnt zwei Jahre später eine Fotolehre in Berchtesgaden. Einmal pro Woche muss sie zur Berufsschule nach München. Die Berufsschule beginnt morgens um acht, um neun kann sie frühestens einrollen, wenn sie den ersten Zug nimmt, der bereits vor sechs Berchtesgaden verlässt. Um diese frühe Stunde gibt es noch keinen Busverkehr von Ramsau nach Berchtesgaden, da sind nur die Bauern auf den Beinen. Auf dem Traktor oder im Stall, da brauchen sie keinen Bus. Klar, dass Silvia mit dem Auto nach Berchtesgaden gefahren werden muss, abwechselnd von unserer Mutter und von mir. So komme ich zwar in den Genuss, mit achtzehn meinen Führerschein machen zu dürfen, aber der Verdruss lässt nicht auf sich warten. Schlag viertel nach fünf heißt es abfahren, da darf nicht gebummelt werden. Silvia ist eine Nachteule und morgens nur mit diktatorischen Mitteln aus dem Bett zu kriegen. Das allein ist eine Sache für sich. Aber als es Winter wird und unsere dreihundert Meter lange Zufahrt unter Bergen von Neuschnee versinkt, geht der Kampf erst richtig los. Es kommt vor, dass wir uns am Vorabend fragen, ob es sich überhaupt lohne, ins Bett zu gehen? Wie auch immer jede von uns diese Frage entscheidet, das Schneeschippen in eisiger Winternacht presst uns den Schlaf aus den Augen und ist gut für die Kondition. Aber schlecht für die Stimmung. Zu viel Erpressung, zu viel Drohungen und Vorwürfe hageln auf Silvia ein, den säumigen Sündenbock, für die wir die Schaufel schwingen, obwohl sie das Weckkommando mit ihrem erbitterten Widerstand jedes Mal in den Wahnsinn treibt.

Und dann noch die Fahrt im Schneetreiben zum Bahnhof! Mit zusammengebissenen Zähnen schlittern wir über die jungfräuliche Alpenstraße, die Augen kleben an der vereisten Windschutzscheibe, wie Grubenlampen tasten sie sich durch das frei gekratzte Bullauge über die Slalomstrecke, die wir nur erahnen, weil die roten Markierungsstecken dezent auf den Straßenrand hinweisen. Nach einem Lehrjahr wechselt Silvia ins Hotelfach über. Zwar nicht ihr Traumberuf, aber die Hotelfachschule ist zumindest ohne den Einsatz der gesamten Familie zu erreichen.

So führt also das, was von den Gästen als besonders zauberhaft empfunden wird, nämlich die Lage unseres Hauses inmitten weiter, ungestörter Natur zu mancherlei Verstörungen in unserem Frauenquartett. Das Zauberhafte hat seinen Preis. Offensichtlich ist nichts im Leben umsonst. Eine Botschaft, die uns gleichzeitig auch aus Märchenbüchern entgegenspringt, wo von einsamen Helden die Rede ist, die sich ihr Glück erkämpfen, indem sie über sieben Brücken schreiten und sieben Berge hinter sich lassen müssen. Und nur dann, wenn sie weder Gefahren noch Strapazen scheuen, winkt ihnen am Ziel eine wohlwollende Fee. Manchmal würden wir es vorziehen, nicht in Märchenland zu wohnen, sondern ganz schlicht und bescheiden in einem Wohnblock mit Hausmeister und Nachbarn und der Bushaltestelle und dem Bäcker vor der Tür. Dann wäre das Leben leicht und die wohlwollende Fee überflüssig.

»Dann hätten wir andere Sorgen«, berichtigt uns Mama aus sechs Metern Höhe von der Leiter herab, während sie Eiszapfen von der Dachrinne hackt. »Haltet die Leiter gut fest!«

Sie ist ihr eigener Hausmeister und wir sind ihre Mädchen für alles. Andere Sorgen? Sie sollte sie trotzdem kriegen. Ihr Glaube an die Machbarkeit des Schicksals sollte immer wieder auf eine harte Probe gestellt werden. Und unser Glaube an die wohlwollende Fee ebenfalls.

Ingrid – kein Märchen

Wenn ein Kind geboren wird, ist das Ereignis getragen von Hoffnungen und guten Wünschen. Die Eltern zitieren dessen Schutzengel an die Wiege oder, in vorchristlicher Zeit, zwölf gute Feen. Heute, da die Agnostiker den Ton angeben, vertraut man das Neugeborene der Medizin an. Die Ärzte werden das Kind schon schaukeln. Wenn die zwölf Routinechecks im Kreißsaal die Standards erfüllen, atmen alle auf und keiner denkt an die dreizehnte Fee. Als Ingrid geboren wird, stecken die Routinechecks noch in den Kinderschuhen. Der Säugling macht seinen ersten kräftigen Hierbinichschrei, es ist alles an ihm dran und die Reflexe stimmen: Gratulation, Frau Buhl, Sie haben eine gesunde Tochter zur Welt gebracht! Da es bereits das dritte Kind und von Erbkrankheiten in der Familie nichts bekannt ist, sehen unsere Eltern Ingrids Gedeihen vertrauensvoll entgegen.

Und wirklich, das Baby entwickelt sich zu einem Wonneproppen, man wünscht sich nur manchmal mehr Zeit für die Kleine. So schnell vergehen die Monate, schon krabbelt sie, schon zieht sie sich am Laufstall hoch, schon wagt sie die ersten Schritte. Als unser Vater zu seiner zweiten Expedition aufbricht, tappt sie ihm bereits auf wackeligen Beinen ins Treppenhaus hinterher. »Wenn ich zurück bin, kannst du schon Treppen steigen«, verspricht er ihr bei einem letzten Abschiedsknuddeln. Ob sie seine Worte verstanden hat, sei dahingestellt. Jedenfalls übt sie sich in den Monaten, die folgen, eifrig im aufrechten Gang. Das Gelände um Omas Haus ist weitläufig, ihre Schwestern sind ihre mobilen Leuchtsignale, denen sie begeistert folgt.

Als Vater nicht mehr wiederkommt, hat sie ihn bereits vergessen, aber Treppensteigen kann sie. Das ist auch gut so, denn wer hätte in den folgenden Monaten Zeit, die Jüngste zu beaufsichtigen außer ihren älteren Schwestern? Bis wir in unseren Neubau eingezogen sind und Mama bei vollen Gästezimmern wieder Boden unter den Füßen spürt, ist Ingrid über zwei Jahre alt und fegt wie ein Wiesel ums Haus. Ein Gast ist Nervenarzt, er findet die Kleine entzückend, aber ihr Gang will ihm gar nicht gefallen. Sie solle mit ihr einen Orthopäden aufsuchen, rät er unserer Mutter, das Kind habe möglicherweise eine Hüftanomalie. Der Entengang, ob ihr das nicht aufgefallen sei? Entengang …? Mama stellt den Wäschekorb ab und hält zum ersten Mal seit Monaten inne, um ihre Jüngste zu beobachten. Ja, die Kleine watschelt ein wenig wie eine Ente, sie gibt dem Doktor recht, aber sei das nicht normal in dem Alter? Und überdies: Nervenärzte, hören die nicht das Gras wachsen?

Beim Orthopäden erfährt sie die niederschmetternde Diagnose: Hüftgelenksluxation. Wenn man nichts dagegen unternehme, könne die Patientin später nur mehr unter Schmerzen und irgendwann gar nicht mehr laufen. Vielleicht könne man die Fehlentwicklung noch korrigieren, indem man die Patientin für etwa ein Jahr in einer ständigen Spreizhaltung ruhighalte. Im Klartext heißt das Gips von der Brust bis an die Fesseln. Ein Gipskorsett in diesem Alter, in dem der Bewegungsdrang am größten und durch keine schöngeistige Ablenkung zu ersetzen ist? Mama kann es sich nicht vorstellen und konsultiert weitere Ärzte. Wieder einmal fragt sie sich bis München durch, wo selbst die besten Spezialisten die ursprüngliche Diagnose nur wiederholen. Unter Tränen überlässt sie ihr Nesthäkchen dem Krankenhaus und holt es eine Woche später wieder ab. Die Schwestern geben ihr ein Beruhigungsmittel für die gequälte Patientin mit, sie werde es brauchen, versichern sie ihr, ohne würde man verrückt. Sie trägt das dreißig Kilo schwere, durch die Spreizlage sperrige Gipsbündel wie ein Kreuz zum Auto, worin sie es mit Mühe unterbringt und nach Hause fährt. Während Generl sich auf den Verkehr konzentriert, versucht sie gleichzeitig das schreiende Kind auf der Rückbank zu beruhigen, dessen Gellen ihr wie ein Martinshorn im Nacken sitzt. Das ganze Repertoire an Schlafliedern und vertrauten Beschwörungsformeln hilft nichts, es ist Hochsommer und der Wagen ein Backofen, der Ingrids Körper in ihrem Gipspanzer zum Kochen bringt.

Nach dieser Fahrt bedauert Generl, dass ihr Gast, der Nervenarzt, nicht mehr da ist. Sie hat das Gefühl, sie könnte ihn brauchen. Denn Ingrid ist ein höchst lebendiges Kind, das seinen Willen, dem Gefängnis zu entrinnen, drei Monate lang durch das Einzige, was ihr bleibt, kundtut: durch Schreien. Es ist nicht nur die Unbeweglichkeit, gegen die sie sich wehrt. Es ist das Jucken und Brennen der Haut unter dem Panzer. Im Schritt sorgt eine Öffnung im Gips dafür, dass sich ihre Ausscheidungen in die Bettpfanne unter dem Po entleeren. Aber welche Qual, wenn der träge Darm den steinharten Stuhl nicht freigeben will. Welch strahlendes Aufblitzen des Schmerzes auf der entzündeten Haut, wenn der Urin sie ätzt.

Ich sehe das Gesicht meiner Schwester wie damals vor mir. Es ist ein einziger Aufschrei. Es besteht nur aus Mund. Einem Krater, aus dem der geschundene Körper seine gesammelte Vitalität hinausschleudert. Ein Loch der Verzweiflung. Das Beruhigungsmittel wirkt immer nur für ein paar Stunden. Als letzte Zuflucht, wenn Mama zu Besorgungen wegmuss. Aber man kann die Kleine doch nicht Tag und Nacht mit diesem Gift vollpumpen, sagt ihr das Gewissen.

Das Haus ist voller Feriengäste, die zwar Mitleid haben mit dem kleinen Wurm, aber nichtsdestotrotz gerade diese Pension wegen ihrer ruhigen Lage ausgewählt haben. Das Geschrei ist ihnen nicht zuzumuten. Generl lässt ihr Schlafzimmer, das sie mit dem Kind teilt, mit lautschluckendem Dämmmaterial auskleiden, sodass das Schreien nur mehr wie ein Wimmern durch die Wände dringt. Tagsüber bettet sie die Kleine auf einer Liege hinter dem Haus unter Schatten spendende Bäume, wo der Wind Ingrids heiseres Klagen fortträgt über die Hügel hinweg in den unbeteiligt schweigenden Himmel. »Setzt euch zu Ingrid und erzählt ihr Geschichten!«, ruft Mama uns zu, während sie sich um die Feriengäste kümmert. »Das ist so langweilig«, motzen wir und machen uns heimlich aus dem Staub.

Unser Universum besteht nicht aus Geschichten. Es besteht aus Abenteuern mit den Nachbarskindern unten am Bach, aus Toben, Spielen und Rennen. Wir haben gesunde Körper, wir wollen ihn spüren und sind nicht an das Krankenbett zu ketten. Kinder sind egoistisch. Sie müssen es sein, um im Dschungel zu überleben. Und unsere kleine Welt damals ist ein Dschungel. Die vielen Gäste mit ihrem Bedürfnis, sich von der Wirtin verwöhnen und unterhalten zu lassen. Das große Haus, ein Fass ohne Boden. Der Garten rundherum muss erst angelegt werden. Und, und, und. Mama ist dauernd überlastet, sie lodert wie eine Fackel an allen Enden. Wir Gesunden scheuen das Feuer ihrer Nervosität, ihrer Schelte, wenn wir uns streiten, ihrer Wut, wenn wir mal wieder etwas Schlimmes angestellt haben. Es ist besser, ihr nicht unter die Augen zu treten, bis der Hunger uns abends ins Haus treibt. Wenn Ingrid mit Leckereien verwöhnt wird, während wir zwei Großen den Bohneneintopf aufessen sollen, zwickt uns der Stachel der Eifersucht und wir rächen uns an der Verwöhnten, sobald Mama uns den Rücken zudreht. Dann setzt das Gebrüll von Neuem ein, wir werden zur Strafe ins Bett geschickt und schwören uns ewige Rache. Am nächsten Tag haben wir die Rache bereits vergessen. Das Elend unserer Schwester beim Reinigen ihres wunden Popos treibt uns weg von ihr.

So vergehen die Monate bis zum Saisonende, bis das Haus sich leert und der Novemberregen uns ins Trockene scheucht. Ingrids Gips wurde aus Hygienegründen schon mehrfach gewechselt und auch, weil ihr Körper unter dessen starrem Griff schrumpft. Auch die Dynamik ihres Willens schrumpft mit den dunkler werdenden Tagen, das Schreien verebbt. Sie hat aufgegeben. Wir atmen alle auf. Es wird besser. Es ist schwer, sich von der Kindheit zu verabschieden. Besonders wenn man noch nicht einmal drei ist. Sie sieht uns mit diesem leeren Blick aus ihrem Gefängnis an. Hinter diesen Augen ist niemand zu Hause. Ihren Körper, dieses Gehäuse aus Qualen, hat sie in die Verbannung geschickt, weit weg von sich, wo sie ihn nicht mehr spürt. Sie kaut ihre Fingernägel bis aufs rohe Fleisch ab, sie stopft sich Erdnüsse in die Nasenlöcher, bis sie keine Luft mehr kriegt. Sie hat sich selbst verloren. Teilnahmslos liegt sie in ihren Kissen, umgeben von Plüschtieren, deren Gesellschaft keinen Spieltrieb in ihr hervorruft. Was ist Spielen? Wie sind Enten und Katzen? Ingrid weiß es nicht mehr. Das spannende, pralle Leben einer Zweijährigen, die Erinnerung an Bewegung, Gerüche und Entdeckungen, es ist ausgelöscht. Der Schmerz hat alle anderen Sinneseindrücke unter sich begraben. Die Resignation hinterlässt eine leere Festplatte.

Im Winter, als sie mit uns drei Kindern endlich allein ist, packt Mama ihre bleiche Gipsprinzessin, in Decken gehüllt, auf den Schlitten und zieht sie mit uns durch den Wald zur Wildfütterung, damit sie lebendige Rehe und Hirsche sieht. Oder zum benachbarten Bauernstall, zu den Kühen und Kälbchen und Schafen, die sie anfassen kann. Dann geht eine Regung über das schmale Gesicht und plötzlich ist meine Schwester wieder ein wenig da. Von Therapie mit Tieren ist damals noch keine Rede. Nur die Bauern und diejenigen, die mit Tieren aufgewachsen sind, so wie unsere Mutter, wissen, dass der Umgang mit Tieren heilsam sein kann. Die regelmäßigen Stallbesuche werden für Ingrid etwas, worauf sie sich freut, worüber sie spricht, wovon sie träumen kann.

Allmählich lernt sie, auch in ihrem Bett die Tiere zum Leben zu erwecken, gibt den Plüschtieren Namen, die sie im Stall gehört hat, Zenzi, Marei, Susi und Resie, spielt mit ihnen Szenarien durch und presst sie im Schlaf fest an ihr Gesicht. Die Tiere geben ihr das zurück, was ihr im Dämmerschlaf der Resignation abhanden gekommen ist: Fantasie und Gefühle. Mit Tieren zusammen zu sein heißt, etwas über sich selbst erfahren. Das Kreatürliche der Schafe, wenn sie sich Fell an Fell zusammendrängen und im Chor blöken, oder der Kälber, die mit ihren weichen Mäulern die Euter ihrer Mutterkühe suchen, geben Ingrid ein Gefühl der Geborgenheit und der Zugehörigkeit. Sie sollte in ihrem kurzen Leben nie aufhören, die Nähe der Tiere zu suchen, und der Anblick eines Tieres sollte das Einzige werden, was bei ihr Rührung hervorrief.

Als wir Jahre später einen Fernseher bekommen, atmet sie mit Lassie, Fury und dem kleinen Delphin dieselbe Luft und zerfließt in Trauer, wenn ihren vierbeinigen Bildschirmhelden ein Unheil geschieht, während sie selbst vom Unglück verfolgt ist.

Das Jahr im Gipsbett bringt nicht die Besserung, die man sich von der Maßnahme erhofft hat. Es war alles umsonst und ihre Passionsgeschichte geht weiter. Neunzehnmal sollte sie insgesamt operiert werden, in München, fern von der Familie, jede Operation dauert viele Stunden. Mal werden ihr Schrauben durch die Hüften gebohrt, mal werden die Schrauben wieder entfernt. Da der Körper wächst, bleibt der Zustand nie, wie er soll, und die Prozedur muss wiederholt werden. Nach jeder Operation Ruhigstellung im Gips, dann Schiene, dann wieder Gehen lernen. Unzählige Male düsen wir mit Mama die zwei Stunden nach München, um Ingrid in der Klinik zu besuchen. In den ersten Jahren finden wir Geschwister diese Besuche noch spannend, es gibt so viel Schauriges zu sehen, so viele Invaliden auf Krücken, in Rollstühlen, mit fahrbaren Gehhilfen, wir vergessen darüber beinahe unsere eigene Schwester, bis ein Machtwort von Mama uns an deren Bett zitiert: »Glotzt doch nicht immer den armen Leuten hinterher«, ermahnt sie uns. »Das gehört sich nicht.«

»Warum?«, wollen wir wissen. Ja, warum? Sie kann es uns auch nicht erklären, man tut es halt nicht. Basta.

In späteren Jahren gelingt es uns allmählich, Mitgefühl für unsere arme Schwester aufzubringen, wenn sie frisch aus der Narkose erwacht, nicht einmal Appetit auf das Eis hat, das wir mit ihr teilen sollen. Nicht einmal Eis! Dann muss es wirklich schlimm um sie stehen. Mit ihren großen Rehaugen schaut sie uns beim Schlecken zu, eine frühreife Wehmut umgibt sie wie feiner Nebel. Plötzlich will auch uns das Eis nicht mehr so recht schmecken. Beim Abschied lässt sie Mamas Hand nicht mehr los, ihre Einsamkeit schnürt selbst Silvia und mir die Kehle zu, uns Nimmermüden, deren Neugier eben noch kein Ende fand: Wie viele Spritzen sie bekommen habe und wohin, ob man während der Narkose träume und ob das ein richtiges Messer sei, mit dem man ihr das Fleisch aufschneide? Der Abschied ist das, was uns das Ausmaß ihres Elends jedes Mal zu Bewusstsein bringt. Wenn wir sie zurücklassen müssen, während wir beiden Gesunden mit unserer Mutter nach Hause fahren dürfen. Wir spüren ihr Heimweh im Auto, es breitet sich als beklemmendes Schweigen zwischen uns aus, es zeigt sich in Mamas Migräne.

An so einem Tag schwören wir uns, nie mehr garstig zu unserer Schwester zu sein, wenn sie nur bald wieder heimkäme. Und darüber hinaus auch Mama nie mehr zu ärgern, immer brav zu folgen, damit sie wenigstens wegen uns nicht traurig sein müsse. Sobald sie dann endlich wieder zu Hause ist, spätestens wenn sie wieder gehen kann, schmelzen die frommen Vorsätze dahin wie der Schnee von gestern. Dann packt uns die Eifersucht, kaum dass Mama ihrem armen Hascherl Extrarationen an Verwöhnung zukommen lässt, da verfolgen wir mit Argusaugen jede Vorzugsbehandlung und rufen nach Gerechtigkeit. »Seid froh, dass das Unglück nicht gerecht verteilt ist«, ermahnt uns Mutter in solchen Augenblicken, »oder wär's euch lieber, auf Skifahren zu verzichten und dafür zur Krankengymnastik zu gehen?« Die Starken, Gesunden, Glücklichen sind erbarmungslos, man muss sie zwingen, etwas von ihrem Kuchen abzugeben, der Markt reguliert sich nicht von allein. Diese Lehre erfährt man bereits in den Kinderschuhen, wenngleich nicht ohne Druckstellen. Ohne Mütter wären Kinderzimmer die häufigsten Tatorte, aber vielleicht sind es gerade die Mütter, unter deren Obhut sich die Untugenden Eifersucht und Missgunst erst richtig entwickeln können. Denn seltsamerweise halten wir drei zusammen wie Pech und Schwefel, sobald wir ohne unsere Glucke zurechtkommen müssen, und dieses Zusammengehörigkeitsgefühl nimmt zu, je älter und autonomer wir werden. Wir erleben gemeinsame Kindheitsjahre von intimer Nähe und unverbrüchlichem Miteinander. Als Ingrid mit vierzehn zum letzten Mal operiert wird, teilen wir ihre Ängste und ihre Hoffnungen. Wird sie jemals tanzen und abheben können? Wird sie ein aufregendes oder zumindest normales Leben führen können? Wir zwei Großen sind im umtriebigsten Alter und wünschen unserer Schwester, dass sie mit uns mitziehen könne, auf Partys, in unseren Cliquen, auf unseren Streifzügen durch die Szene, eine ganze verheißungsvolle Jugend lang. Aber es sollte anders kommen.

Mütter und Töchter

Es ist sonderbar. Ich habe noch nie eine Frau getroffen, die von sich behauptet hätte, ihr Verhältnis zu ihrer Mutter sei spannungsfrei und unbelastet. Viele räumen ein, es gäbe Momente der Vertrautheit und gegenseitigen Achtung, auch der Geborgenheit, aber eben nur Momente und sie würden immer wieder gestört von zu großen gegenseitigen Erwartungen, von seelischer Erpressung und Schuldgefühlen.

Als roter Faden in den Mutter-Tochter-Beziehungen blitzt durchwegs eine gut gemeinte Unehrlichkeit auf. Töchter lügen ihre Mütter an, nicht nur in der Kindheit, um sich Freiheiten herauszunehmen, die ihnen freiwillig nicht zugestanden werden. Auch als erwachsene Frauen, die längst ihr eigenes, unabhängiges Leben führen und selbst schon Mütter sind, vertrauen sie ihrer besten Freundin an: »Das kann ich unmöglich meiner Mutter sagen, die würde es nicht verstehen.« Gegenüber ihren Töchtern wiederholen sie dieselbe Geheimniskrämerei: »Erwähn' das bloß nie gegenüber Jennifer!«, impfen sie ihre Freundin, mit der sie gerade die alten Zeiten wiederkäuen: den Aufriss damals, weißt du noch, auf dieser Franzosenfete oder die Zechprellerei in jener Yuppiekneipe?

Wir Frauen sind alle Töchter und viele von uns sind Mütter, kennen also beide Seiten der Medaille. Warum gelingt es oft nicht, gerade gegenüber *den* Frauen, die in unserem Leben am wichtigsten sind, die gleiche Offenheit zu entwickeln, die wir guten Freundinnen oder Ehemännern entgegenbringen?

In unserem Haus können wir drei Mädchen die seltsamsten Schauspiele mit unseren Gästen erleben. Ich sehe sie vor mir, rechtschaffene Ehepaare, mit welchen Tricks sie sich ihre Kinder vom Leib halten, wenn sie sich an einem verregneten Nachmittag ein Schäferstündchen genehmigen wollen. Sie sagen nicht etwa: »Hört mal her, Jungs, wir haben Lust auf schmusen und wollen dabei nicht gestört werden. Holt euch aus dem Zimmer, was ihr in den nächsten zwei Stunden braucht, und dann bleibt die Tür zu. Verstanden?«

Nein, sie drucksen herum, die Mutter etwas verschämt wie eine Novizin vor dem Frauenarzt, der Vater mit einem Schein in der Hand auf Bestechungskurs: »Hier habt ihr fünf Mark, am Hintersee gibt es das beste Eis weit und breit. Langt ordentlich zu, denn bis zum Abendessen gibt's hier nüscht mehr hinter die Kiemen.«

»Ja, aber es regnet doch, wir werden ja ganz nass«, protestieren die Halblangen dann mit einem unsicheren Blick zur Mutter hin, von der sie Risikovermeidung in allen Lebenslagen gewohnt sind.

»Quatsch, ihr seid doch schon große Jungs, die Paar Tropfen können einem Pfadfinder doch nichts anhaben«, antwortet der Vater anstelle seiner Frau und schickt die Bande mit einem gönnerhaften Klaps auf den Weg. Da wir drei Schwestern in der Nähe stehen, ergibt es sich, dass wir von dem ansonsten knickrig um jeden Groschen Trinkgeld ringenden Familienvorstand in den Deal mit eingebunden werden, denn fünf Kinder vertrödeln mehr Zeit als zwei. »Na, ihr Dorfschönheiten«, ködert der alte Dagobert uns dann mit einem weiteren Schein, »ihr sollt auch euer Eis haben. Aber passt mir auf die Brüder auf, die haben keine Grütze im Hirn.« Und damit entlässt er uns und steigt zielstrebig die Treppe zu seinem Zimmer hoch, seine zögerliche Frau vor sich herscheuchend, bevor ihr Mutterherz unter der Last des schlechten Gewissens nachgäbe. Die Jungs, obwohl keine Grütze im Hirn, nehmen dem Alten seine großzügige Geste nicht ab. »Der spendiert uns nur dann was, wenn er uns loshaben will«, vertrauen sie uns an. »Zu Hause jeden Sonntagnachmittag vor der Sportschau. Da schickt er uns ins Kino.«

»Ihr dürft jeden Sonntag ins Kino? Ganz allein?« Wir Dorfschönheiten sind platt. Wir dürfen vielleicht dreimal pro Jahr ins Kino und auch nur in Begleitung eines Erwachsenen.

»Klar«, sagen die Jungs, »aber nur sonntags, wenn er zu Hause ist. An Wochentagen, wenn er auf Arbeit ist, können noch so klasse Filme laufen, da rückt er keine müde Mark raus.«

Und warum, wollen wir wissen. Wir kennen das System nicht. Wir sind vaterlos. »Weil er nur dann was spendiert, wenn er mit Mama vögeln will«, kam es prompt zurück. »Vögeln? Was ist das?« Wie gesagt, wir leben im Elfenbeinturm eines reinen Frauenhaushalts.

»Vögeln ist, wenn zwei Nackte schweinische Sachen machen und dabei wie die Schweine grunzen.« Die Jungs machen uns das Grunzen vor. Es erinnert uns an das, was wir bei Mamas Freundin Hilde in München hören, wenn wir bei ihr zu Besuch über Nacht bleiben. Sie hat eine enge Wohnung, sie quartiert uns Besucher in ihrem Ehebett ein und teilt sich mit ihrem Mann die schmale Wohnzimmercouch. Wenn wir bei dem seltsamen Grunzen hellhörig die Ohren hochklappen, drückt uns Mama verlegen in die Kissen zurück und flüstert: »Schlaft endlich, das da draußen sind nur die Geräusche der Stadt.« – »Aber es kommt doch von nebenan«, tuscheln wir irritiert. »Nein, es kommt von draußen«, bestimmt Mama, und drinnen höre man höchstens die Gasleitungen stöhnen.

Was uns die Jungs an diesem Nachmittag von schweinischen Sachen andeuten, beunruhigt uns. Erwachsene und schweinische Sachen, das passt irgendwie nicht zusammen. Sind es doch die Erwachsenen, die uns mit ihrem *Pfui, nimm die Finger da weg, das gehört sich nicht!* signalisieren, welche Körperzonen tabu sind. Wir Schwestern gewinnen den Eindruck, eine entscheidende Wissenslücke gegenüber den Jungs zu haben. »Was genau meint ihr mit schweinischen Sachen?«, tasten wir uns voran. Es ist uns klar, dass wir uns auf verbotenem Gelände bewegen.

»Na ja, Vater steckt seinen Rüssel bei Mutter ins Loch und so'n Kram eben«, antworten die Jungs im Tonfall von Handwerkern, die es leid sind, ihrer nadelgestreiften Kundschaft immer wieder dieselben Grundkenntnisse in Abwassertechnik zu vermitteln. »Ein Mensch hat doch keinen Rüssel«, widerspricht die tierkundige Ingrid und spricht damit aus, was wir beiden anderen denken. »Sein Ding eben«, kommt es lässig zurück und wir nicken verständig, obwohl wir keine Vorstellung von einem Ding haben.

Das Gespräch mit den Jungs geistert monatelang in unseren Köpfen rum, bis wir Hilde und ihren Mann wiedersehen. Diesmal besuchen *sie* uns. Mama gibt ihnen ein Doppelzimmer unter dem Dach, weit weg von unserem Kinderzimmer. Aber wir sind auf der Hut. Wir wollen es wissen. Als alle schlafen gegangen sind, schleichen wir lautlos durch das Haus und pirschen uns an deren Zimmertür heran. Oben, im zweiten Stock, hören wir sie bereits im Treppenhaus. Die Geräusche der Stadt. Es fasziniert uns, dass erwachsene, angesehene Menschen zu solch schrecklichen Lauten fähig sind. Als würden sie sich wehtun.

Wir fragen Mama, warum Hilde und ihr Mann so garstige Sachen miteinander machen. »Was für garstige Sachen?« Ihre

Augen glichen einem Paar aufgescheuchte Hühner. »Na ja, Schweinereien eben, Vögeln und so was.« Da wird sie rot. »Wie kommt ihr zu diesen Ausdrücken!«, herrscht sie uns an. »Was habt ihr überhaupt für eine schmutzige Fantasie? Das ist ja unerhört!«

Wir schämen uns, aber irgendein wahrheitsliebender Kern in uns lässt uns weiterstochern. »Doch, wir haben sie gehört«, beharrt Silvia. »Wie in der Stadt«, stimmt Ingrid ein und ich will auch nicht nachstehen: »Unser Haus hat doch keine Gasleitungen, gell?«

»Wir haben Ölheizung, die brummelt genauso«, behauptet Mama ausweichend.

Wir gewinnen Oberhand, schließlich sind wir die Mehrheit. »Nein«, geben wir unbeirrt zurück. »Die Ölheizung kennen wir. Die stöhnt nicht. Es hat gestöhnt, und zwar nur bei denen im Zimmer.«

»Jetzt hab ich genug von eurer Einbildung!« Ihre Stimme vibriert. »Wahrscheinlich haben sie zu viel gegessen und Bauchweh gehabt«, setzt sie ärgerlich nach. »Das geht uns nichts an. Ich will nichts mehr davon hören.«

Damit ist das Thema vom Tisch. Sie kennt das Geheimnis, das verrät ihre Nervosität. Aber sie tut so, als gäbe es keines. Sie lügt. Wir starten einen letzten Versuch bei Oma, denn Oma ist sehr belesen und klug, sie weiß immer alles besser als Mama. Was ein Ding sei? Alles, was nicht lebt, sei ein Ding, das wüssten wir doch. Der Tisch, das Fenster, das Haus. Wir stimmen ihr zu. Leblose Sachen, klar, keine Frage. Aber bei Männern, bei solchen, die leben, haben die nicht auch ein Ding? Zum Reinstecken, präzisieren wir, weil sie uns so ungläubig beäugt. Dann holt sie Luft. »Also Dirndln, wascht euch lieber die Hände und setzt euch an den Tisch, damit die Suppe nicht kalt wird«, schimpft sie und knallt uns die Suppenterrine so resolut vor die Nasen, dass wir zurückschrecken. Es ist klar. Sie will nicht darüber sprechen. Sogar Oma. Sie verheimlicht uns etwas, genau wie Mama.

Hat man uns nicht ins Gewissen geredet, wir müssten immer ehrlich sein und dürften keine Geheimnisse vor den Erwachsenen haben? Zum ersten Mal blitzt die Erkenntnis in uns auf, dass man uns beschwindelt, dass man uns unwissend halten will. Warum diese Geheimniskrämerei, wenn sie uns doch gleichzeitig dazu anstacheln, fleißig zu lernen, uns manierlich zu benehmen, es den Großen gleich zu tun? Kinder ahnen immer, wenn etwas faul ist.

Wir Töchter ohne Vater erfahren die Welt aus einer sehr einseitigen Perspektive. Wir leben in unserem Weiberhaushalt wie in einem sterilen Bienenstock. Draußen, in den Kulissen, gibt es Männer, wie es Pfarrer gibt und Busfahrer und Hausierer. Sie haben nichts mit uns gemein, sie sind Statisten in einer farbenprächtigen Aufführung, die wir mal staunend, mal gleichgültig wahrnehmen, ohne eine Verbindung zu unserem eigenen endemischen Dasein herzustellen.

Aber plötzlich verändert sich unsere Sicht. Es gibt offensichtlich etwas Unaussprechliches zwischen Frauen und Männern, etwas Peinliches, Unanständiges, wovon Kinder nichts wissen dürfen, gleichwohl die meisten außer uns drei Dorfschönheiten etwas davon ahnen.

War es das, was mit dem Wort Erbsünde im Religionsunterricht gemeint ist? Erbsünde – keiner will es uns verdeutlichen. Es hatte mit Adam und Eva zu tun, klar, aber was *machten* sie wirklich? Sie *erkannten* sich, lese ich in meiner Schulbibel nach. Seltsame Erklärung, sie kannten sich doch bereits. Ich werde nicht schlau daraus, aber das Misstrauen ist geweckt. Hinter der *heilen Welt*, die man für uns Kinder inszeniert, muss es eine andere Wirklichkeit geben, die man uns vorenthält. Unsere Mutter ist eine Heilige. Gewesen. Bis jetzt. Ihr Wort – unser Glaubensbekenntnis. Mit einem Schlag durchschauen wir ihre Selbstdarstellung. Wir müssen sie als Vorbild ablehnen. Sie hat sich unser Vertrauen nicht verdient, sie hat uns nicht in ihren Kreis der Eingeweihten aufgenommen, sie hat ein falsches Spiel mit uns gespielt. Nicht nur in punkto Sexualität, wenngleich ihre Unehrlichkeit auf diesem Gebiet für uns am augenfälligsten ist.

Nach und nach entlarven wir ihre Maskerade auch in anderen Bereichen. Heimlich studieren wir ihre Schulzeugnisse, durchwühlen das Bücherregal nach verbotener Literatur, lauschen ihren Erwachsenengesprächen, wann immer sie uns rausschickte. Was wir entdecken, lässt uns vorzeitig aber zum Glück nur innerlich ergrauen. So also ist die Welt beschaffen, so sind ihre Regeln. Nur wir Dösköpfe sollen glauben, der Mensch sei gut und zu keiner selbstsüchtigen Handlung fähig. Nur uns Tölpel lässt der Gedanke an Sünde erschauern, die Vorstellung von Unkeuschheit, Neid oder Lüge ewige Verdammnis befürchten.

Aber damit ist nun Schluss. Wir durchschauen die Spielregeln und verbünden uns mit unseren Freundinnen zu einer Gegenbewegung, zum Kreis der Besserwisser. Wir fühlen uns überlegen. Die Gören seien vorlaut, frech und arrogant, beklagen sich die Mütter untereinander beim Kaffeeklatsch. Wir rollen die Augen hinter der verschlossenen Tür und machen uns über diese Klageweiber lustig. Klar doch, versichern wir uns im Flüsterton, sie haben es nicht anders verdient, diese Heimlichtuer mit ihren gezinkten Karten. Wir haben kein Mitleid mit ihnen. Wir stoßen sie von ihren selbst errichteten Sockeln.

Aber bis dieser Punkt erreicht ist, vergehen Jahre golddurchwirkter Kindheit. Bevor die Pubertät die Arena zum Kampf der Generationen eröffnet, identifizieren wir uns fraglos mit unserer Mutter, deren Rolle in unserem *Viermäderlhaus*, wie die Gäste uns scherzhaft nennen, eher die einer Primaballerina als einer Dramaturgin ist. In symbiotischer Eintracht nähren wir uns gegenseitig, wir vier sind alles, was wir haben. In dem großen Haus leben wir so, wie wir Kinder es uns ausgesucht hätten, wären wir gefragt worden. Laut und geschäftig, aber mit friedlichen Intervallen. Mit Legoinseln mitten in der Bauernstube, mit einem riesigen Pappkarton, unserem *Hotel Kinderland* in der Küche, in dem wir den Gästebetrieb en miniature nachspielen, mit weichen Kissen zum Kuscheln vor dem Fernseher, dessen Programm *wir* bestimmen, weil wir die Mehrheit bilden, mit einer dampfenden Mahlzeit zum Auftanken, wenn wir von der Schule heimkommen und mit Fürst-Pückler-Eis im Kühlschrank, wann immer es uns danach gelüstet. Es gibt wenig Regeln außer der einen: am selben Strang zu ziehen, jeder nach seinen Kräften. Wir kriechen zu Mama ins Ehebett, sobald sich eine Gelegenheit bietet. Bei Gewitter und bei Herbststürmen, wenn wir schlecht träumen oder draußen ein Tier heult, wenn wir nicht einschlafen oder am nächsten Morgen ausschlafen können – es gibt immer einen Grund für die Flucht in das rettende Flaggschiff. Ihre Körperwärme bedeutet für uns Schutz, selbst wenn sie genauso verängstigt wie wir bei jedem Donnerkrachen zusammenzuckt und bei jeder Sturmböe die Luft anhält. Sie ist selber verwundbar und fühlt sich den Mächten der Natur, den Launen der Gäste, dem täglichen Überlebenskampf schutzlos ausgeliefert, sie ist keine Amazone, sie wäre lieber Ehefrau, jedoch nicht mit irgendeinem Kerl an der Seite, sondern nur mit dem *einen*, dem einzigen, ihrem fernen Helden im ewigen Eis.

Natürlich gibt es Männer, die ein Auge auf die fesche Witwe werfen. Wie die Freier um Penelope stehen sie Spalier, lassen ihren Kennerblick wohlgefällig über Generls grazile Gestalt und taxierend über das imposante Anwesen schweifen, klimpern mit den Autoschlüsseln, um die Mutter von ihren Gören weg zu einem romantischen Abendessen auszuführen und können ihren Unmut kaum unterdrücken, wenn sie um Mitternacht von denselben Gören, die Nasen platt ans Kinderzimmerfenster gepresst, ungeduldig erwartet werden. Meistens läutet der Mitternachtsempfang das Ende der Romantik ein, aber auch die hartnäckigeren Kandidaten geben sich über kurz oder lang vor der geballten Übermacht der Gören geschlagen. »Müssen die nicht endlich einmal schlafen?«, fragen sie die Umworbene anfangs noch mit onkelhaftem Interesse, nach mehreren vermasselten Stelldicheins jedoch mit deutlich herrischem Unterton. »Müssen schon, aber was willst du machen?«, sagt Mama bekümmert. »So sind Kinder nun mal. Sie kennen es nicht anders, als dass ich immer für sie da bin, sie haben ja nur mich, das macht sie argwöhnisch.«

So solle es auch bleiben, flüstern wir drei uns hinter der Tür zu und legen die Ohren ans Schlüsselloch. »Ja, hör mal, da musst du durchgreifen, das ist doch kein Zustand. Die brauchen eine strenge Hand«, erhebt sich die tiefe Stimme jenseits der Küchentür und ergießt sich als unwiderlegbare gleichwie unerwünschte Suada männlicher Erziehungsdogmen über unsere unmerklich von ihm abrückende Mutter. Ja, ja, wie wahr, sie nickt geistesabwesend, klar, im Prinzip habe er schon recht, aber im Prinzip seien ihre drei Mädels schon in Ordnung, eigentlich sogar recht brav, nur eben jetzt etwas durcheinander, sie seien halt ganz auf sie eingeschworen und nicht gewohnt, sie mit einem Mann zu teilen. Und wir werden uns auch nicht daran gewöhnen, lautet das stumme dreistimmige Credo hinter der Tür.

Spätestens bei seinem Vorschlag, hart durchzugreifen, sie werde staunen, wie schnell er die Gören auf Vordermann bringen könne, hat er sich ins Abseits schwadroniert. Mit einem Seufzer der Entsagung verbarrikadiert sie sich hinter ihrem Radarschirm aus Geschäftigkeit, beginnt den Frühstückstisch für den nächsten Morgen zu decken, vier Gedecke wie gehabt, bevor er eine letzte Gelegenheit wittern könnte, die Hand nach ihrer Taille auszustrecken, um den Abend doch noch in die Zielkurve zu steuern. Wir haben gewonnen, unsere rabenschwarzen Kinderseelen frohlocken im Aufwind dieser Erkenntnis, wir wissen die Signale unserer Mutter besser zu deuten als jeder dahergelaufene Charmeur. Da kann einer noch so viele Blumensträuße anschleppen, über ihre Trabanten lässt sie nichts kommen. Gerettet. Vorerst wird uns kein Mann im Haus einschüchtern, wird uns keiner auf Vordermann bringen, wir bleiben auf Vorderfrau. Keine Drohung wie in anderen Familien: Wartet ab, bis Vater nach Hause kommt, dann könnt ihr was erleben! Ein paar Tage lang beweisen wir Mama durch unser vorbildliches Verhalten, wie klug ihr Entschluss war, den Kerl sausen zu lassen, wie unnötig eine strenge Hand in unserem Haushalt sei. Wir hatten keine Ahnung vom Bedürfnis einer Frau nach einem ebenbürtigen Gegenüber, vielleicht fiel ihr der Verzicht auf eine mögliche Partnerschaft schwerer, als es für uns den Anschein hatte. Wir begriffen auch nicht die Tragik ihrer Situation, als sie gegenüber einer Freundin das Ende eines Flirts ganz lapidar zusammenfasste: »Weißt du, nur ein

Depp halst sich drei fremde Blagen auf und einen Deppen mag ich nicht.«

Im Grunde ist sie die erste emanzipierte Frau in unserer nach Selbstbestimmung drängenden Umgebung. Sie hat für sich entschieden, auf Sex zu verzichten. Sie begnügt sich mit Koketterie, um ihren Marktwert zu testen. Sie nährt sich von Komplimenten. Sie hat Sex einmal genossen, in einem anderen Leben, mit ihrem Mann, der keine sinnstiftende Kurzweil daraus machte, weil ihm nie langweilig war. Sie hatten etwas geteilt, was ihnen zugefallen war, ein Geschenk der Natur so beiläufig wie ein warmer Sommerregen und ebenso sättigend, aber ohne ein Regelwerk von Erfüllungsparametern, wie sie neuerdings in Mode kommen. Himmel noch mal, was machen die Leute auf einmal für eine Wissenschaft daraus! Manchmal deuten verunsicherte Gästefrauen ihr gegenüber, der beneideten Unabhängigen, etwas an, was sie mit Mitleid erfüllt. Seltsame Ansprüche und fragwürdige Fantasien scheint die Männerwelt auszubrüten, seitdem das Wirtschaftswunder ihnen mehr Freizeit beschert, aber keine Gebrauchsanweisung mitliefert, wie man mit dem Überschuss sinnvoll umgehen könne. Ihr Hermann wäre froh gewesen um jedes Quäntchen *mehr* an Freizeit und Freiheit, aber er hätte es doch nicht im *Bett* verbracht und gleich gar nicht in wechselnden Betten mit wechselnden Seilschaften. Nein wirklich, Sex wäre unter den gegebenen Umständen zu anstrengend. Es würde bedeuten, dass man plötzlich Männerhemden bügelt und zum Schlafengehen fit sein soll. Dann lieber doch nur Komplimente.

Jahre später, beim Abflug aus dem Nest unserer Kindheit, sollte uns bewusst werden, dass wir sie alleine zurücklassen, dass wir ihr keine Entschädigung für ihren einstigen Verzicht bieten können. Erst als sich unser eigenes Leben in jugendlichem Expansionsdrang seitwärts und aufwärts gestaltet. Während ihres zu schrumpfen anfängt, beginnen wir, uns unsere Kindheit zurechtzustutzen, was wir in Erinnerung behalten und was wir vergessen wollen, beginnen wir, so zu leben, wie wir irgendwann alle leben müssen. Ohne Mutter. Aber bis dahin halten wir unser Dasein als vierblättriges Kleeblatt für die normalste Sache der Welt. Mama ist unser Fixstern, von ihr hängt unser Wohl und Wehe ab. Ist sie gut gelaunt, sind wir die fröhlichsten Kinder weit und breit. Hat sie's mit dem Magen oder Migräne, schleichen wir wie unterkühlte Blindschleichen durchs Haus.

Da sie ihr Einkommen daheim verdient, ist sie immer für uns ansprechbar, selbst wenn sie bis zum Hals in Arbeit versinkt. Aber sie bindet uns auch von klein auf in die Hausarbeit mit ein, da duldet sie kein Ausbüchsen, selbst wenn die Freundinnen vor der Tür stehen. »Die eine macht die Betten, die zweite putzt Waschbecken und Duschen, die dritte geht mit dem Staubsauger durch die Gästezimmer«, lautet ihr tägliches Kommando während der Sommerferien. »Und *du*, was bleibt dann für dich übrig?«, fragen wir misstrauisch. Uns sind hierarchische Verhältnisse fremd, obwohl wir sie in anderen Familien beobachten können, wir sind erbarmungslose Demokraten, bevor wir das Fremdwort zum ersten Mal hören, und achten sehr auf Gerechtigkeit. Nichts dulden wir weniger als einen faulen Lenz für eine von uns auf Kosten der anderen. »Ich kümmere mich um das Frühstücksgeschäft und wenn wir alle fertig sind, fahren wir zum Schwimmen an den Chiemsee.«

»Zum Chiemsee, zum Chiemsee!«, jubeln wir. Das Stichwort Chiemsee verfehlt seine Wirkung nie. Wie elektrisiert stürzen wir uns in die Arbeit, spannen Betttücher und scheuern Fliesen, während unser Ohrwurm *Pack die Badehose ein* durch die

Etagen hallt. Mutter hat nie ein Seminar über Mitarbeitermotivierung besucht, ihr gesunder Menschenverstand reicht aus, um uns in die Gänge zu bringen. Spätestens beim Mittagsläuten stehen wir startbereit am Auto, das Picknick-Gepäck könnte für den Himalaya genügen und passt kaum in den Kofferraum. Das meiste verfüttern wir später an die Enten, denn am Chiemsee leben wir von Eis und Sinalco. Einen wunderbaren Nachmittag lang dümpeln wir im Wasser herum, Mama liegt am weißen Sandstrand und erholt sich von den vergangenen Jahren, wir sind glücklich.

Manchmal verfolgen wir schaudernd, wie neben uns ein Familienoberhaupt die sportliche Ertüchtigung seiner Nachkommen in die Hand nimmt, indem es Anweisungen über das unschuldige Wasser brüllt: »Rücken gerade, Kopf hoch, Haltung, schwimmen, nicht treten, noch fünf Züge, Arme strecken, Beine nach oben, Herrgottnochmal, und Kopf hoch!« Die armen Buben, denken wir, immer müssen sie etwas können. Wir sind froh, keine Stammhalter zu sein. Schwimmen lernen wir trotzdem, das ergibt sich ganz von allein. Plötzlich können wir es, während Mama braun geworden ist. Aber leider steht nicht jeder Ferientag im Zeichen des Chiemsees, es gibt auch verregnete Sommertage, es gibt Tage voller Termine und solche, an denen wir wegen Gästewechsel zu Hause bleiben müssen, und dann sieht es mit der Mitarbeitermotivation kläglich aus, vor allem, wenn die Freundinnen an der Haustür klingeln.

»Das ist ungerecht«, jammern wir dann, »die dürfen spielen und wir sollen arbeiten.« Mama nimmt mich zur Seite und beschwört mich, ich sei doch ihre Große, ihre Vernünftige, wenn ich mit gutem Beispiel voranginge, zögen die Kleinen mit.

»Aber die Freundinnen ...«

»Denen ist bloß langweilig, weil sie nichts zu tun haben«, behauptet sie. »Die haben einen Mann im Haus, einen Vater, der Geld verdient. Da bleibt für die anderen keine sinnvolle Aufgabe mehr übrig. Nur das bisschen Haushalt, das reicht ja kaum für die Mütter.«

»Spielen ist auch sinnvoll«, entgegne ich verstockt.

»Hinterher«, gibt sie zu. »Erst die Arbeit, dann das Spiel. Wir vier Weibsen müssen zusammenhalten. Wir helfen uns selbst und sind von niemandem abhängig. Wer frei sein will, muss halt was dafür tun. Ist das nicht auch ein gutes Gefühl?«

Freiheit … gutes Gefühl, darüber muss ich erst einmal nachdenken. Noch sagt mir mein eigenes Gefühl, dass Arbeit nichts mit Freiheit zu tun hat. Im Gegenteil, Spielen ist Freiheit.

Ist Freizeit wirklich immer Freiheit? Jedermanns Kindheit kann ein Akt der Förderung sein wie auch ein Akt der Behinderung. Manchmal kann es von Vorteil sein, in Verhältnissen aufzuwachsen, die von der Norm abweichen. Unser vaterloses Dasein mit einer alleinerziehenden, berufstätigen Mutter schärft unser Auge für das sogenannte Normale und dessen Fragwürdigkeit. Die Familien unserer Freundinnen geben uns einen Einblick in die Mauerrisse solider Sechzigerjahre-Heimeligkeit. Dort pfeift der Wind durch die Fugen, sobald die Väter nach Hause kommen. Alle müssen parieren, nichts darf herumliegen, auf Widerworte setzt es was, Vaters Handschrift ist gefürchtet, sogar die Mütter kuschen, ein atmosphärisches Knistern zeugt von Spannungen, die sich beim ersten Versuch mütterlicher Rechtfertigung in Vorwürfen und Drohungen entladen. Fasziniert verfolgen wir aus einer sicheren Ecke hervor den Streit zwischen den Eheleuten, die sich Worte entgegenschleudern, für die man in die Hölle kommen soll.

Wir haben den Eindruck, sie seien bereits in der Hölle, aber die Freundinnen versichern uns, das sei normal, so sei es alle Tage. Kein Wunder, dass sie lieber bei uns spielen, wo die einzige Instanz, unsere Mutter, durch die Gäste ausreichend abgelenkt und froh ist, wenn wir ohne Streit auskommen und sie nicht als Schiedsrichter behelligen. Langsam begreifen wir den Zusammenhang zwischen Freiheit und Arbeit, durchschauen wir die Dynamik von Macht und Ohnmacht. Nur wer arbeitet, wird ernst genommen. Wer abhängig ist, muss den Mund halten. Sogar Mütter! Erwachsene Frauen mit lackierten Fingernägeln und schicker Hochfrisur, das befremdet uns am meisten. Unsere Mutter hat gar keine Zeit für Fingernägel, aber auch keinen Grantlhuber neben sich, von dem sie sich anschnauzen lassen müsste. Als diese Erkenntnis in unsere Kinderhirne einsickert, sehen wir Arbeit mit anderen Augen. Sie schmeckt uns zwar noch immer nicht, heutige Strategen würden sie als suboptimale Lösung deklarieren, aber sie hat Sinn. Wir beginnen, mit einem gewissen Stolz unsere Freundinnen zu vertrösten: »Jetzt geht's noch nicht, wir haben einen Berg Bügelwäsche. Kommt am Nachmittag noch mal.« Wir werden erwachsen.

Leider nützt uns dieses Bewusstsein nicht in der Schule. Bei Kreuzstichhandarbeiten und Völkerball lässt mich mein Gefühl von Sinnhaftigkeit schnöde im Stich und da hilft mir auch Mutters Erklärung nicht weiter, das gehöre nun mal dazu, später würde ich noch dankbar sein, Sticken und Völkerball gelernt zu haben. Diese Behauptung kommt mir vermessen vor, denn ich habe *sie* noch nie mit einer Stickerei in der Hand gesehen, geschweige denn mit einem Ball. Die einzigen Bälle, die sie unfreiwillig in die Hand nimmt, sind unsere verirrten Federbälle, wenn sie sie schimpfend aus der Dachrinne klaubt. »Spielt auf der Wiese Federball!«, vertreibt sie uns dann, »ich hab keine Lust, jedes Mal die Leiter anzulegen, weil ihr zu nah am Haus spielt.« Wenn die Mädchen Handarbeiten haben, dürfen die Buben heimgehen. Dann könne das Fach nicht so wichtig sein, sage ich mir, denn Buben bringen es im Leben meistens weiter als Mädchen, wie man an den Vätern sieht, auch ohne Handarbeiten. Ich konsultiere Oma nach ihrer Meinung zum leidigen Thema. Stricken, Nähen und Stopfen müsse ich lernen, Kreuzstich sei was für Damen mit Personal, ist ihre Sicht. Dann lieber nie Personal, schwöre ich mir und frage sie, was sie von Völkerball halte. »Kenn ich nicht«, lautet ihre Antwort, »aber wie du siehst, bin ich trotzdem sechzig geworden und habe das Haus voller Gäste.« Das befriedigt mich zutiefst. Dann also kein Völkerball, vergewissere ich mich, denn ich brauche sie als Rückendeckung gegenüber Mama. Vor allem brauche ich eine schriftliche Entschuldigung. »Einmal machst beim Völkerball noch mit«, instruiert sie mich, »und dabei wirst du ohnmächtig. Verstehst du? Dann haben wir einen Grund für eine Befreiung.«

»Wie ist ohnmächtig? Was muss ich da machen?«

»Umfallen und liegen bleiben, die Augen zu und nicht mehr rühren«, lautet ihre Anweisung. Ich erschrecke. »Wie tot?« Omas Katze, die jetzt unter den Pfingstrosen liegt, lag vorher kalt und steif hinter dem Schuppen. Sie sei an Altersschwäche gestorben, sie habe ein gutes langes Leben gehabt, sagte Oma beim Einbuddeln und hat geweint. »Ja, wie tot, pass aber beim Umfallen auf, damit du dich nicht verletzt«, trichtert sie mir ein. Ich hole Decken aus dem Schlafzimmer und breite sie neben ihr auf dem Küchenfußboden aus. Dann übe ich umfallen. »Nicht so stocksteif, mehr aus den Knien heraus zusammensacken«, unterweist sie mich kopfschüttelnd. Es hat den Anschein, als sei sie nicht mehr so recht überzeugt von ihrem Vorschlag, deshalb hole ich das Letzte aus mir raus, bevor sie einen Rückzieher unternimmt. Als mir schon ganz schwindelig vom Auf und Nieder ist, lässt sie mich innehalten. Das reiche jetzt, sonst würde ich wirklich noch ohnmächtig. Dann kommt ihr großes Aber. »Aber – eins sage ich dir. Wenn du nicht zum Völkerball gehst, kommst du zu mir und hilfst mir bei den Johannisbeeren.« Aha, typisch Erwachsene. Keine Freiheit ohne Bedingung. Nicht einmal Oma macht eine Ausnahme. Das Ganze hat ein Nachspiel, als Mama von dem Komplott erfährt. »Quatsch«, verteidigt mich Oma, »das Dirndl hat nicht gelogen. Sie hat sich für eine sinnvolle Arbeit entschieden. Kein Mensch braucht Völkerball, aber wir brauchen die Johannisbeeren. Die Marillen sind auch bald reif. Soll ich etwa in meinem Alter noch auf den Baum steigen?« Sie schiebt ihrer Tochter einen frischen Erdbeerkuchen hin, dessen Erdbeeren von mir gesammelt wurden. Mama seufzt, aber den Kuchen genießt sie. Im Stillen gibt sie Oma recht, wenn ihr nicht das Kreuz mit der Autorität im Weg stünde. »Die Dirndln nehmen mich nie mehr ernst, wenn du immer dazwischenfunkst«, hält sie ihrer Mutter vor. Oma sieht das anders. »Wenn der Hermann noch wär', gäb's auch Meinungsverschiedenheiten. Dann wärst *du* die Nachgiebigere. Denk an deinen Vater, der immer Partei für dich ergriffen hat. Hat's dir geschadet? Na also. Auf einem Bein steht keiner gut. Und jetzt iss noch ein Stück Kuchen, die Kriemhild hat ihn mit Liebe gedeckt. Das gute Kind.«

Ich bin froh über Oma. Wenn man mich fragt, was ich später einmal werden möchte, sage ich: Oma. Sie ist für mich der Inbegriff von Würde und Unabhängigkeit. Keiner kann ihr das Wasser reichen. Sie ist unbestechlich und unangreifbar, ihre Souveränität schützt sie wie ein bronzenes Schild. Sie ist das

Zünglein an der Waage in unserer Familie, ihr Machtwort wird von jedem akzeptiert, obwohl sie weder brüllen muss noch auf den Tisch haut. Ihre alterslose Präsenz bringt Ordnung in das Durcheinander von Meinungen, Bedürfnissen, Ansprüchen und unlösbaren Problemen. Sie ist eine weise Frau, eine Kennerin der menschlichen Natur und der Konjunkturanfälligkeit der menschlichen Vernunft. Sie widersteht allen modischen Trends, Fleiß und Solidarität sind ihre einzigen Parameter. Dem Ministerialbeauftragten, der einen Urlaub lang mit seiner Frau ihr Einserzimmer bewohnt, bevor er Finanzminister wird, rechnet sie bei der Endabrechnung vor, wie man haushaltet. Etwas sparsamer bitteschön. Die Dusche stelle man zum Einseifen ab, auch wenn man die Wasserrechnung nicht selbst bezahle. Nichts für ungut, beschwichtigt sie den verlegenen Gast, aber ihr zentraler Heißwasserboiler sei jedes Mal leer gewesen, eine Stunde nachdem er vom Berg zurückgekommen sei. Der Mann wird trotzdem Finanzminister.

Oma widersteht auch allen opportunistischen Denkweisen; ihre Gäste, mögen sie selbst mit einem Stern auf dem sechszylindrigen Schlitten vorfahren, haben vor der Haustür die Schuhe auszuziehen oder dürfen sich ein anderes Quartier suchen. Dem Bürgermeister, der sie als Parteimitglied gewinnen will, einer christlichen, wie er betont, und sie sei doch eine gläubige Stütze der Kirche, sagt sie unverblümt, sie glaube nur noch an die Schöpfung, eine gute Tasse Kaffee und den Eigennutz der Politiker. Falls er sie vom Gegenteil überzeugen wolle, möge er mit seiner christlichen Einstellung dafür sorgen, dass sein Gemeindeschneeräumdienst Generls Privatweg im Winter freihalte, denn sein eigener würde auch geräumt und, wie man wisse, weder von ihm persönlich noch von seinem Herrgott.

Unerschütterlich in ihrer majestätischen Körperfülle thront sie in ihrem blitzblanken Haus, teilt Brot und Sorgen mit ihrem Faktotum Reserl, Jugendfreundin, dreifache Mutter und Kriegerwitwe, die sie in der kleinen Einliegerwohnung im Anbau einquartiert hat, zur gegenseitigen Hilfe in allen Lebenslagen. Alterslos und zeitlos wie eine vorgeschichtliche Priesterin scheint sie in der Zeit verwurzelt zu sein. Aber wenn man genau hinsieht, glimmt unauffällig der Zunder der Zukunft auf. Manchmal greift sie sich ans Herz und muss sich hinsetzen. Dann blinkt Panik aus Mamas Augen, sie zählt hektisch Omas Herztropfen auf den Kaffeelöffel und schilt sie: »Hast wieder zu viel Bohnenkaffee getrunken! Der Doktor hat's dir doch verboten.«

Nach ein paar keuchenden Atemzügen hat sich Oma so weit gefangen, dass sie wieder sprechen kann. »Der Doktor trinkt seinen Schnaps und ich meinen Kaffee. Jeder hat sein Laster, das einen Leichenwagen hinter sich herzieht. Und jetzt hilf mir auf die Beine, gleich kommt der Franzl heim, der braucht seine warme Mahlzeit.«

Nach Omas Schwächeanfällen wirkt Mama zerbrechlich wie hauchdünnes Porzellan. Als sei ihr Wohl an Omas Wohlergehen gekoppelt, der Herzschlag der einen der anderen Motor. Oma muss sie fast vor die Tür setzen. »Deine Gäste warten auf dich und die Dirndln müssen ins Bett, mach dir um mich keine Sorgen. Unkraut vergeht nicht. Und jetzt ab die Post mit euch, ich will auch zu Bett.« Nur widerstrebend verlassen wir Oma. Wir spüren, was Mama spürt: die länger werdenden Schatten in Omas Gesicht, die Endlichkeit eines Lebens, das Lauern des Todes auf seinen Einsatz. Manchmal vergessen wir, was Mama uns eingeimpft hat; Oma zu schonen, immer brav zu sein, sie nicht aufzuregen.

Manchmal vergessen wir ihr schwaches Herz und zerren sie hinter uns her den Hügel hinauf, dass ihr die Puste wegbleibt und sie sich auf den Schlitten setzen muss. Dann quetschen wir uns vor und hinter sie, schneller, als sie protestieren kann, und schwupps, sausen wir den Abhang hinab. Ihr Japsen geht in unserem Freudengeheul unter und erst als wir zum Stehen kommen, dringt ihre Stimme zu uns durch: »Meine Tropfen, Kinder, schnell, ihr müsst mich zum Haus ziehen.« Plötzlich ist der Schatten zwischen uns, der Schatten von etwas Drohendem, das wir nicht kennen und die Erwachsenen demütig macht. Hastig bringen wir Oma vors Haus, kein Wort fällt mehr, bis sie ihre Tropfen genommen, das Mieder gelockert und wieder Farbe im Gesicht hat. Andächtig verfolgen wir ihr Ringen gegen das Erlöschen der Flamme und atmen dankbar auf, als ihr Atem sich beruhigt. »Erzählt das bloß nicht der Mama«, ermahnt sie uns zum Abschied, aber das hätte sie sich sparen können. Wir haben einen Blick hinter den Vorhang erhascht, der sich tiefer und tiefer zwischen sie und uns Junge senkt, wir haben unsere Lektion gelernt.

Als es so weit ist, sind wir trotzdem nicht darauf vorbereitet. Niemand ist jemals darauf vorbereitet. Am wenigsten ihre Tochter, obwohl sie das Näherrücken dieses Tages schon lange gespürt hat. Franzls Anruf an einem sonnigen Junimorgen bringt ihre Welt abermals zum Kippen. Oma liegt auf dem Küchenboden, wo ich ein Jahr zuvor Ohnmacht geübt habe. Sie muss aus den Knien heraus zusammengesackt sein, genau wie sie es mir erklärt hat, denn sie ist nirgends verletzt. Aber sie atmet nicht mehr und ihre Augen starren so reglos in die Ferne wie die Augen der Katze hinter dem Schuppen. »Geht raus, Kinder«, sagt Franzl zu uns mit einer Stimme, die nicht ihm gehört. Wir weichen zurück, aber nur für kurze Zeit. Keiner merkt es. Mama kniet über Oma, massiert ihr die Brust und ruft immer wieder dasselbe. »Komm zurück, Mama, komm!« Franzl kniet hinter Omas Kopf, hält ihr die Nase zu und pustet ihr in den Mund. Es sieht schrecklich aus, wie sie die arme Oma traktieren. Dann kommt der Doktor und jagt ihr eine Spritze in die Brust. Und dann noch eine. Als er sich vom Boden erhebt, gibt er Franzl die Hand. Ich habe Franzl noch nie weinen gesehen. Mama schon oft, aber noch nie so wie heute. Sie lässt Oma nicht mehr los, sie liegt an ihrer mächtigen Brust wie ein junges Kätzchen, das ins Wasser gefallen ist und sich an einen Felsen klammert, während es von den Fluten hin und her gerissen wird. Ich möchte sie retten, aber ich traue mich nicht zu ihr hin, weil sie so fürchterliche Schreie ausstößt. Der Doktor beugt sich zu Mama hinab und bietet ihr eine Beruhigungsspritze an. Sie hört nicht auf ihn, aber Franzl nickt zustimmend. Sie merkt nicht einmal den Einstich, obwohl er mir durch und durch geht. Irgendwann geht ihr Schreien in Wimmern über, irgendwann versiegt auch das, sie lässt Oma los und steht auf. Dann erfasst sie uns drei auf der Türschwelle mit einem so leeren Blick, als seien wir gar nicht da. Mama, du hast doch noch uns, flüstere ich ihr zu, denn alle sind so still. Ja, sagt sie tonlos, stimmt. Ich hab ja noch euch.

Im Tunnel

Wenige Tage vor Omas Tod sitzen wir ein letztes Mal in fröhlicher Runde alle zusammen und feiern meine bestandene Aufnahmeprüfung. Ich werde als Erste in unserer Familie, in unserer von Handwerkern, Künstlern und missratenen Töchtern schillernden Ahnenreihe, aufs Gymnasium gehen. Es wird ein Eliteinternat im Salzkammergut sein, für das uns drei Buhl-Sprösslingen nach dem Tod unseres Vaters vom österreichischen Kultusministerium Freiplätze angeboten wurden, eine Geste der Achtung gegenüber der Familie des Helden Österreichs. Zum Prüfungstermin fährt Mama mit mir allein nach Gmunden am Traunsee, nur wir zwei; ich fühle mich auserwählt und navigiere sie souverän im Vollbesitz meiner neu erworbenen Würde mit der Straßenkarte auf dem Schoß an Salzburg vorbei durch Täler und über Höhenzüge zum Schloss Traunsee, der zukünftigen Stätte meines Wirkens. Ein Schloss, ja natürlich ein Schloss. Für eine Prinzessin nur das Beste, brüste ich mich vor meinen Schwestern, die auch in einem Schloss wohnen möchten. Die Aufnahmeprüfung stutzt meine Eitelkeit dann zwar merklich zurück, aber da Mama unterdes eine Kerze für mich in der Schlosskapelle entzündet, bestehe ich sie. Die Gläser klingen vier Jahre nach Vaters Tod zum ersten Mal wieder über unserem Tisch, wir sind alle ausgelassen und zuversichtlich, der Jugend gehöre die Zukunft, sagt Oma, der Papa wäre stolz auf dich, sagt Mama zu mir mit feuchten Augen, und auf seine tapfere Frau, prostet Resi ihr zu, die mit ihren drei ungebändigten Buben ein Lied über alleinstehende Mütter zu singen weiß. »Und was ist mit uns?«, eifern meine Schwestern. »Wenn ihr fleißig lernt, wird der Papa auch auf euch stolz sein«, ermutigt Oma sie mit einem Augenzwinkern.

Silvia zieht eine Schnute, weil lernen nicht ihr Ding ist, und Ingrid zieht eine Schnute, weil sie noch nicht in die Schule geht, obwohl sie so gerne ginge. Selbst der schweigsame Franzl schwingt sich zu einem Kommentar auf: »Dann wird's ruhiger bei dir daheim«, prophezeit er seiner Schwester, »dann wuseln bloß noch zwei um dich rum.« Mama übergeht die Bemerkung und greift schnell zur Kamera, sie hasst Abschiede und bemüht sich, das Glück zumindest auf Film festzuhalten. Es sollte das letzte Foto mit Oma sein, Mama wird es einrahmen und auf ihren Nachttisch stellen, neben die lachenden Gesichter all derer, die sie so sehr vermisst: den gefallenen Bruder, den stillen Vater und ihren Schatz im Eis.

Und nun liegt Oma aufgebahrt in ihrem Sarg in der Friedhofskapelle inmitten eines Blumenmeeres, der flackernde Kerzenschein zaubert Bewegung auf ihr friedliches Gesicht, als würde sie im Schlaf träumen. Mama und Franzl halten Totenwache, während die Dorfbewohner kommen und gehen, ein Gebet murmeln, Weihwasser sprengen und den Hinterbliebenen wortlos die Hand drücken. So viel Stille um Oma herum ist seltsam. Wo sie war, wogte das Leben und nun ist es, als sei sie gar nicht mehr da. Mama sagt, sie sei im Himmel bei all ihren Lieben. Aber wir seien doch ihre Lieben, wendet Ingrid ein, sie solle bei uns bleiben, oder möge sie uns jetzt nicht mehr? »Doch, Oma hat uns sehr lieb«, versichert Mama ihr mit dieser geisterhaften Stimme, die uns unglücklich macht, »deshalb wird sie uns vom Himmel aus zulächeln und immer beschützen.«

Damit gibt sich Ingrid nicht zufrieden. »Sie braucht uns nicht zulächeln, sie soll lieber mit uns zu den Kühen gehen, das ist lustiger, und jetzt soll sie endlich wieder vom Himmel herunterkommen.«

»Sie kann nicht mehr herunter, sie ist zu müde dazu, sie wird ab jetzt immer oben bleiben«, sagt Mama wie aus dem Grab heraus.

»Aber du wirst nie müde, gell, Mama?«

Unsere Mutter schüttelt bloß den Kopf. Ihre Augen erzählen vom Schmerz wie gesprungenes Glas. »Versprichst du's?« Ingrid will Sicherheit, als wüsste ihre gezeichnete Kinderseele bereits, dass Unsicherheit der halbe Tod ist. Sie bekommt ihr Versprechen. Als der Sarg in die Tiefe gelassen wird, halten wir Mama ganz fest an der Hand. Wir spüren, was sie möchte, wir dürfen es nicht zulassen. Dass Mütter sterben können, dass sie in einem Loch verschwinden und dann für alle Zeiten weg sind, wird uns in diesem Augenblick bewusst. Das ist doch nicht möglich, es darf nicht sein! Die Erkenntnis dieser Ungeheuerlichkeit zieht uns hinein in ihr leeres Gewölbe, in dem es kein Behütetsein gibt und keinen Trost, keine Hoffnung auf Erlösung und kein Entrinnen vor der Einsamkeit. Indem wir Mama wie Schraubzwingen umklammern, hoffen wir, die Dämonen vertreiben zu können, dem Himmel ein Zeichen zu geben, damit er zumindest für uns den Lauf der Welt außer Kraft setzen möge.

Für Mama, unsere arme Mama, kommt jedes Gebet zu spät. In ihrem schwarzen Trauerkostüm, das sie erst vor einer Sekunde abgelegt hat, wie es ihr scheint, starrt sie der Vergangenheit nach, auf die sie jetzt Erde wirft. Bis eben noch konnte sie immer das kleine Mädchen sein, das sich zusammenrollt, wenn es nicht mehr weitergeht. Jetzt ist sie nur noch das, was sie ist. Eine Frau ohne Vergangenheit, ohne Mutter. Was sie fühlt und was sie denkt, weiß sie selbst nicht. Wenn es einem zu viel wird, hilft es einem zu wissen, dass es danach keine Erinnerung geben wird.

Am Abend nach der Beerdigung flüchtet Mama, sobald die Gäste in beiden Häusern versorgt sind, mit uns ins Bett. Sie weiß, was auf sie zukommt. Sich um zwei Gästepensionen zu kümmern, mithilfe von Zimmermädchen zwar, aber trotzdem. Die Einkäufe, die Verwaltung, alle Entscheidungen und der Kontakt mit den Gästen, die sich verwöhnt fühlen wollen, bleiben an ihr hängen. Ohne den Schlaf, der die Wirklichkeit zudeckt, hält sie es nicht aus. Der Schlaf überfällt sie so schnell, dass sie schon tief drinnen ist in ihrem lichtlosen Tunnel, als es zum ersten Mal klopft. Von außen an die Fensterscheibe. Silvia, unsere Nachteule, hat es als Erste gehört und rüttelt uns leise wach. »Draußen hat jemand geklopft«, flüstert sie aufgeregt. »Schlaf weiter«, murmelt Mama im Halbschlaf, »du hast bloß geträumt.«

»Hab ich nicht, ich hab's genau gehört. Da ist jemand.« Wir setzen uns im Bett auf und lauschen. Die Vorhänge sind zugezogen, die Nacht dahinter schwarz und still. Gerade als Mama wieder in die Kissen zurücksinkt, hören wir es alle. Poch, poch, poch. Ganz deutlich. Unser Herzschlag dröhnt in den Ohren. »Vielleicht ist es Oma, die es doch vom Himmel runter geschafft hat«, flüstert Ingrid. »Psst, ganz still halten«, ermahnt uns Mama und gleitet lautlos aus dem Bett zum Vorhang hin. Mittlerweile haben sich unsere Augen an die Finsternis gewöhnt und können die Abstufungen des Dunkels unterscheiden. Als es zum dritten Mal pocht, zieht Mama mit einem

Ruck den Vorhang zur Seite und da sehen wir ihn alle. Einen Schatten vor dem Fenster, eine Gestalt. Wir kreischen auf, die Gestalt verschwindet aus dem Blickfeld, Mama rennt wie eine Gestochene aus dem Schlafzimmer durch den Flur ins Kinderzimmer, von wo aus man den Hof mit den Parkplätzen überschauen kann. Wir hinter ihr her, durch die Fensterscheiben erspähen wir seinen davoneilenden Schatten, den die Schwärze der Nacht jenseits der Garage verschluckt. Eine Weile starren wir noch in die bedrohliche Finsternis hinaus, aber als sich nichts mehr rührt, wanken wir zitternd ins Bett zurück. Wer ist der Mann? Was will er? Haben wir Feinde? Die Furcht hält den Schlaf fern. Eng aneinandergepresst mit dem Blick zum Fenster, halten wir wispernd Nachtwache, bis die ersten Vögel zu zwitschern beginnen und die Müdigkeit ihre wohltuende Decke über uns legt.

Am nächsten Tag erzählen wir den Gästen von unserem Mahr, von diesem Klopfer, wie wir den Unbekannten fortan nennen. Kein anderer hat etwas davon mitbekommen. »Das ist ja schrecklich, wer macht denn so etwas? Nach der Beerdigung Ihrer Mutter, das muss ja ein Verrückter sein«, stimmen die Gäste in Mamas Klagen ein. Sie sind entsetzt, dass es hier in unserer Heidi-Welt solche Ungeheuer gibt. Möglicherweise sei er ein stiller Verehrer, der sich erst jetzt an die nunmehr mutterlose und schutzlose Witwe heranwage, vermutet ein in die Jahre gekommener Ehemann, wofür er von seiner pikierten Gattin verhöhnt wird: »Na, so ein Gedanke kann nur dir einfallen!« Sein Tischnachbar gibt ihm aber recht. Ein abgewiesener Verehrer könne sich rächen wollen, meint er, ob ihr da irgendjemand in den Sinn komme? Die Spekulationen lenken vom Trauerfall ab, führen aber zu keinem Ende, bis sich zwei ritterliche Männer anbieten, in der kommenden Nacht auf dem Balkon über dem Tatort Wache zu schieben. »Aber nur, wenn Sie uns mit Flüssigem ausstatten«, scherzen sie und gehen sofort in Deckung vor ihren entrüsteten Ehefrauen. Meine Mutter stellt ihnen zwei Thermoskannen Kaffee auf den Balkontisch, ganz offiziell wegen der Frauen und steckt ihnen eine Flasche Enzian zu, der Währung für Freundschaftsdienste in dieser Höhenlage.

Am nächsten Morgen stehen die Thermoskannen unangetastet an ihrem Platz, die beiden Robin Hoods schlafen ihren Rausch aus und deren Frauen verhalten sich etwas bedeckt. Der ganze Aufwand war vergeblich, denn der Klopfer ließ sich nicht blicken, aber die Zechgesellen hatten ihren Spaß. Eine weitere Nachtwache sei leider nicht drin, vertrauen sie unserer Mutter hinter vorgehaltener Hand an, sonst gäbe es ernsthaften Ärger mit ihren besseren Hälften, sie kenne das ja. Der Klopfer sollte sich erst drei Wochen später wieder einfinden und dann noch Jahre lang immer wieder in unregelmäßigen Abständen, aber nie im Winter, wenn der Schnee seine Spuren hätte verraten können, und nie, wenn jemand auf der Lauer liegt.

Zwei Polizisten, die Mama vom Skifahren her kennt, verbringen manche Nachtschicht in unserem Wohnzimmer, den Streifenwagen in der verschlossenen Garage versteckt. Sie arbeiten sich durch unseren halben Weinkeller, doch der Klopfer geht ihnen nicht auf den Leim. Selbst wenn wir in Zeiten ohne Gäste das Schlafzimmer wechseln und nach oben in eins der Gästezimmer ausweichen, weiß er, wo er uns erreichen kann. Dann klopft er laut genug an das darunter liegende Fenster, um sich Gehör zu verschaffen. Eine Klopfperiode lang gehen wir nie ins Bett ohne einen vollgepinkelten Nachttopf neben uns und einmal gelingt es Mama, ihn über die unten stehende Gestalt auszukippen. Sie trifft zwar, aber nützen sollte es uns nichts. Er gibt nicht auf.

Im Laufe der Zeit gewöhnen wir uns an sein schändliches Spiel zumindest so weit, dass wir nicht mehr in Panik geraten, sondern mit der Routine derer, die bei Bombenalarm in den Luftschutzkeller rennen, das Fenster aufreißen und dem Kerl die schlimmsten Verwünschungen hinterherschreien. Es ist Krieg und wir befinden uns im Belagerungszustand. Wir lernen mit der Unsicherheit zu leben, wir stülpen uns einen heilsamen Fatalismus über und lächeln wissend, wenn Fremde uns fragen, ob wir nicht Angst haben, so allein in dem großen Haus, so einsam auf dem Hügel ohne direkte Nachbarn, nicht einmal einen Wachhund zum Schutz? Ach nein, bis auf einen Psychopathen hätten wir keine Heimsuchungen zu beklagen, äußern wir darauf so gelassen, dass man es für einen Scherz hält. Manchmal kehren wir den Stiel um und treiben unseren Schabernack mit dem Unhold. »Heute bleibt die Küche kalt« hängen wir einmal als Plakat vor das Schlafzimmerfenster, ein anderes Mal »Vorsicht Kamera, bitte recht freundlich!«. Solche Scherze sind Akte der Befreiung gegen das Eingeständnis der Ohnmacht und wenn sie auch den Klopfer nicht fernhalten, verfehlen sie nicht ihre Wirkung auf uns selbst. Mit Galgenhumor konstruieren wir uns ein Gefühl der Unverwundbarkeit. Der freie Wille besteht in der Fähigkeit, freiwillig das zu akzeptieren, was man unfreiwillig erdulden müsste.

Nach diesem Sommer, in dem für Trauer nur in den Träumen Zeit ist, heißt es für mich Abschiednehmen von den vertrauten Ritualen der Kindheit, von unserem Viermäderlhaus, das bei allem Ach und Krach der einzige Fels ist, auf dem zu stehen ich gelernt habe. Je näher der Termin fürs Internat rückt, desto mulmiger wird es der selbst ernannten Prinzessin. Nach der letzten Umarmung auf dem Schlosshof winke ich dem davonfahrenden Auto nach, bis die drei daraus zurückwinkenden Arme hinter der Kurve verschwinden. Und schon beneide ich meine Schwestern, die mit Mama nach Hause fahren dürfen. Ich stehe noch eine Weile da wie ein entlaubter Baum inmitten der Menge anderer abschiednehmender Familien, schon an der Sprache merke ich, dass ich mich auf einem fremden Planeten befinde. Natürlich verstehe ich ein paar österreichische Dialekte, ich bin selbst Österreicherin und durch die Freunde meines Vaters, wenn sie uns besuchen, an den Klang der Idiome gewöhnt. Aber meine Mundart ist das Bayrische, mein gestelztes Hochdeutsch klingt nach Sprachlabor gegen den Singsang, der im Salzkammergut als Schriftdeutsch gilt, und sobald ich den Mund aufmache, leuchtet das Brandmal der Außenseiterin auf. Das Prinzessinnenbewusstsein implodiert schnell auf Rekrutenformat. Selbst das Schlossambiente verliert bald seinen Glanz. Die riesigen Räume schüchtern mich ein, die Zimmerfluchten verwirren mich, die endlosen Flure signalisieren Ferne. Fernsein von allem, was gut tut.

Nachts bin ich nicht die Einzige in dem großen Schlafsaal, die ihr Heimweh im Kopfkissen ertränkt, und tagsüber würge ich am Unterwerfungsdrill ebenso wie an den Mahlzeiten, die aus einer Legionärsküche stammen könnten. Unsere Briefe nach Hause werden zensiert, was bleibt da zu schreiben? *Mir geht es gut, wie geht es Euch?* Zu mehr reicht die Fantasie nicht aus, die mit jedem ehrlichen Wort an ein Tabu prallen würde. Die Briefe von Mama, in denen sie den ganz normalen Familienalltag schildert und aus denen ich die Süße einer verklärten Welt sauge, trage ich tagelang wie einen Talisman mit mir herum und nachts sind sie meine Fluchthelfer in das Paradies der Träume.

Bis Allerheiligen haben die Neuen Besuchsverbot, bis Weihnachten dürfen sie nicht heimfahren. Der Kalender, für mich bisher nichts als ein eigentümliches Instrument der Erwachsenen, wird für uns Novizen in diesen Wochen zum Krückstock, mit dem wir uns von einem Tag zum anderen schleppen. Die Stunden zwischen Morgenappell und Nachtruhe sind ein lückenloses Korsett organisierter Beschäftigung, ob Unterricht, Studienzeit oder pädagogisch begleitete Freizeit – das vorwurfsvolle Auge Gottes in Gestalt von Erzieherinnen und Lehrern verfolgt jede unserer Taten, jeden Gedanken in dieser totalitären Gemeinschaft. Und mögen sich auch die größeren Schülerinnen bereits Freiräume und Nischen erkämpft haben, um die wir sie beneiden, für uns Rangletzte bleibt einzig die Toilette, wohin wir dem Druck des Kollektivs für einen Seufzer lang entweichen, um die aufgestauten Emotionen mit der Spülung hinwegzuschwemmen. Ist es nicht bezeichnend, dass gerade unter uns Neulingen die Blasenentzündung zum häufigsten Krankheitsfall wird? Was als Flucht beginnt, manifestiert sich als Krankheit. Von den Dingen, die wir im Internat lernen, ist nur ein kleiner Teil trockener Schulstoff, der Rest das Leben selbst. Passiver Widerstand, der letzte Ausweg der Unterdrückten. Kranksein, das Bett hüten müssen, war zu Hause ein Fluch. Man versäumte ja alles, was den Alltag so farbig tönte. Aber hier in diesem grenzenlosen Ozean der Verlorenheit wird die Krankenstation zum rettenden Eiland für die Empfindsamsten unter uns. Das Bett hüten zu dürfen, während jenseits der Tür der Gong durch die Etagen hallt und die einzelnen Kreuzwegstationen ankündigt, ist ein Privileg, das wir schnell erkennen.

Bis ich zu Weihnachten das erste Mal nach über drei Monaten wieder heimatlichen Boden betrete, habe ich den Arzt öfter gesehen als in den zehn Jahren zuvor, und gegen Ende der Osterferien verhindert eine beginnende Mumps gerade rechtzeitig die gefürchtete Rückkehr ins Internat. Inzwischen wiege ich weniger als meine um drei Jahre jüngere Schwester Silvia, unser Hausarzt kräuselt seine Stirn und rät meiner Mutter, mich nicht mehr ins Internat zurückzubringen. »Die geht Ihnen dort ein«, prognostiziert er ihr, wofür ich ihm am liebsten die Füße küssen würde. Unsere Mutter hat die Weisheit der Ärzte nie in Zweifel gezogen, also macht sie einen Strich unter das Kapitel Internat, wenngleich ihr damit drei Freiplätze verloren gehen. Im Grunde fällt ihr die Entscheidung leicht, hat sie doch somit ihre Große wieder, die sie selbst schmerzlich vermisste, ihre *rechte Hand*, wie sie mich manchmal anerkennend nennt, wenn ich ihr durch besonders tatkräftige Mithilfe in allen Notlagen zeige, wie froh ich bin, wieder bei ihr zu sein.

Das Leben im Schloss hat, wie alle überstandenen Krisen, natürlich auch sein Gutes. Nicht nur wegen des hohen Unterrichtsniveaus und der Gelegenheit, in der vorgeschriebenen Freizeit einen Geschmack vom Theaterspielen, Musizieren oder Ballett zu bekommen, alles Angebote, die mir zwar das Heimweh nicht austreiben können, an die ich mich aber später, daheim, wieder erinnern und sie zu einem lustvollen Hobby ausbauen werde. Vor allem aber sensibilisieren mich die Internatseindrücke, gewissermaßen posthum, für die Vorzüge unseres häuslichen Miteinanders, sie salben mich mit dem Balsam der Dankbarkeit und führen dazu, dass ich mich für ein paar Tage, vielleicht auch Wochen zur Mustertochter hochschwinge. Auch meine Schwestern freuen sich, mich wieder in ihrer Mitte zu haben, ihre zwar nicht immer geliebte, aber durch Gewohnheit vertraute Leithündin, ohne die sich eine gewisse Unruhe in der Meute breitgemacht hat. Es war nicht so, wie der Onkel prophezeit hat, dass es ruhiger würde mit einer weniger im Stall. Das Gleichgewicht in unserem Frauenhaushalt ist ein windanfälliges Gespinst, das nicht auf der Diktatur einer starken Hand basiert, sondern ein Konzert mit vier Instrumenten ist, dessen Ensemble jeden Ausfall eines Musikers ganz empfindlich spürt. Jede hat ihre unentbehrliche Rolle: Unsere Mutter ist unser Impresario, komponiert und schlägt am Klavier die Grundmelodie an, ich geige ihre Botschaft, um meinen Eigenwillen angereichert, durch die Familie, Silvia jault mit dem Saxophon dagegen an und Ingrid führt das Quartett mit dem sanften Strich des Cellos vor dem Bildschirm zusammen. Fehlt eine, geraten die anderen aus dem Takt und die Melodie verliert sich in Dissonanzen. Nun, da wir wieder komplett sind, gleitet unsere tägliche Improvisation dahin wie ein Jazzstück, manchmal gefällig, manchmal schrill, aber es gleitet dahin, atemlos und schleppend im Rhythmus der Jahreszeiten.

Freundschaften

Freunde kann man nicht genug haben. Die Weisen behaupten zwar, man brauche nur *einen* Freund, den aber brauche man sehr. Nun gut, wenn man wie ein Weiser ein Leben lang am selben Ort lebt und der Freund ist ebenfalls weise und lebt ein Haus weiter, raucht nicht, säuft nicht, schuftet sich nicht zu Tode und widersteht dem Zwang, auf Achttausender zu steigen, dann könnte der *eine* Freund für ein ganzes Leben reichen. Aber wer von uns heutigen unermüdlich um Mobilität Bemühten lebt wirklich noch dort, wo er geboren ist?

Mein Adressbuch ist mittlerweile zu einer Schwarte angewachsen, in der mir die Adressen hinter den Namen, dutzendfach durchgestrichen und aufs Neue aktualisiert, zeigen, wohin die Reise geht: Sie geht weg von mir, immer weiter weg ins Unendliche und wenn es stimmt, dass zwei Parallelen sich im Unendlichen treffen, dann werde ich alle meine Lieben eines fernen Tages vielleicht wiedersehen, aber bis dahin erfreue ich mich an denen, die gerade mal auf einen Espresso Zeit haben. Der Freund oder die Freundin fürs Leben ist eine Utopie geworden, auch wenn sie jeder in seiner Kindheit träumt.

Unsere Verwandtschaft ist in fünf Jahren auf die amputierte Kernfamilie – Mutter mit Kindern – zusammengeschmolzen und da Mama eine gesellige Person ist, liegt es nahe, dass sie die Lücken mit Wahlverwandten füllt. Sie hat nicht, wie manche Leute, Lust am Traurigsein. Sie bevorzugt zielbewusste Schritte, um der Trauer auszuweichen, und gibt dem Ruf des Grams nur am Friedhof in wohl berechneter Dosis nach. Das Durchforsten der verschiedenen Grade von Innerlichkeit liegt ihr nicht. Durch Arbeit und Freundschaftspflege gelingt ihr ein großräumiges Umgehen ihrer wunden Stellen. Sie lebt uns vor, wie man Abhilfe schaffen kann, wenn einem die Sorgen über den Kopf wachsen. »Wir schauen noch auf einen Sprung beim Lenei vorbei«, sagt sie für gewöhnlich, sobald sie ihre Besorgungen erledigt hat und legt auf der Heimfahrt einen Zwischenstop bei ihrer Freundin aus Kindheitstagen ein. Ist Lenei nicht da, ist es eben Christine oder Thereserl, da ist eine so wertvoll wie die andere. Die Schicksale sind zwar verschieden, aber die Sorgen die gleichen: Kinder, Gäste, Geld, Krankheiten, Arbeit und die leidigen Mitmenschen. Dann hocken die beiden Mütter sich am Küchentisch gegenüber, der Kaffeeduft hüllt die schwatzenden Frauen in einen Kokon der Verbundenheit, während wir drei uns mit den Sprösslingen des Hauses aus dem Staub machen, um die Gunst des Augenblicks zu nutzen. »Aber nur für eine halbe Stunde«, ruft sie uns hinterher, da sie uns und sich selbst kennt. Zwei Stunden später treibt uns der Hunger in die Küche zurück und da sitzen sie immer noch, wie wir sie verlassen haben, nur fünf Themen weiter. Wenn sie bei den Gartentipps angelangt sind, wissen wir, dass die Wiederbelebung gelungen ist. Eine Kanüle voll Belladonna direkt ins Herz, aus solchen Aufbauspritzen holen sich die Frauen Zuspruch und Halt, Austausch und Anregung. Gestärkt wie nach einer Blutwäsche, fährt unsere Mutter von dort mit uns nach Hause, die Arbeit ist liegen geblieben und die Gäste warten schon, aber die Welt sieht für eine Weile wieder wie Heimat aus.

Das unstete Leben mit ihrem Ehemann hinterließ Generl trotz seiner Kürze lebenslange freundschaftliche Außenposten

8 *Hermann Buhl auf seiner zweiten Expedition zum Broad Peak (© K. Diemberger)*

9 *Hermann Buhl auf dem Gipfel des Broad Peak, 8047 m hoch: Er ist der erste Europäer, der zwei Achttausender-Erstbesteigungen geschafft hat – ohne künstlichen Sauerstoff. © K. Diemberger)*

20 Auf dem Baltoro-Gletscher geht der Blick hinauf zu den weißen Flanken der Chogolisa: Wird das Wetter mitspielen? (© K. Diemberger)

21 Hermann Buhl im Aufstieg an der Chogolisa – im Hintergrund der Gratgipfel (© K. Diemberger)

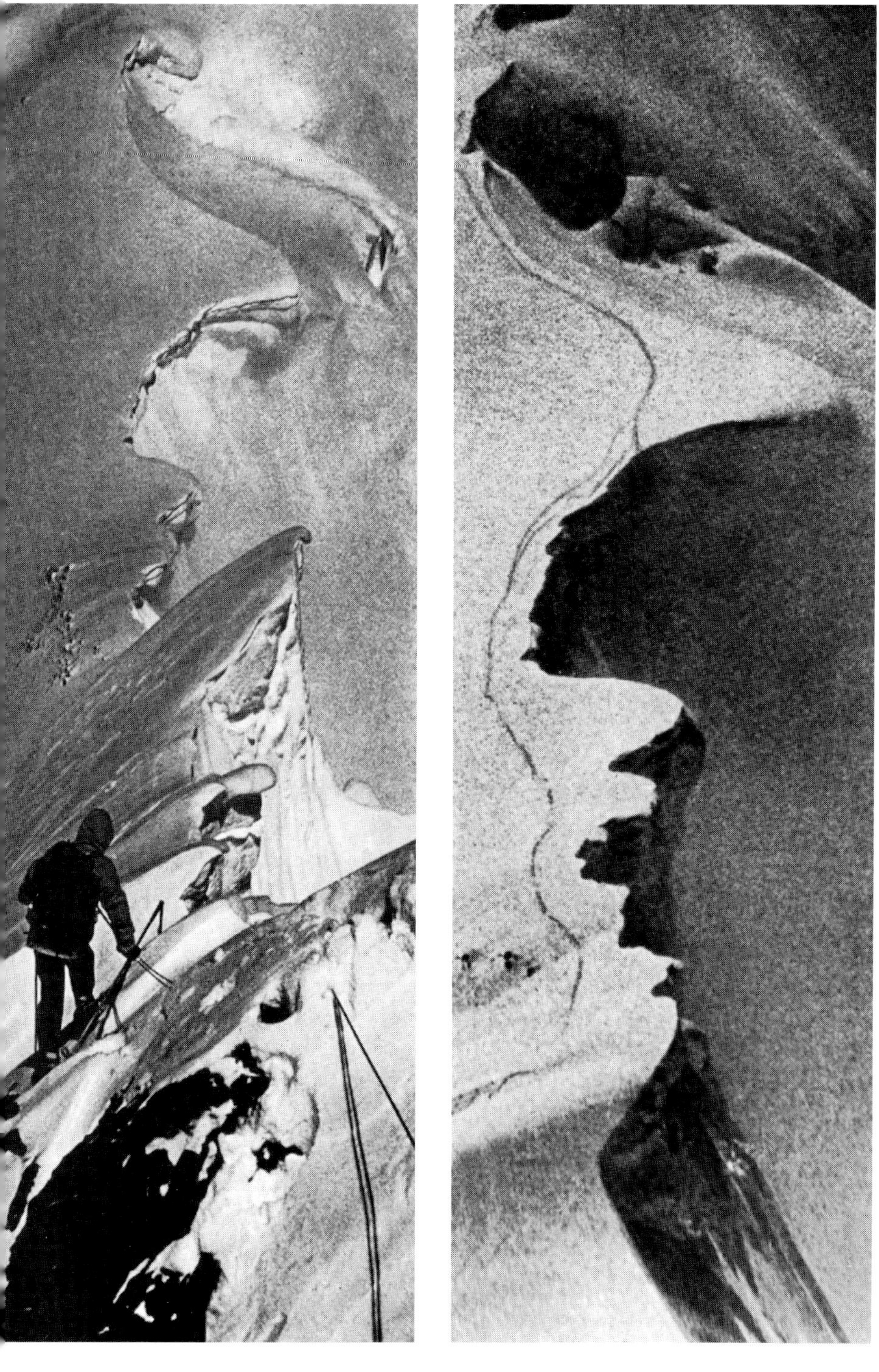

2/23 Hermann Buhl und die Wechte, auf der er kurz darauf in den Tod stürzte. (Beide: © K. Diemberger, Spuren retouchiert)

24 Kriemhild mit fünf …

25 … Silvia mit drei …

26 …und Ingrid fängt gerade zu laufen an, als ihr Vater nicht mehr nach Hause zurückkehrt.

27 Das »Haus Hermann Buhl« – unser Mutterhaus, unser Fels in der Brandung

28 Zehn Jahre sind seit dem Unglück vergangen: Generl Buhl und ihre Töchter

29 Kriemhild vor dem Internat:
Sie muss von der Mutter Abschied nehmen.

31 Kriemhild am Hochkalter

30 Die drei Buhl-Grazien mit ihrem japanischen Besuch

32 Die Buhl-Töchter 1974:
Schlimmer als ein Sack voller Flöhe

33 Das letzte Foto von Ingrid

34 Generl Buhl mit Enkelin Amelie, Tochter Kriemhild und Schwiegersohn Dirk Lornsen

35 Generl am Friedhof in Ramsau vor der Gedenkplatte für ihren Mann

quer über die Welt verteilt. Sie ist eine treue Freundin, sie pflegt auch die Fernkontakte durch regelmäßigen Briefwechsel und so ergibt es sich, dass die Welt zu uns ins Haus kommt. Professor Yokokawa, er hat Vaters Buch ins Japanische übersetzt, besucht uns jeden Sommer für ein paar Tage mit einer Handvoll kotaubuckelnder Studenten, die wir mangels freier Gästezimmer im Getränkekeller unterbringen müssen, der seitdem das *Japanerzimmer* heißt und die Urzelle für den Siegeszug des Hefeweißbiers in der gegenwärtigen japanischen Gesellschaft sein dürfte. Von den Japanern lernen wir, Kaiserschmarren mit Stäbchen zu essen und vor Behagen zu schmatzen, im Gegenzug bringen wir ihnen den Umgang mit einer krustenbewehrten Schweinshaxe bei, was ihnen barbarisch erscheinen mag, aber der Geschmack gibt uns recht.

Nur Vroni, unsere Haushaltshilfe, kann dem interkulturellen Aspekt dieser Besuche nichts abgewinnen. »Ich kündige«, droht sie uns an, wenn sie jedem Japaner nach dem Gang auf die Toilette wie eine Furie hinterherwischt, und Mama sieht sich jedes Jahr aufs Neue gezwungen, den Studenten durch unmissverständliche Gestik die Benutzung einer deutschen Toilette jenseits des Gießkannenprinzips zu verdeutlichen.

Nach den Japanern stürmen die Italiener das Haus und verlassen es als Ruine, aber in den drei Tagen ihrer Belagerung verbreiten sie eine solche Fröhlichkeit, dass Mama ihren ursprünglichen Vorsatz *Nie wieder!* auf unser Bitten hin immer wieder aufgibt und wenn wir dem davonfahrenden Fiat am Schluss alle nachwinken, wirkt sie erleichtert und gleichzeitig wehmütig, denn die Italiener re-infizieren sie mit dem Hüttenvirus, einem verlorenen Lebensgefühl seit Hermanns Zeiten.

Danach kommen die Polen mit ihren Zlotys, die nicht einmal für eine Erbsensuppe auf der Blaueishütte reichen, sodass

Mama den Armen Berge von Mettwurststullen in die Rucksäcke packt. »Brot für die Welt«, lästert Vroni, die etwas gegen Kommunisten hat, worauf Mama ihr entgegnet, das seien keine Kommunisten, das seien Bergsteiger und wie alle Bergsteiger äußerst liebenswerte Menschen, die halt unseligerweise auf der falschen Seite des Vorhangs geboren seien. Vroni beruhigt sich erst wieder bei der Ankunft der Franzosen, die sie mit Parfum und anderen hübschen Geschenken in ihre Galanterien mit einbeziehen. Mir sind die Franzosen wegen ihrer euphorisierenden Wirkung auf unsere Mutter über Jahre hinweg suspekt, so lang, bis ich selbst dem Charme der Franzosen erliege, Franzosen in meinem Alter anlässlich eines Schüleraustausches mit Saint Malo, und von *dem* Moment an werden sie meiner Mutter suspekt. Aber das ist eine andere Geschichte.

Wenn die Parade der Bergsteigerfreunde in unserem Haus zu Ende geht, beginnt die *tote Zeit*, so heißen im Berchtesgadener Land die Intervalle ohne Feriengäste. Die letzten trockenen Herbsttage werden zum Putzen und Renovieren genutzt, dann sind die Gräber dran, Allerheiligen, Allerseelen, Erinnerungen steigen auf. Wenn schon Erinnerungen, dann wenigstens geteilt mit Seelenverwandten, sagt Mama, packt uns ins Auto und peilt Innsbruck an, den Ort ihres glücklichsten Lebensabschnitts. Dort werden wir von Hertas Familie in ihrer engen Mietwohnung, die einem vollgestopften Lastkahn gleicht, aufgepäppelt wie Kriegsheimkehrer nach langer Gefangenschaft. Der Herd kühlt tagelang nicht ab, auf dem Küchentisch türmen sich die Strudel, Backhendl und Wiener Schnitzel zwischen Fotoalben und Strickanleitungen, während die beiden Frauen das Gespräch an dem Punkt wieder aufnehmen, wo sie es bei unserem letzten Besuch zu Ostern abgebrochen haben: bei Hermann und den gemeinsamen alten Zeiten.

Wir Dorfkinder lieben das städtische Leben, die Fahrten mit der Straßenbahn zum Zirkus oder ins Kino genauso wie das Hinterhoftreiben, dem wir uns im Schlepptau von Hertas Trabanten Herbert und Barbara mit Begeisterung zugesellen. Unten im Hof ist immer was geboten, rivalisierende Banden liefern sich Kämpfe wie im Film, von der gackernden Hühnerschar schaudernd erregter Mädchen angestachelt oder ausgepfiffen. Manchmal fließt sogar Blut, dann verduftet die ganze Bande für eine Schrecksekunde in ihren Löchern, wir Unbedarften voraus nach oben an Hertas Küchentisch, wo Mama entspannt wie nirgendwo anders langsam Fett ansetzt. »Du alter Dragoner, du!«, schimpft Herta ihren zerschrammten Junior aus und klebt ihm ein Pflaster über das Knie. »Nimm dir ein Beispiel an den Buhl-Mädeln, wie brav die sind!«

»Brav? Hast du eine Ahnung! Die haben's faustdick hinter den Ohren«, hält Mama ihr entgegen, was wir ihr verzeihen, weil wir wissen, dass zum Gleichgewicht unter Freundinnen das tröstliche Wissen beiträgt, die andere habe die gleichen Scherereien wie man selbst. Doch Herta lässt sich nicht beirren. »Sei froh, dass du keinen Buben hast, so ein Lausbub brächte dich ins Grab«, ist ihre Meinung. Für uns Töchter ist Hertas Sentenz ein gefundenes Fressen. *Sei froh, dass du keinen Buben hast,* ahmen wir sie eine Zeit lang nach, sobald Mama meint, uns die Leviten lesen zu müssen. Ob sie der Hinweis wirklich mit Dankbarkeit erfüllt, ist ihrem Seufzen nicht zu entnehmen. Ein Sohn, wenigstens *einer,* das sei eines Tages eine kräftige zupackende Hand, ein *Mann im Haus,* mag sich das einstige Töchterchen aus einer mit drei Männern gespickten Familie vorstellen.

Als wir dann irgendwann die ersten Kerle anschleppen, ist von ihrem Glauben an den Vorteil eines Mannes im Haus jedoch nichts mehr zu spüren. Ebenso eifersüchtig, wie einst wir *ihre* Verehrer vertrieben haben, sollte sie später *unsere* Typen von Haus und Hof scheuchen. Aber das ist Zukunftsmusik, davon ahnen wir noch nichts.

Die Aufenthalte in Innsbruck sind für uns alle ein lieb gewordener Tapetenwechsel, ein Wannenbad in einem mit Sauerstoff angereicherten Wasser. Mama taucht, gestärkt an Leib und Seele, daraus herauf und wir erfahren etwas, das wir von daheim nicht kennen. Das chaotische, manchmal heftige aber immer warme Miteinander einer vollständigen Familie mit Männern an Bord. Mit einem Vater, der gutmütig ist, auch wenn er manchmal brummt, und mit einem Jungen, der seine Schwester drinnen zwar gelegentlich in den Schwitzkasten nimmt, sie jedoch draußen vor der Meute wie ein Ritter verteidigt. Der Abschied fällt jedem schwer und wird immer begleitet von dem Versprechen, bald wiederzukommen. Dann fahren wir vier Weibsen in unser leeres Haus auf dem Hügel zurück, in dem wir bei allem Komfort und vertrautem Ambiente etwas vermissen. Das Ferment der Polarität. Vier Weibsen, das ist trotz unterschiedlicher Temperamente eine homogene Sache. Nicht wie bei den Innsbrucker Freunden eine schrecklich nette Familie, sondern nur eine nette Familie. Es fehlt das Salz in der Suppe, die Prise Pfeffer über dem Ganzen, es gleicht einer Diät, bekömmlich, aber ein wenig schal. Wir haben aus Hertas Mund viel über unseren Vater erfahren, sie kannte ihn ja von Jugend an, und nun träumen wir für ein paar Tage den Traum aller vaterlosen Töchter: Wie es wohl wäre, wenn …, ja wenn. Dann beobachten wir Mama mit dem analysierenden Blick von Laboranten, wie sie sich im Hamsterrad ihrer tausend Aufgaben alleine abstrampelt, und erkennen, dass es auch für sie schöner wäre, wenn unser Vater noch da wäre. Aber natürlich nur er, der Held. Alle anderen wären lächerliche Surrogate, die uns mit Blumen und Pralinen die Mama abluchsen wollen, um mit ihr schweinische Sachen zu machen, und das können wir auf keinen Fall billigen. Von unseren Innsbrucker Freunden Barbara und Herbert wissen wir, dass richtige Eltern fast nie vögeln, außer am Hochzeitstag. Nun gut, sagen wir uns, das eine Mal würden wir ein Auge zudrücken, wenn es so üblich sei, Hauptsache, die Mama bliebe uns erhalten und würde glücklich. Es bleibt bei Träumen, denn Vater kommt nicht zurück. Mama bleibt uns uneingeschränkt erhalten, aber wirklich glücklich ist sie nur selten. Manchmal beim Skifahren mit Silvia und mir, wenn wir hinter ihr her die Piste hinunterbrettern und sie für einen Moment vergisst, dass ihre hüftkranke Jüngste den Nachmittag allein vor dem Fernseher verbringt. Manchmal am Muttertag, wenn wir sie mit Frühstück ans Bett und drei Wiesenblumensträußen überraschen, manchmal, wenn eine von uns mit einer guten Note nach Hause kommt. Wir Töchter sind ihr Lebensinhalt, ihre Hoffnung und gelegentlich ihr Stolz. Aber wir sind abhängig von ihr und signalisieren ihr täglich, dass sie stark bleiben muss, um uns heil über den Berg zu bringen, dass sie sich nicht gehen und schon gar nicht fallen lassen darf. Nur bei ihren Freundinnen darf sie das Ruder aus der Hand lassen. Dort erfährt sie das, was Kinder einem nie geben können. Entlastung, Absolution und die Anteilnahme eines Gegenübers in Augenhöhe, das einem sagt: »Ich weiß. Ich kenn das. Du hast recht, aber mach dir keine Sorgen. Es wird schon werden und jetzt probier meinen Zwetschgendatschi, bevor ihn uns die Gören wegschnappen!«

Es gibt Familien, die schmoren im eigenen Saft. Lassen keinen rein und nichts raus. Vielleicht sind sie ja glücklich unter ihrer Glasglocke, wer weiß? Doch eher vermute ich das Gegenteil. Dass sie sich für irgendetwas schämen. Vielleicht für den Mangel an Perserteppichen, vielleicht auch dafür, dass sie trotz Perserteppichen unzufrieden sind und es vor anderen verbergen wollen. Denn ich erinnere mich an Mitschülerinnen, die nie eine Klassenkameradin mit nach Hause nehmen und ebenso wenig woanders übernachten dürfen, die nichts von daheim erzählen und deren Mütter bei Elternsprechtagen kein Wort mit anderen Müttern austauschen. Gehemmt wirken sie, einsam in ihrer Quarantäne und abseits von allem, was das Kindsein so interessant macht.

Der Blick in andere Töpfe, das Schnuppern unbekannter Gerüche, die Erfahrung, dass das Fremde anders und doch auch wesensgleich sein kann, denn es wird überall mit Wasser gekocht. Dieser Blick über den eigenen Tellerrand führt letztlich dazu, dass wir das Verbindende hinter den unterschiedlichen Oberflächen erkennen, den gemeinsamen Nenner irgendwo zwischen *Anton* und *Pünktchen*.

In Freundschaften integrieren wir das Fremde und Trennende in unser Wesen, in mundgerechten Happen zugeführt, verliert es seinen Schrecken und erweitert unsere einseitige Mitgift um genau die Beilagen, die wir brauchen, um inmitten eines bunt gemischten Gabentisches unsere eigene Mitte zu finden. Als Grundschülerinnen in Ramsau haben meine Schwestern und ich die Freundinnen, die uns zufällig durch die Nachbarschaft zuwachsen. Eine persönliche Wahl treffen wir erst später auf dem freien Markt in Berchtesgaden, wo Schüler aus dem ganzen Landkreis zusammenkommen.

Nach meinem Internatsintermezzo wechsle ich ins dortige Gymnasium über und da lerne ich sie kennen, Esther, meine Busenfreundin und ihre um ein Jahr ältere Schwester Ellinor. Die Gesellschaft der beiden Schwestern wird für ein Jahrzehnt meine Wahlverwandtschaft, meine Bibel, mein Tropf, über den mir seelische und geistige Vitamine zufließen. Heute wohnen zwar beide in Rom, uns trennen tausend Kilometer und zu viel Arbeit auf beiden Seiten der Alpen, um sich regelmäßig zum Tee zu treffen. Das Telefon ist unser dünnes Versorgungskabel geworden, über das wir uns die Kapitelüberschriften unserer Erlebnisse anvertrauen, während wir uns die detailreichen Textabschnitte zwischen den Überschriften aus einem Seufzer, einem Lachen oder einem Bonmot zusammenreimen können.

Am Telefon verdampfen die Jahrzehnte zu nichts und wir sind für eine halbe Stunde wieder die, die wir einst als unzertrennliches Duo oder auch als Trio waren: altkluge Mädchen mit einem Sack voller Lebensweisheiten, die wir im Bedarfsfall häufiger vergessen als beherzigt haben. Klüger wurden wir immer erst im Nachhinein. *Nach* einer Erfahrung. Aber was soll's? Wir haben gelernt, die Haarrisse in unseren Biografien zu akzeptieren, und auch diese Gemeinsamkeit lässt trotz der Distanz von Raum und Zeit unmittelbar Nähe entstehen. Wer weiß? Vielleicht finden ja unsere Wege eines Tages wieder zusammen, wenn wir ungebunden wie alte Hexen keinem äußeren Diktat mehr folgen müssen. Das Leben ist so schillernd, dass man keine Möglichkeit ausschließen darf.

Eine Ahnung von dieser Vielfalt haben wir damals schon, als wir uns begegnen. Esther fragt mich nach meiner Lieblingsfarbe, Rot, sage ich, schön, sagt sie, ihre sei Blau, das passe gut, da könne man prima tauschen. Bis auf unsere Boyfriends haben wir in der Folge alles getauscht, das Pausenbrot, die Klamotten, die Bücher, die Spickzettel, die Gedanken und die Hoffnungen. Vom ersten Schultag bis zum Abitur zehn Jahre später sind wir nur chirurgisch zu trennen, sogar die Ehrenrunde drehen wir gemeinsam nach bewährter Freundschaftsmanier. Ich weiß nicht, wie ich geworden wäre, wenn ich sie nicht gehabt hätte.

Jede Begegnung beinhaltet Erfolg *und* Scheitern, kann befruchten oder lähmen. Wir sind zwei unentwegt wispernde, mauschelnde, sich Zettel zuschiebende Schülerinnen, der Horror jedes Lehrers und nach der Schule führen wir unsere Gespräche weiter bis zur Abfahrt der verschiedenen Busse vom Bahnhof. Zwischen unseren Dörfern liegen zehn Kilometer Luftlinie, aber zum Glück gibt es Telefon, deren Leitung zum Verdruss unserer Eltern zehn Jahre lang heiß läuft. Zwei Freundinnen im beginnenden Jugendalter sind für ihre Umgebung sicher die Pest, doch füreinander sind sie ein Segen. Mädchen an der Schwelle zur Pubertät sind Seismographen, sie nehmen alles wahr, zwischen den Zeilen und hinter den Kulissen, sie sind durchlässig für alle Einflüsse, offen für jede neue Erkenntnis und von einer Klarsicht, die ihnen kein Erwachsener zutraut. Man nimmt sie noch lange nicht ernst, sind ja noch unschuldige unwissende Kinder, mutmaßen die Eltern, obwohl ihre Gedanken, noch unbeschwert vom Gewicht der Resignation und unbeirrt von Selbstzweifeln, den Eltern die Haare aufstellen würden.

Die beiden Schwestern stammen aus einer kultivierten Familie, gebildete Abkömmlinge von Fabrikanten, ihre Eltern führen auf den gut gefederten Polstern einer Erbschaft das Leben von Privilegierten, von Privatiers, bescheiden zwar, aber immerhin. Ohne Existenzkampf, ohne wirkliche Geldsorgen, wie ich sie von daheim kenne. Ich wäre gern in ihre Familie hineingeboren, denke ich anfangs, aber schon bald wird mir klar, dass wirtschaftliche Sicherheit eine zwar dankbar genommene Eintrittskarte ins Kino des Lebens sein kann, aber keine Garantie für eine gelungene Vorstellung. Neben den beiden Schwestern gibt es noch eine Jüngste, ein Baby, auf das sich die Mutter stürzt, während der Vater gern durchs Gebirge wandert. Vater wie Mutter sind ehrgeizig damit befasst, die beiden großen Töchter schulisch auf Trab zu halten, sie nehmen die Erziehung als Bildungsauftrag sehr ernst. Kein Tag ohne Vokabelabfragen und Hausaufgabenkontrolle. Esther beneidet mich um meine Freiheit. Mir wird diese Freiheit erst im Kontrast zu ihrer Situation bewusst und indirekt bin ich froh über Mamas Vertrauen in mich und stolz auf sie, weil sie so viel Bedeutenderes zu tun hat, als uns Schulkindern hinterherzuschnüffeln. »Wenn ihr nicht lernen wollt, dann ab in die Lehre!«, lautet ihr abschreckendes Diktum. Lehre? Gott bewahre!, vertraue ich Esther an, bloß nicht zu bald arbeiten müssen. Arbeit ist Schinderei. Darin sind wir Freundinnen uns einig, obwohl wir verschiedene Vorbilder haben. Die beiden Schwestern ärgern sich über ihren Vater, wenn er ihnen das Taschengeld wegen einer Lateinvier kürzt, gerade *er*, lästern sie, müsse doch Verständnis für Pannen haben, er sei ja selbst nicht der Erfolgreichste.

»Aber er ist doch Rechtsanwalt«, wende ich ein. Meine Mutter hat großen Respekt vor seinem Doktortitel und ich bewundere seine gewählte Sprache.

Die wenigen Mandanten, davon könne er seine Familie nicht ernähren, erfahre ich, aber das ist nur die halbe Wahrheit. Die Tragik seines Lebens ist, dass er Jurist werden musste, weil die Familie es wollte, dass er nicht anders als *mein* Vater in die Berge flüchtete, um einer rigiden Vergangenheit zu entkommen, aber als Rheinländer, als *Zugroaster* und obendrein Intellektueller von den engherzigen Gebirgsbewohnern nicht anerkannt wurde, deren Vertrauen nur solchen Männern galt, die krachledern auftraten und sich durch das Beherrschen des bayrischen Dialekts legitimierten. Ich sehe ihn als humorvollen und liebenswerten Kauz, ein Sonderling, gewiss, ein vergeistigter, die Natur liebender Familienvater ohne Siegerpose, wie man sie in meiner Heimat von einem *gestandenen* Mann erwartet. In einer offeneren Gesellschaft hätte man seine Qualitäten sicher gewürdigt. In Berchtesgaden, wo das Geschrei eines tausendjährigen Reiches noch nachhallte, konnte die leise Stimme eines Individualisten kein Gehör finden.

Die beiden Schwestern schämen sich für ihren Vater, wie alle Kinder möchten sie auf ihn stolz sein und ich korrigiere mein Weltbild vom tatkräftigen Mann im Haus. Sie schämen sich auch ihrer Mutter, die vor lauter Mutterschaft immer behäbiger wird, während es mich stört, wenn meine schlanke, sportliche Mutter von den Gästen für unsere ältere Schwester gehalten wird, anstatt einen Kuchen zu backen. Mutter sei Mutter, bitte keine Rollenvermischung in der Familie, lautet mein Urteil, dem zufolge Mütter in erster Linie gemütlich sein sollen, so wie die Mutter von Esther und Ellinor.

Die Erinnerung an ihren Apfelkuchen lässt mir noch heute das Wasser im Mund zusammenrinnen und ihre Freude, mich in ihrem Haus wie eine Tochter aufzunehmen, mich zu verwöhnen und mit mir zu plaudern, ist für mich wie ein sättigender Sirup, wohingegen ihre Töchter die Gastlichkeit der Mutter als Neugier auslegen. Sie langweile sich und habe keine Interessen, flüstern sie mir zu, und deshalb klebe sie sich an jeden Besuch. Ob Sirup sättigt oder klebt ist eine Frage des Empfindens, des eigenen Mangels oder Überdrusses, es gibt keine Norm für die Wahrnehmung der Welt und wir Halbgaren sind gerade dabei, uns aus der Palette der Möglichkeiten die Komplementärfarben rauszupicken und den gewohnten Tönen abzuschwören. Unsere Sichtweise ist schwarz-weiß, für die Nuancen dazwischen fehlt uns die Empathie durch Erfahrung. Wir sind damals gnadenlose Richter, wir haben das Scheitern noch nicht am eigenen Leib erfahren, das macht uns überheblich. Wir sollten ein halbes Leben und die Erkenntnis eigener Unvollkommenheit benötigen, bevor es uns gelingt, die Eltern so zu nehmen, wie sie sind. »Dein Vater war immerhin berühmt und mit deiner Mutter kannst du Pferde stehlen«, sagt Esther einmal anerkennend und plötzlich sehe ich meine Eltern durch ihre Augen. Pferde stehlen, da ist was dran.

An den Wochenenden sind Esther und ich unzertrennlich wie siamesische Zwillinge und da Mama auf mich nicht verzichten will, lädt sie Esthers halbe Sippschaft zu sich in den Wagen, um uns alle nach Gastein oder Kaprun auf die Piste mitzunehmen. Bei einem dieser Ausflüge merkt der Vater meiner Freundinnen kurz vor der österreichischen Grenze, dass er einen Reisepass vergessen hat. »Es ist mir furchtbar peinlich, jetzt müssen Sie die ganze Strecke wieder zurückfahren«, entschuldigt er sich ganz verstört bei unserer Mutter und versinkt auf dem Beifahrersitz wie auf einer selbst gewählten Strafbank. Mama indes denkt gar nicht daran, umzukehren.

»Das kriegen wir schon hin«, beruhigt sie den unglücklichen Mann und bremst schwungvoll vor dem Grenzposten. Sie lächelt dem Zöllner zu, als habe sie eine Verabredung mit ihm. »Bei dem herrlichen Skiwetter müssen Sie Dienst schieben, Sie Ärmster!«, beginnt sie durch das geöffnete Wagenfenster ein Schwätzchen mit dem Uniformierten, eine Fachsimpelei über die Schnee- und Wetterverhältnisse, während sie gleichsam gedankenlos den Packen Reisepässe in der Hand behält. Der Grenzer ist froh über jede noch so kurze Plauderei, er fühlt sich geschmeichelt von der flotten Frau am Steuer, die in ihm das sportliche Mannsbild anspricht, und erst als die Autoschlange hinter uns die Aufmerksamkeit seiner Kollegen erregen könnte, sieht er sich gezwungen, seiner Mitteilsamkeit ein Ende zu setzen, und winkt uns weiter, ohne auch nur ein Auge auf die Pässe geworfen zu haben.

Wir brausen mit seinem uns hinterhergerufenen *Hals- und Beinbruch!* als Segen davon, alle atmen auf, bis auf Mama, die von unserer Anspannung offenbar unversehrt geblieben ist. Ein Pass mehr oder weniger, was spiele das schon für eine Rolle, deuten wir ihre Unbekümmertheit, aber für den Vater meiner Freundinnen ist der Fall noch nicht abgeschlossen. Schließlich müsse man abends wieder über die Grenze zurück, zu den Deutschen, wer weiß? Vielleicht nehmen die es genauer? Dieser Gedanke überschattet seinen ganzen Tagesausflug. Er ist Jurist, ein durch und durch korrekter Bürger, der hinter jeder Grenzübertretung juristische Konsequenzen ahnt, während sich unsere Mutter geschmeidig wie eine Seiltänzerin und ohne jegliches Unrechtsbewusstsein an den Formalitäten der Gesellschaft vorbeimogelt.

Auch an der Seilbahn denkt Generl gar nicht daran, sich bescheiden ans Ende der Schlange anzureihen, wo wir fünf anderen bereits auf sie warten. Irgendwie schafft sie es immer, einen der Seilbahnbediensteten in einen Erfahrungsaustausch unter Berg- und Pistenkennern zu verknüpfen und ihre Worte so geschickt in eine Richtung zu lenken, bis man sie fragt, ob sie etwa mit dem berühmten Bergsteiger Buhl bekannt sei und sie sich als dessen Witwe outen kann. Dann ist der Käse gegessen, dann weist man ihr voller Hochachtung die nächste Gondel zu, sie winkt nach hinten, kommt her, ruft sie uns über die Köpfe des Fußvolkes hinweg zu und wir stapfen zögerlich an der Schlange der Wartenden vorbei, mit uns selbst im Zweifel, ob unser Handeln der *political correctness* entspricht, die wir von jedem unserer Nächsten erhoffen.

Ja, mit meiner Mutter kann man Pferde stehlen. Ihr Leben ist hart und schonungslos, aber sie hat sich die Fähigkeit antrainiert, sich ihre Umwelt so hinzudrehen, dass sie bekömmlicher wird. Sie parkt ihr Auto, wo es ihr gefällt, aber sie hat noch nie einen Strafzettel bezahlt. Mit den Polizisten in ihrer Heimat ist sie auf Du und auswärts plappert sie sich so zwanglos in die Herzen der Amtspersonen hinein, bis diese ihr helfen, den Wagen aus dem engen Halteverbot herauszumanövrieren. Sie ist eine Meisterin der Manipulation, sie bezirzt jeden, der ihr hilfreich sein könnte, mit ihren weiblichen Waffen, sie hat die Moral eines Guerilleros im Angesicht einer übermächtigen Armee, nicht schlechter und nicht besser. Manchmal bewundere ich sie, manchmal dagegen denke ich: Das darf doch nicht wahr sein! Ist sie nur unbekümmert oder ist sie unverschämt? Da ist keine klare Linie, da ist einfach ein Zickzackkurs zwischen den Hindernissen des Alltags hindurch, so wie sie wedelnd über die Buckelpiste ins Tal hinuntersaust, immer drei Skilängen uns Jungen voraus, weil sie den Ehrgeiz hat, als Erste unten anzukommen.

In der Skihütte hält uns der Vater meiner Freundinnen frei, er ist ein Gentleman, auch wenn seine Töchter behaupten, zu Hause sei er geizig. Vielleicht ist er nur geizig, um seine Töchter den sparsamen Umgang mit Geld zu lehren, und weil er weiß, dass sein Ererbtes bis ans Ende eines langen Lebens reichen muss. Auf der Piste jedenfalls sind wir alle für ein paar Stunden zufrieden. Die Eltern mit uns und wir mit ihnen. Wer uns nicht kennt, hält uns für eine aparte Familie mit einem etwas zerstreuten professoralen Vater, einer jugendlich schneidigen Mutter und vier fast gleichaltrigen Töchtern, wie auch immer sie das hingekriegt haben mögen.

»Wirkliche Familien sind anders«, erfahre ich von Esther.

»Du meinst den zeitlichen Abstand zwischen uns Mädchen, oder?«

»Nein, ich meine die Eltern. Unser Vater behandelt *eure* Mutter mit Achtung. Mit *unserer* Mutter streitet er sich nur. Das ist der Unterschied.«

»Sie müsste vielleicht etwas unternehmungslustiger sein ...«

»Sie *war* mal unternehmungslustig, bis wir geboren wurden. Es liegt an der Ehe. Ich verspreche dir eins: Ich werde nie heiraten.«

Esther sollte diesen Vorsatz fünfzehn Jahre später angesichts ihres überaus charmanten Fidanzato für den Zeitraum eines hingehauchten *Ja* vergessen, um ihren Vorsatz wenig später aus der Konkursmasse ihrer Ehe wieder herauszuklauben und als Warnung über das Bett zu heften.

»Alleinsein ist auch nicht der Himmel«, gebe ich zu bedenken. Ich sehe meine Patin vor mir, eine Junggesellin. Sie ertränkt ihre Einsamkeit in Alkohol.

»Mag sein. Aber auch die Ehe macht einsam. Ich werde mir Liebhaber halten.«

Esther weiß alles über die Ehe und ich alles über Liebhaber. In der Pension meiner Mutter spielen sich manchmal Dramen ab. Kesse Städterinnen, die sich auf einem Schuhplattlerabend in einen feschen Einheimischen verliebt haben, pilgern Urlaub für Urlaub an den Ort ihrer Sehnsucht, um noch einmal von ihrem Angebeteten über die Tanzfläche gewirbelt zu werden. Dann heulen sie sich in unserer Küche die Seele aus dem Leib und schluchzen zwischen zwei Taschentüchern: *Aber er hat doch versprochen ... er wollte doch ...!*

Mit zwölf kommen Esther und ich überein, uns nie zu trennen, dann bräuchten wir weder Ehemänner noch Liebhaber. Mit dreizehn geraten wir in die Stromschnellen der Pubertät, die Hormone spülen uns vor den Spiegel, vor dem wir uns gegenseitig versichern: Toll siehst du aus. Mit vierzehn stolzieren wir nebeneinander durch die Straßen, zwei Königinnen, die sich zutuscheln: *Schau nicht nach rechts, er sieht dir hinterher. – Bist du sicher? – Absolut. Der hat nur Augen für dich. – Ich glaub's nicht. Schau meine Haare, Mann, die kräuseln sich schon wieder. Was soll ich machen? – Brust raus, Bauch rein, den Rest überlass mir! – Du musst mir die Haare heute noch bügeln, findest du nicht? – Klaro, aber schau bloß nicht rüber. Du weißt ja, man darf den Jagdinstinkt der Männer nicht unterschätzen.* Der Apfel der Kindheit war vom Baum gefallen.

Cherchez l'homme

Wenn meine Mutter mir eintrichtert, Mädchen sollten sich rar machen, denke ich: Du kannst mir viel erzählen, du willst bloß nicht, dass ich einen abkriege. Wenn Esther vom Jagdinstinkt der Männer spricht, ist mir das das Evangelium einer Weisen, das ich gläubig befolge. Mit fünfzehn haben Mutters Lehren endgültig ausgedient. Unter den Söhnen ihrer Freundinnen gibt es durchaus attraktive Typen, doch sobald sie einen jungen Mann nett findet, ist das mein Todesurteil über ihn. Umgekehrt genauso. Sobald sie ahnt, dass mein Interesse an einem Kerl über das rein Sportliche hinausgeht, legt sie sich den Tugendpanzer der Gefängniswärterin an und macht die Schotten dicht. Ihre größte Sorge: die Tochter könne verführt werde. Meine Hauptsorge: nicht verführt zu werden.

Der kalte Krieg überzieht nicht nur den Globus, er findet Einlass im Mikrokosmos unserer bis vor kurzem unverbrüchlichen Familie. Jung und Alt stehen sich bis an die Zähne bewaffnet gegenüber. Und schuld daran sind die Kerle.

Wir sind ununterbrochen verknallt. Diese Zauberaxt, die mit einem Hieb die ganze Welt weghackt, sodass nur der Erwählte, dieser Typ mit dem süßen Lächeln oder jener mit dem coolen Blick übrig bleibt. Im Laserstrahl der Fantasie planen wir Paarungen für die Ewigkeit, die meisten halten nur für ein Wochenende. Die Schule ist unsere Piazza, die Schulpause inmitten von schwatzenden Mitschülerinnen die Audienz von Fürstinnen. Gestriegelt wie Zuchtstuten, führen wir unsere Körper vor, in denen das Dynamit darauf wartet, gezündet zu werden. Die Zündung, das ist der erste Kuss, das erste Gefummel, das erste Mal. Eindeutig zu erkennen die Getauften: Mit einem provozierenden Gähnen werfen sie den Kopf in den Nacken und ihre entspannt über die Häupter ihrer Höflinge in die Ferne schweifenden Augen melden: Keine Panik, Mädels, es ist absolut easy.

Als Aschenputtel verlasse ich morgens das Haus, die brave Tochter im adretten Schulmädchenhabit, im Bus findet dann die Verwandlung zur Hochglanzmieze statt. Knappe Klamotten, bauchfrei und ultramini, Wimperntusche, Lidschatten und der ganze Zinnober. Was tut man nicht alles, um mithalten zu können im großen Rondo: *Wer geht mit wem?* Wenn Mama mich überraschend von der Schule abholt, fällt sie bei meinem Anblick fast aus den Socken. »Bist du wahnsinnig? Dich so aufzudonnern!«, stößt sie hervor und zerrt mich ins Auto. Eine tektonische Spalte tut sich zwischen uns auf und treibt uns unweigerlich in entgegengesetzte Richtungen. Sie will den Status quo erhalten, sie hat reichlich gerudert, um unser Schiff in ruhigere Gewässer zu bringen. Sie braucht keine Stürme mehr, während ich mich nach Stürmen verzehre. Natürlich bin ich wahnsinnig. Jugend *ist* Wahnsinn. Mammamia, wie ich sie hasse! Mir mein Leben, meine Zukunft, mein Glück zu vermasseln! Der Typ, mit dem ich seit zwei Stunden gehe, wollte mich zum Bahnhof begleiten. Morgen wird er mich nicht mehr kennen, mich, das Baby, das von der *Mutter* abgeholt wird. Schande!

Zum Glück gibt es Esther. Die Jungsgeschichten sind unsere wahre Bewährungsprobe. Wir werden zu Verbrechern. Unsere gegenseitige Schützenhilfe kennt kein Grüßgott, eine dient der anderen als Alibi, mit Tricks und Raffinesse knacken wir jede elterliche Firewall. Wir scheuen nicht einmal vor Tierversuchen zurück, um der Ausgangsbeschränkung zu entrinnen. An unserer Katze testen wir die Wirkung von Schlafmitteln, bevor wir sie unseren Tugendwächtern in den abendlichen Schlummertrunk mischen. Und siehe da, es gelingt. Während die Alten ihren Dornröschenschlaf schlafen, entkommen wir durch das Fenster in die Freiheit der Nacht. Al Capone ist ein Stümper gegen uns.

Mit dem Schüleraustausch in der Zehnten brandet eine Woge Exotik durch die Schule, ein Schwarm bunter Vögel aus der Bretagne, coole Typen, die uns mit den höheren Weihen des Zungenkusses segnen. Meine Wahl fällt auf Joel, einen drahtigen samtäugigen Jungen mit dem Teint des Gauloiserauchers. Da ich Geburtstag habe, meinen sechzehnten, bettle ich Mama eine Franzosenparty ab, wegen der Sprache, versichere ich ihr. Sie willigt zögernd ein, wegen der Sprache, wie sie betont. Sie erwarte dann aber gute Noten in Französisch. Und keinen Krach, kein Remmidemmi, damit die Gäste nicht gestört werden! »Vielleicht sollten wir im Japanerzimmer unten feiern«, schlagen die gerissenen Anteile in mir vor, »dann hast du oben im Erdgeschoss deine Ruhe.« Das leuchtet ihr ein.

Wir sind nur eine kleine, handverlesene Truppe, fünf Pärchen, die sich hinter zugezogenen Vorhängen bei Kerzenlicht zu den schmachtenden Chansons von Françoise Hardy und Adamo in den Hüften wiegen, wegen der Sprache. *Musique feminine,* frotzeln die Franzosen, Weichspülerklänge, klar, die Jungs stehen auf Beat und Rock, das kann ich wegen der wummernden Bässe nicht bringen, erkläre ich ihnen, à cause de maman là-haut. Die Franzosen grinsen wissend, sie riechen die Absicht, sie riechen Sex, er ist überall greifbar, es knistert vor hormoneller Ladung wie in einem Faraday'schen Käfig und als

Joel zu *Mes mains sur tes hanches* meine Hüften mit seinen Händen umfasst und sich an mich presst, ist es, als würde man zum ersten Mal einen Elektrozaun berühren. *Tombe la neige* kann uns nicht abkühlen, *Nathalie* kann uns nicht abkühlen, nichts kann unser Glühen abkühlen, bis plötzlich die Tür aufgerissen wird und *Maman*, vielleicht durch den Mangel an Unruhe alarmiert, vor den fünf Doppelsilhouetten steht und nach Worten ringt. Wir weichen betreten auseinander, als hätte ein kosmischer Gau mit einem Schlag den Magnetismus umgekehrt.

Silvia und Ingrid kommen die Treppe heruntergeschlichen, wohl vom Negativfeld beginnenden Unheils angelockt, aber von Mama sofort zurückgescheucht, weil so eine Schweinerei kein Anblick für Kinder sei. »Schämst du dich nicht!«, ist der Auftakt zu einer Kanonade, für die ich mich vor meinen Gästen abgrundtief schäme. Wie begossene Pudel schleichen sie sich an ihr vorbei aus dem Haus, da ist nichts mehr zu machen, die Fete ist vorbei, nichts wie weg. Ich stehe da, auch ich ringe nach Worten. *Qui s'excuse s'accuse*, wer sich rechtfertigt, bekennt sich schuldig, fällt mir dazu nur ein, was soll ich also sagen? Wir haben nichts Schlimmes getan, kein Krach, kein Alkohol, bloß ein bisschen geknutscht, aber das machen doch alle, wie soll man sonst die Sprachlücken füllen?

Der Geburtstag bleibt unvergessen, wenn auch als schlechtes Vorzeichen für die kommenden Jahre, und in Französisch mache ich dank unserem *courrier d'amour* frappante Fortschritte. Joel schickt seine für mich bestimmten Briefe an seinen Austauschpartner Peter, der sie mir in der Schule augenzwinkernd aushändigt. Freunde sind das halbe Leben. Sie bewahren uns Teenager vor dem vorzeitigen Ruhestand, vor der juvenilen Vergreisung, dem offensichtlichen Erziehungsziel unserer Eltern. Das Frühwarnsystem meiner Mutter reagiert hochsensibel auf die angeschleppten Jungs. Es gibt die *guten*, das sind diejenigen, die auf Berge steigen und mit ihr über Tiefschneetouren plaudern. Und es gibt die *schlimmen* mit den langen Haaren.

Jochen, Hannes, Baphty, meine geschätzten Kumpels, sind ihre Lieblinge, weil ich nicht in sie verliebt bin. Walter, ein schüchterner Knabe, aber fanatischer Gipfelsammler, darf bei uns aus und ein gehen, zum Hausfreund fehlt ihm nur noch die Zahnbürste im Bad. Er bringt uns Mädels das Gitarrespielen bei, wir hocken ungezählte Abende beisammen und klimpern auf unseren Gitarren zu den Texten von Bob Dylan, Pete Seeger und Leonard Cohen, bis wir heiser vom Singen sind. Dazwischen versteigt er sich mit Mama in Routenbeschreibungen, die mich langweilen, und mit mir in Gesellschaftskritik, die meine Mutter langweilt, und so seilt sie sich von unseren abendlichen Sessions zu fortgeschrittener Stunde ab, nicht ohne sich als Betthupferl *Bella Ciao* vorspielen zu lassen, das sie so liebt und das ihr Tränen der Nostalgie in die Augen treibt.

Im Grunde sind es für uns alle wunderbare Jahre, sie könnten geradezu göttlich sein, gäbe es nicht die *schlimmen Buben*, die mit dem Katergeruch, in deren Gegenwart sich Töchter in rollige Katzen verwandeln.

Als Bertram mein Herz erobert – ich bin magische siebzehn und bereit für die große Liebe – verhärten sich die gelegentlichen Scharmützel zwischen Mutter und Tochter zu einem mehrjährigen Stellungskrieg, den sie erst aufgeben wird, als ich längst dem Elternhaus entwachsen, in den Armen meiner Jugendliebe das Gefühl bekomme, allmählich zu ergrauen. Bis dahin verliert meine Mutter den Feldzug gegen diesen bezaubernden Erzfeind. Natürlich verliert sie ihn. Gegen die Liebe ist kein Kraut gewachsen, sie hätte es wissen müssen, sie war selbst einmal jung. Jung zu sein ist der Himmel, sagte Wordsworth, und wir haben diesen Himmel. Er ist überall, auch wenn der mütterliche Geschosshagel neben uns einschlägt. Taschengeldentzug, Ausgangssperren, Telefonverbot, der Krieg macht erfinderisch, aber die Götter sind auf unserer Seite. Wir treffen uns zwischen zwei Bussen, wir schwänzen Unterricht und werden zu Kirchgängern, um für die Dauer der Sonntagsmesse nebeneinanderzusitzen und uns Zettel zuzustecken. Wir treffen uns nachts in der Abgeschiedenheit von Heustadeln, wir verkriechen uns unter Felsvorsprüngen und Brücken, wir haben Lust, es überall zu treiben, die ganze Gegend mit Erinnerungen an Glut und Nahkampf zu überziehen. Unsere Körper klimpern sich die Tonleiter rauf und runter, während der Regen auf das Laubdach trommelt, während der Schnee vor unserer Höhle die Spuren verweht. Nichts kann uns bremsen, es ist wie Fliegen.

Als meine Mutter endlich kapituliert, neigt sich unser Höhenflug schon dem Ende zu, wir setzen bereits zur Bruchlandung im Beziehungsalltag an. Wir haben uns so an das Überleben in Zeiten des Krieges gewöhnt, dass uns der Friede zum Gähnen bringt. Niemand ist unglücklicher über die Trennung als meine Mutter. Sie hat ihn jahrelang für einen Goliath gehalten und nun erkennt sie, dass sie gegen den Schatten eines sanften Jungen gewettert hat. Jetzt, da der junge Mann seine Macht über ihre Tochter verloren hat, hätte sie ihn gern als Schwiegersohn. Berechenbar, vertraut, wie nur ein langjähriger Feind einem vertraut sein kann, verlässlich. Aber es ist zu spät. Ich bin bereits unterwegs zu neuen Ufern.

Und meine Schwestern? Sie treiben es noch wilder. Ihre Sturm-und-Drang-Zeit wird durch die Flower Power der Siebzigerjahre so richtig angekurbelt; kein Wunder, dass sich die anarchischen Gene unseres Vaters bei ihnen zu voller Blüte entfalten. Aber natürlich nicht in seinem Sinne. Er wäre schockiert über die Richtung, die sein Erbe einschlägt. Mit jeder Tochter werden die Kerle langhaariger und die Paradiese künstlicher. Sie überlassen es den Tätigen, sich gegen die Schwerkraft zu stemmen; ihre Revolte gegen das bürgerliche Leben erschöpft sich im rauschhaften Nichtstun. Ihre Ausflüge enden nicht in harmlosen Heuschuppen. Sie beginnen in verrufenen Tanzschuppen und verlaufen sich in Löchern, von denen behauptet wird, es seien Orte ohne Wiederkehr. Es ist, als hätten sie jede Orientierung verloren. Das Gravitationsfeld unserer Mutter mit ihrem Leistungsethos und ihrer Opferbereitschaft reicht nicht einmal bis zur Haustür und das Modell Vater wurde von den Kleinen nie hautnah erlebt. Er ist nur eine Legende, ein virtuelles Wetterleuchten auf ihrem inneren Bildschirm. Ein Mann, der seinen eigenen Weg ging, der sich niemandem angepasst geschweige denn untergeordnet hat. Ein Mann, der für Grenzerfahrungen sein Leben riskiert hat. Ein Mann über den Wolken auf der Suche nach sich selbst.

War er nicht auch so etwas wie ein früher Hippie?, deuten sie die Überlieferung nach ihrem eigenen Gesellschaftsbild. »Und die Halluzinationen beim Abstieg vom Nanga Parbat, wow, das muss ja geil gewesen sein«, sagen sie sich bewundernd und unterlassen nichts, wovon sie glauben, ihm in seinem Nirwana nahe zu kommen. Meine jüngste Schwester sollte es schaffen.

Abschiede

Leben bedeutet sein Herz verbrauchen. Selbst das reibungsloseste Leben auf Sparflamme sammelt Erinnerungen an und Erinnerungen sind Stachel und Pflaster zugleich. Meine zwanzig Jahre unter Mamas Rockschößen neigen sich ihrem Ende zu, als ich mir in Heidelberg eine Studentenbude suche und mich an der Universität immatrikuliere. Bereits vor dem großen Abschied, im letzten Sommer daheim, beginne ich mit dem Zeremoniell des Abschiednehmens, sehe jede Tätigkeit unter der Lupe des *Never more*. So gierig ich dem neuen Lebensabschnitt entgegenfiebere, den Verheißungen des Studentenlebens und einer Zukunft außerhalb der Enge meiner Heimat, so sehr wird mir plötzlich bewusst, was ich aufgeben werde: die Kontinuität menschlicher Beziehungen. Familie, Nachbarschaft, Freundschaften – hier in der Heimat ist mir all das in den Schoß gefallen, hier war ich immer ein Teil des Ganzen, meine Identität klar umrissen. Wer würde ich in Zukunft sein? Wie werden mich andere sehen? Ich werde ein unbeschriebenes Blatt sein, unsichtbar für andere, bis ich es mit meinen eigenen Zeichen, einem Bild von mir fülle. Einem Bild von mir, ja, wer bin ich überhaupt ohne mein gewohntes Umfeld?

In diesen letzten Monaten daheim nehme ich jede Facette des Alltags mit dem Blick des Analytikers wahr, von außen und von innen. Bin Beobachterin und Interpretin meiner Handlungen. Nach so vielen Jahren des selbstbewussten Auftretens überfallen mich Ungewissheit und Selbstzweifel. Jedes Mal, wenn unsere Stammgäste mir zum Abschied viel Glück wünschen, gibt es mir einen Stich. Glück? Dieser bisher selbstverständliche Bestandteil in meinem durch vielfältige Bindungen kohärenten Dasein – ich würde Glück brauchen, um auch anderswo glücklich zu sein.

Am Ende des Sommers fährt Mama mit mir für ein paar Tage nach Ungarn, ihr Dankeschön dafür, dass ich ihr noch eine Saison lang in der Gästepension zur Seite gestanden habe, ihr Abschiedsgeschenk an mich. Wir wechseln uns am Steuer ab, wie wir es bei der Arbeit getan haben, wir nähern uns einem für uns unbekannten Land, das schön ist und traurig zugleich, wie diese Reise. Mama zahlt, ich kämpfe mich mit dem Reisepolyglott durch das Sprachlabyrinth aus Ö's, gemeinsam beugen wir uns über die Straßenkarte und erkunden Stätten, an die wir uns später oft erinnern werden. Wir sind noch einmal Seite an Seite, verbunden durch dasselbe Ziel, wir sind manchmal euphorisch und ganz präsent, wenn uns ein Erlebnis gefangen nimmt, und dann, während wir gemächlich an Klöstern und Weinbergen vorbei über holprige Landstraßen tuckern, schweifen unsere Gedanken in die Ferne, die für uns beide auf verschiedenen Zeitzonen angesiedelt sein wird, für sie in der Erinnerung und für mich in der Hoffnung, und dann seufzen wir gleichzeitig auf. Der Streifschuss der Erkenntnis, dass es nie mehr so sein wird, wie es war, hinterlässt ein Brennen tief drin.

Abschiede sind Weichzeichner, sie versöhnen uns mit den Kanten und Schwächen des Gegenübers, sie relativieren die Wunden, die man sich in der Besinnungslosigkeit der gemeinsamen Käfighaltung zugefügt hat. Sie machen demütig. Was wäre uns Glück ohne das Wissen um seine Vergänglichkeit? Und die Liebe zu einem Menschen bedarf der Zäsur der Trennung, der Funkstille, damit unsere Ohren wieder offen werden für ihre leise Melodie.

Ich sehe mich aus dem abfahrenden Zug winken, mit einem tränenden und einem lachenden Auge, während Mama und meine Schwestern am Bahnhof von Berchtesgaden kleiner werden und dann ganz verschwinden. So ist das Leben. Die Vergangenheit verglimmt zu einem winzigen Glühpunkt, das Feuer lodert anderswo auf, in der sauerstoffhaltigen Luft eines Neubeginns.

Es heißt, jeder spüre nur den eigenen Schmerz. Ich sollte von nun an jahrzehntelang diejenige sein, die weggeht, die andere verlässt, um etwas Neues anzufangen, die nach vorne schaut. Natürlich nicht ohne Geburtswehen. Aber ich selbst als die treibende Kraft, das erleichtert jedes *Adieu*. Erst vor Kurzem, selbst schon über den Zenit meines Lebens hinaus, sollte ich ein Gefühl für die andere Seite bekommen, für meine Mutter und für alle, die als Verlassene zurückbleiben.

Mittlerweile habe ich eine Tochter großgezogen und nun sollte auch *sie* zum großen Sprung in die Eigenständigkeit ansetzen, zum Studium nach München. Sie ist schon erwachsen und nimmt ihr Leben zügig in den Griff. Sie hat sich vom selbst Gesparten ein kleines Auto gekauft, das Auto ist vollgepackt mit dem Nötigsten, nicht mehr und nicht weniger, sie ist Minimalistin und will sich nicht mit Ballast behängen, der ihr das Abheben erschweren könnte. Ich hingegen finde immer noch etwas, das ich ihr mit auf den Weg geben möchte. Noch drei Gläser von der Brombeermarmelade, die wir gemeinsam eingemacht haben. »Da, den Tiroler Speck, vergiss *den* nicht!«, erinnere ich sie an unser Souvenir vom letzten gemeinsamen Ausflug nach Innsbruck. Und hier noch einen Sack Boskop von den eigenen Apfelbäumen, die wir vor Jahren miteinander gepflanzt haben.

»Das wird zu viel, Mama, der Wagen ist schon so voll.« Sie trägt den Sack wieder zurück in den Keller. »Ich verhungere nicht, keine Angst! In München gibt es auch Supermärkte.« Stimmt, sie wandert nicht nach Sibirien aus. Diese leckeren Zugaben – entspringen sie wirklich nur der altruistischen Sorge des Muttertieres, ihr Kälbchen könnte in der Fremde nichts Ordentliches zwischen die Zähne kriegen? Oder verraten sie die heimliche Absicht, die Tochter mit den Saugnäpfen der Erinnerung an die Heimat zu ketten? Lass sie gehen!, ermahne ich mich. Was auch bedeutet: Lass zu, dass sie dich vergisst. Es ist lebenswichtig, die eigene Mutter hin und wieder zu vergessen. Warum ihr diesen unverzichtbaren Genuss rauben? Schließlich will ich eine moderne, eine emanzipierte Mutter sein. Also keine Sentimentalitäten!

»So, jetzt rauchen wir noch eine Zigarette miteinander und dann will ich los«, sagt sie und ich gehe still hinter ihr ins Haus.

»Willst du nicht wenigstens noch eine Hühnerbrühe essen, damit du eine gute Grundlage für die Fahrt hast?«, entschlüpft es mir, als spräche meine Mutter aus mir heraus, als spräche die Karawane von Müttern vor meiner Zeit. Ich merke selbst, wie überflüssig das Angebot ist. Wir haben vor zwei Stunden ein ausgiebiges Frühstück beendet. Am Ende bleiben den Müttern nur noch die Nahrungsmittel, mit denen sie ihre Kinder überhäufen, als Ausdruck ihrer Liebe, ihrer Fürsorge. Es ist die ursprünglichste Geste der Zuwendung seit dem ersten Säugen, und es ist die einzige, die sich am Ende Bahn bricht, wenn alle Ratschläge erteilt sind.

Amelie schmust noch einmal mit Kater Luigi, ihrem Liebling, der heute besonders anhänglich ist, als spüre er die Abschiedsstimmung. Er rollt sich auf ihrem Schoß zusammen, seine Augen lassen sie nicht los. Die beiden halten stumme

Zwiesprache, er ist ihr Baby, wie sie meines, ich ahne, wie schwer ihr das Herz ist, denn ich spüre mein eigenes. In diesem Moment und auf dieser Ebene sind wir ebenbürtig. Genossinnen, Muttertiere. Ich begleite sie zum Auto, wir umarmen uns, sie ist so zart, so zerbrechlich, dass mir bange wird.

»Pass gut auf dich auf, meine Schmatzbacke!« Brüchig wie meine Seele ist meine Stimme. Herrgott, ich wollte tapfer sein, damit sie sich nicht belastet fühlt durch mich, die traurige Mutter. Ich bin ja die reinste Karikatur! Ist es nicht wunderbar, dass sie zum Studium aufbricht? Mit vollen Segeln soll sie es beginnen, das Leben liegt vor ihr und will erobert werden, das Leben gehört den Mutigen.

Ich besuche dich bald, ich dich auch, versprechen wir uns, drei Stunden Fahrt sind keine Entfernung, das ist uns klar. Und doch. Selbst wenn wir uns noch so oft sehen sollten, es wird nicht mehr dasselbe sein. Ich winke ihr nach wie dreißig Jahre zuvor meine Mutter mir nachgewunken hat.

Ein Kapitel ist zu Ende. Die erfüllteste Zeit meines Lebens. Die sinnvollste. Einem Kind das Leben zu schenken und dafür zu sorgen, dass es sich entwickeln kann. Jede Mutter überschreitet eine Grenze, wenn sie ein Kind bekommt, die Grenze vom Ego zum Wir. Und wenn das Kind von ihr Abschied nimmt, überschreitet sie diese Grenze in umgekehrter Richtung. In den vergangenen zwanzig Jahren wurde mein Leben von meiner Tochter zusammengehalten wie ein undiszipliniertes Orchester von einem eisernen Dirigenten. Wenn es auch nicht allen Eltern gelingt, ihre Kinder zu erziehen, den Kindern gelingt es immer, ihre Eltern zu erziehen. Das ist neben der Freude, die sie uns machen können, vielleicht ihr sinnvollstes Geschenk. Und nun? Was mache ich jetzt mit meinem Leben, da meine Tochter erwachsen und auf ihrem eigenen, sich mit Lichtgeschwindigkeit von mir entfernenden Stern ist?

Ich gehe ins Haus zurück, warte auf meinen Mann, der abends zurückkommen wird, trinke Tee und schaue in den Garten hinaus. Der Anblick der gebändigten Wildnis verfehlt seine beruhigende Wirkung nie. Kater Luigi rollt sich nun auf mir zusammen, als wollte er mir signalisieren: Schau, das Leben geht weiter, es ist noch immer voller Fülle, voller Spannung, wirst sehen, heute Nacht fang ich dir eine Maus. Katzen sind Seelenwärmer. Wenn jeder eine Katze hätte, bräuchten wir keinen Schnaps und keine Beruhigungspillen.

Ich denke an meine Mutter, die drei Kinder gehen lassen musste, ich fühle mich ihr an diesem Tag sehr nahe, sehr verwandt. Verbunden auf der Spur mütterlicher Erfahrungen. Je älter ich werde, desto mehr erkenne ich Züge meiner Mutter in mir selbst. Je weiter mein Leben und Denken sich von ihrem entfernt, desto mehr von ihr höre ich in meiner Stimme, sehe ich in meinem Gesichtsausdruck und fühle ich in meinen emotionalen Reaktionen, die ich als die meinen zu erkennen geglaubt habe. Aber es sind auch die ihren. Sie war mein erstes und prägendstes Modell. *Du bist wie deine Mutter* – diese einst fürchterliche Drohung erschreckt mich nicht mehr. Im Gegenteil. Sie ist eine tapfere Frau, gibt es ein größeres Kompliment?

Es ist das Privileg der Jugend, gegen die Eltern zu rebellieren, um sich abzugrenzen und seine eigene Richtung zu wählen. Aber es ist die Chance des Erwachsenen, sich mit seinen Schwächen zu versöhnen und den anderen die ihren zuzugestehen.

Als mein Mann abends nach Hause kommt, bringt er mir Blumen mit, eine liebevolle Geste des Trostes, da er weiß, wie schwer mir der Abschied fiel. Er ist Amelies Stiefvater. Die beiden sind durch eine harte Schule der gegenseitigen Akzeptanz gegangen, die nicht von der bremsenden Unterströmung des gleichen Blutes gemildert wurde. Durch den Feldstecher der Eifersucht haben sie ihre Territorialansprüche durchgefochten, haben sich gelegentlich gehasst und dann wieder notdürftig toleriert und sich im Verlauf vieler gemeinsamer Jahre Auge um Auge besser kennengelernt, als es unter dem betriebsblinden Blick von Blutsverwandten möglich ist. Was wären wir ohne unsere Feinde? Keine Aussicht auf Evolution. Was uns nicht umbringt, macht uns stärker, heißt es. Manchmal *haben* wir uns beinahe umgebracht, weiß der Himmel! Manchmal war ich kurz davor, Ehe, Familie und die Hoffnung auf eine friedliche *Menage-à-trois* sausen zu lassen und mit meiner Tochter dahin zurückzukehren, wo ich hergekommen bin: in das sturmsichere Treibhaus eines Weiberhaushalts. Nur wir zwei, Mutter und Tochter, damit kannte ich mich aus. Eine homogene Sache, keine Frage. Eine salzarme Diät. Wollte ich das wirklich? Meine Schwestern und ich, wir hatten keine Ahnung von Männern. Wir verließen unser Mutterhaus wie Blinde, die sich endlich in der Malerei beweisen wollen. Tauchten unsere Pinsel in die Farbtöpfe des starken Geschlechts ohne Sinn für Komplementäres und Proportionen, verausgabten uns in ziellosen Kleckserein, denen jeglicher Ausdruck einer ausbalancierten Komposition fehlte. Nein, wir waren keine Künstler. Wir waren heillose Dilettanten. Wollte ich wirklich, dass sich dieses Muster in meiner Tochter wiederholen könnte? Sie soll fighten lernen, sie soll beizeiten die Männer kennenlernen, meinetwegen so unbequeme Exemplare wie Stiefväter, sagte ich mir, und packte unsere beiden Zahnbürsten wieder aus. Natürlich hat sie mir das nicht verziehen. Eines Tages wird sie, dessen bin ich mir sicher. Jede Generation braucht ihre

Wunden, um schmerzempfindlich zu werden, um daran zu wachsen. Auch empfindlich für den Schmerz der anderen.

Nun ist die Tochter weg, es wurde auch Zeit. Nicht nur für sie, auch für mich. Es ist kein Nachteil, seinem Mann wieder zuzulächeln, solange man noch die eigenen Zähne im Mund hat. Eine Ehe in den zweitbesten Jahren, ich habe Schlechteres erlebt. Plötzlich wird mir bewusst, wie glücklich ich mich schätzen darf, einen Menschen neben mir zu haben, der mich kennt, den ich nicht erst finden muss. Der mich erträgt trotz meiner Schrillitäten, mit dem ich das Auf und Ab der Leidenschaften und Alltagsbanalitäten bis zum Anschlag durchexerziert und überstanden habe, der mir das Frühstück ans Bett bringt, ohne eine Belohnung zu erwarten. Plötzlich bin ich dankbar für diesen Kerl da mir gegenüber, den ich vor lauter Muttertrieb fast aus den Augen verloren habe. »Weißt du was?«, sage ich nach dem Abendessen zu ihm. »Wir lassen den Küchenkram hier einfach so stehen und gehen ins Bett. Wir müssen kein Vorbild mehr sein, keiner sieht uns. Auf geht's, wir haben sturmfreie Bude!«

Träume

Unser Vater hatte einen Traum. Er wollte klettern, wollte darin besser werden als alle anderen, wollte Achttausender besteigen. Er hat es allen gezeigt, er wurde ein Held. Ein Idol für seine Generation. Wenn Helden Kinder in die Welt setzen, muss man mit dem Schlimmsten rechnen. Zumal wenn sie einfach von der Bühne verschwinden, bevor ihre Brut erlebt hat, wie dieser Held zu Hause unter Verstopfung leidet, seine Stinksocken herumliegen lässt oder den Autoschlüssel nicht mehr findet. Also ein ganz normaler Mann ist. Nachkommen von Helden sitzen der Illusion auf, sie müssten es ihrem großartigen Vorbild gleichtun und irgendetwas Besonderes vollbringen, aber natürlich in einer völlig anderen Disziplin. Schon aus Eigensinn. Bloß keine Kopie, das ist eine Frage der Würde.

Ich gehöre nicht zu den Autorinnen, die schon im Schulalter wussten, dass sie einmal Schriftstellerin werden wollen. Ich wollte als Kind Oma werden und als Teenager braun. Knackbraun und am besten streifenlos. Als Jugendliche bin ich jahrelang nicht auf Gipfel gestiegen. Ich war so gesättigt von unserem primären Familienthema *Berge*, von dem alles andere verdrängenden Interesse an unserem toten Helden, dass ich mich vor lauter jugendlichem Trieb nach Selbstfindung nur noch abgrenzen wollte von meinem Vater, dem Gipfelstürmer.

Auf Berge stieg ich trotzdem, notgedrungen, weil es Kalorien frisst und bräunt. Vor allem Skitouren im Frühjahr, wenn die starke Frühlingssonne auf dem reflektierenden Firnschnee einem in einer einzigen Tagestour die Haut so schön verbrutzelt, wie man es in zwei Wochen Rimini nicht schafft. Ich stieg nur so weit hinauf, bis der Einstieg für die optimale Skiabfahrt oder bis der angestrebte Bräunungsgrad Bronze erreicht war. Als durch die Weihen der Liebe das Selbstbewusstsein zunahm und der Abgrenzungsdrall nachließ, unternahm ich mit meinem Freund *freiwillig* und mit wachsender Begeisterung auch Gipfeltouren, verschwieg sie aber wie ein perverses Laster, um nur ja nicht bei meiner Mutter oder deren Bekanntenkreis den Eindruck zu erwecken: *Ganz der Hermann!* Man ist ja selbst auch jemand, oder?

Halb gare Gören sind dem Wahnsinn näher als dem Klassenziel und wenn sie es nicht sind, kann man ihnen nicht helfen. Das Lebensziel *Bräune* gab ich auf, sowie mir ein völlig unsportlicher Holländer über den Weg lief, der mich weiß liebte. Er war ein Exot, der erste Unsportliche in unserem Dunstkreis, ein Briefmarkensammler mit dem Aussehen von Leonard Cohen, da konnte ich nicht widerstehen. Unsportlichkeit war in meinen Augen ein Prädikat, etwas geradezu Anarchisches. Eine Weile ließ ich mich bis zur Weißglut lieben und träumte von einem Leben in Holland einen Meter unter Normalnull, das wäre ein Tapetenwechsel gewesen für eine Bergsteigertochter. Aber dann langweilten mich seine Briefmarken und ich ließ ihn stehen wie ein Paar orthopädische Schuhe.

Das Karussell drehte sich weiter wie einst bei meinem Vater. Nur *der* hatte ein Ziel: höher hinauf. Ich hatte keines. Ich wollte Erfahrungen sammeln, Grenzen ausloten, las *Häutungen*, Anaïs Nin, Henry Miller, wollte geliebt werden und schwärmte für alles, was exzentrisch war. Bei Amelies Vater fand ich einiges, was an meinen Vater erinnerte, ohne dass ich es merkte. Einen Eisbrecher von einem Mann mit einer verschütteten

Kindheit, hart lebend und sensibel im Kern, auf dem Fußballfeld ein Held, aber im Alltag ein Einzelgänger, der sich keinen Deut um Konventionen scherte, die andere für ihn aufgestellt hatten. Sosehr mich das Unbürgerliche an ihm faszinierte, mit einem Baby auf dem Schoß sieht man die Welt auf einmal aus der Bodenperspektive der Raupe, in die sich der Schmetterling zurückverwandelt hat. Auf einmal wollte ich keinen Regenbogen mehr, ich wollte grüne, saftige Blätter zum Fressen, ich wollte die Ordnung einer Salatplantage. Das Baby brachte mich auf den Boden zurück.

Was wäre wohl aus mir geworden ohne das Kind? Vielleicht eine ewig suchende, rastlose Egomanin, die nicht eher zum Stillstand kommt, bevor sie von der auslaufenden Dünung des Alters an eine Küste gespült wird, die sich als Bauruine erweist. Zum ersten Mal in meinem Leben hatte ich eine sinnvolle Aufgabe. Jedes Mal wenn ich sah, dass die Kleine glücklich war und gedieh, wusste ich, dass ich meinen Zweck erfüllte. Offensichtlich muss der Zweck einer Aufgabe außerhalb des eigenen Selbst liegen, damit er nachhaltig befriedigt. Wie sehr hatte ich mir bis dahin auf unzähligen Reisen die Hacken abgelaufen, um in der Ferne, auf den Schauplätzen fremder Menschen, das zu finden, was mir zum restlosen Glücklichsein fehlte. Immer glaubte ich, dort, weit weg, auf den Piazzas, in den Souks und in den Sierras meiner Träume, dort wenn ich wäre, das müsste wundervoll sein. Dann kam ich hin und es war wundervoll. Für ein paar Tage oder Wochen sog ich mich voll mit Exotik, fraß die Eindrücke in mich hinein, bis das Geld alle oder die Zeit um war, zu Hause schwärmte ich noch eine Weile davon, das war der Nachgenuss, aber irgendwann war das Thema ausgelutscht und meine Zuhörerschaft erschöpft und dann stellte sich die Frage nach dem nächsten Highlight, ehe sich eine

Winterdepression oder ein Sommerloch über das ungestillte Gemüt stülpen könnte. Es war eine Art geistiger Bulimie. Fressen und gleich wieder raus damit, ins Fotoalbum und weiter zur nächsten Fressorgie. Das Reisen sättigte nur kurzfristig, es regte den Appetit auf immer mehr an, es wurde zur Sucht, für die der Stoff nie ausgeht, denn die Welt ist zu reichhaltig, um auf ihr je ans Ziel zu kommen. Sie ist ein ständig sich wandelndes Büfett und wenn man viel von ihr gesehen hat, wird einem bewusst, dass man ohnehin nur das sieht, was man sehen will, die leckeren Krabbentortillas, die Bestätigung eines Traumes, während man die gerösteten Heuschrecken links liegen lässt.

Meiner Tochter, diesem Leichtgewicht gelang, was mir mit meinem dreißig Jahre dauernden Tanz auf den Hochzeiten anderer Menschen nicht gelungen war. Wenn sie gestillt war, war auch ich gestillt. Sie brachte mich nach Hause, zu mir selbst. Sie lebt, weil es mich gibt. Das ist keine großartige Sache, auch Rabenmütter haben Kinder, aber für mich war es alles. Im Mikrokosmos ihres ersten Lächelns, ihres ersten Schultags, ihrer ersten Verliebtheit erkannte ich die Welt, wie sie ist. Überall gleich. Ein Kontinuum aus Geben und Nehmen, Entstehen und Vergehen und nun war ich mittendrin, ein Teil des Ganzen, weil ich nicht mehr nur *nahm*.

Jetzt ist die Kleine weg. Natürlich ist sie weg, sie ist auf ihrer eigenen Suche, wo sonst? Hoffentlich hat sie eines Tages dasselbe Glück wie ich. Um einen Sinn im Leben zu finden, muss man nicht unbedingt ein Kind in die Welt setzen. Jede Aufgabe kann diesen Zweck erfüllen, sofern sie eine Spur hinterlässt.

Unser Vater hat viele Spuren hinterlassen. Nicht nur auf den Bergen und in Büchern. Vor allem in seinen Nachkommen.

Eine Anlage zur Besessenheit, die sich mit einem sinnvollen Ziel vor Augen durchaus als fruchtbar erweisen und die ohne dieses Postulat ruinöse Ausmaße annehmen kann. Ingrid, seine jüngste Tochter, ist auf ihrer Suche nach dem Elysium gescheitert.

Als ich ihr vom abfahrenden Zug aus nachwinke, ist sie kesse fünfzehn, beneidet mich um meine Freiheit und fängt an, ihren Marktwert abzuschätzen. Sie ist nicht ohne. Sie ist voller Liebreiz, ein Schneewittchen zum Anbeißen, die Blicke der Männer sagen alles. Schönheit ist ein Vorschuss, ein nützlicher Türöffner, wenn man weiß, wohin die Tür führt. Die Tür, auf die unsere Mutter zeigt, führt in einen Raum, in dem vor dem Spiel das Lernen, vor der Entspannung die Selbstdisziplin, vor dem Genuss die Arbeit wartete. Eine Verheißung nicht ohne Fleiß. Selbstdisziplin? Ingrid hat sich eine ganze Kindheit lang diszipliniert. Sie hat es satt, sich zusammenzureißen und immer nur zuzuschauen, wie andere sich austobten. Die letzten Operationsnarben sind gerade verheilt, jetzt will auch sie sich endlich mal abreagieren. Sport als Ventil kommt nicht infrage, aber die Musik, die wärmt.

»Spiel doch auch ein bisschen Gitarre«, animiert Mama sie, die nicht weiß, wohin mit ihren Träumen, selbst wenn Walter mit seiner Gitarre aufkreuzt. Aber Walter ist für sie fad. Er hat nur die Berge im Kopf und bemerkt nicht einmal ihren knackigen Hintern in der hautengen Jeans. Mit so einem Schrat kann man sie nicht festhalten. Man kann sie überhaupt nicht mehr halten. Ihr Befreiungsdrang sprengt alle Ketten. Wo könnte sich jemand wie sie freier fühlen als auf den Schallwellen in Diskotheken, auf denen man mit wenigen Flossenbewegungen schwimmt wie ein Fisch im Wasser? In Diskotheken gehen alle, beruhige ich Mama, wenn ich in den Ferien nach

Hause komme und sie sich über meine Schwestern beklagt. »Dann geh *du* wenigstens mal mit und schau dir ihren Umgang an«, fleht sie mich an und ich gehe mit, obwohl mich Diskotheken langweilen. Zu laut. Zu anonym. Ich tanze lieber auf privaten Partys. Nun bin ich vom Bock zum Gärtner geworden, ein zweischneidiger Job. Schließlich will ich die Freiheit, die ich mir unter den Augen meiner Schwestern einst selbst genommen habe, auch den beiden gönnen. Natürlich treiben sie es wild. Und der Umgang? Na ja, eben Diskothekenklientel. Künftige Nobelpreisträger darf man in solchen Schuppen nicht erwarten. »Sie werden halt schwerhörig werden«, sage ich am nächsten Tag zu Mama, die kopfschüttelnd dasteht und meint, ein Vater im Haus würde kurzen Prozess machen.

Quatsch, sage ich, alle, die da drin seien, haben Väter, ein *Vater* treibe sie erst recht hinein und überhaupt: Lieber schwerhörig als tot in einer Gletscherspalte. Beim Tanzen sei noch keiner abgestürzt.

Im Jahr darauf tanzen sie noch immer, sie kiffen auch, das ist mir nicht entgangen, aber viele kiffen, das gehört für manche zur Initiation und würde sich von allein geben, sobald eine feste Beziehung, ein Beruf und neue Herausforderungen ihnen Halt und Selbstbewusstsein gäben. Silvia stromert nicht nur durch die Jugendszene, sondern auch durchs Gebirge, sie ist im Alpenverein, bringt ihren Drang nach Stimulation kletternd, also konstruktiv zum Ausdruck, das halte ich für einen guten Schutz.

Dieser Schutz fehlt Ingrid. Einmal, als ich sie von einem ihrer Treffpunkte mit dem Auto abhole, will sie nicht mitkommen. Sie lehnt draußen an der Mauer vor dem Schuppen, teilt sich eine Tüte Gras mit einem Kerl, den ich auf fünfundzwanzig schätze. Sie ist gerade siebzehn geworden, eine sehnsüchtige, taufrische Lippenblütlerin. Um die beiden herum noch ein paar Besoffene und alberne Halbstarke, aber ihr Tütenfuzzie ist offensichtlich der Commandante. Ledermontur, nietenbewehrt. Eine faszinierende Visage, ruchlos geschnitten mit der Schärfe eines Skalpells, mit breiten Lippen und stählernen Augen. Er sieht aus wie ein Schlägertyp. Einer von der Sorte, die sich selbst keine Beulen holen, sondern ihre Jungs für sich boxen lassen. Ich war mir gar nicht bewusst, dass ich solche Vorurteile habe. Ihre Augen lassen ihn nicht los, sie wird leiden, denn seine sind leer. Mich gruselt vor dem, was ihr bevorsteht. »Komm schon! Ich hab's der Mama versprochen«, bitte ich sie unter dem verächtlichen Blick ihres Kiffgenossen und komme mir vor wie eine altjüngferliche Gouvernante. Sie lacht mich aus, sie findet es witzig, wie ich mich aufspiele, gerade ich, die in ihrem Alter nachts aus dem Fenster geklettert ist. Ich bin ein schlechtes Vorbild, logisch, aber jetzt will ich sie nur von diesem Eisschrank voller Testosteron wegbringen, bevor er ihr das Herz brechen und das Hirn vergiften kann. Ich werde deutlicher und der Typ wird deutlicher, seine Kamarilla übernimmt mich auf ein Zeichen aus seinen verstrahlten Augen und spielt mit mir Ball und bis ich wieder auf die Beine komme, braust der Eisschrank mit Ingrid im Schlepptau auf seiner Gold Wing davon, ganz *Easy Rider*, und seine Leibgarde in einem verbeulten Benz hinterher. Da stehe ich nun wie ein Depp. Ich habe eine Mordswut auf meine Schwester, die mich einfach abblitzen lässt und sich bei der Wahl ihres Umgangs zur Kanalisation in den Keller verstiegen hat. Am nächsten Morgen muss ich Mama reinen Wein einschenken, Ingrid ist ja nicht da. Sie taucht erst am Nachmittag wieder auf, ein Miasma aus Alkohol-, Tabaks- und Stiergerüchen ausdünstend. Wenn sie wenigstens aufgequirlt wie eine

Torte mit Zuckerguss heimgekommen wäre, wie man es bei einer Verliebten annimmt! Doch sie wirkt verbrauchter als ein Groupie nach drei Tagen Woodstock. Hinter der narkotisierten Glasigkeit ihres Blicks schimmert bereits die Ernüchterung durch.

Natürlich versuche ich, mit ihr zu reden. Wir hatten früher, zu Schulzeiten, einen guten Draht zueinander. Mittlerweile fällt es mir schwer, an sie heranzukommen, sie wird immer verschlossener. Wahrscheinlich hält sie mich für total bürgerlich mit meinem geregelten Leben zu zweit, das Bildungsreisen und der Entdeckung von Landweinen gewidmet ist.

»Überlass sie mir«, signalisiere ich meiner Mutter, die mit einem Paukenkonzert über sie herfallen will. Ingrid verschanzt sich gerade hinter dem Schallschild der *Doors* und verschlingt Unmengen von Milchreis mit Dosenpfirsichen, während ich überlege, wie ich das Gespräch eröffnen könne, damit es beiläufig und auf keinen Fall inquisitorisch wirkt.

»Hast noch gar nicht gefrühstückt, was?« Ein Kopfnicken. Klar, der Typ hat nicht vor, sie zu verköstigen, jedenfalls nicht über den Magen. »Wie heißt denn dein Freund?«

»Welcher Freund?«

»Na, der, mit dem du gestern Nacht abgedampft bist. Ist doch dein Lover, oder?«

Sie wird verlegen. Immerhin. »Quatsch, man muss nicht immer gleich mit jemandem *gehen*. Das ist doch so was von *retro* ...«

»Ja, bist du denn nicht in ihn verliebt?« – Sie schnaubt abschätzig, während ein Zug von Bitterkeit mir sagt, dass sie das Verliebtsein noch nicht ganz von der Fotoplatte ihrer Träume wegretouchiert hat.

»Wir haben halt Spaß miteinander, das reicht doch, oder?«

»Wenn es dir reicht, na ja, ich weiß nicht. Ein wenig Perspektive macht halt Mut. Für die Zukunft und so, weißt schon.«

»Zukunft, pahh!« In ihrem Ausdruck erwacht Unmut. »Ihr mit eurer Zukunft! Ich will *jetzt* leben, und zwar richtig.«

»Klar, das will ich auch, ich verstehe dich.« Ich werde mich anbiedern müssen, sage ich mir, krame meine Pfeife hervor und fange zu rauchen an, das erste Mal im Haus meiner Mutter.

»Seit wann rauchst *du* denn?« Jetzt ist sie platt.

»Hab's mir in Heidelberg angewöhnt. Is'n nettes Ritual, um zu entspannen oder wacher zu werden, je nachdem, kennst das ja.«

»Und? Was rauchst du für'n Kraut?«

»Dänischen Tabak, das ist der mildeste. Trotzdem, auf nüchternen Magen haut es einen fast um. Bin davon schon mal ohnmächtig geworden, seitdem rauch ich erst nach dem Essen.«

»Ach so.« Es klingt enttäuscht. »Shit und so was lehnst du wohl ab.«

»Was heißt ablehnen. Natürlich hab ich auch Shit probiert. Ist aber nicht mein Ding, ehrlich gesagt. Macht mich zu dösig und verändert die Wahrnehmung. Im Grunde will ich die Welt unverschleiert wahrnehmen und ungebremst. Außerdem ist es illegal.«

»Sag bloß!«

»Klar sag ich das. Von undurchsichtigen Dealern abhängig zu sein stört mein Freiheitsgefühl.« *Der* Aspekt gefällt ihr gar nicht.

»Schmarren! Mit deinem Dänischen bist du halt vom Staat und seinem Tabakmonopol abhängig, ist doch dasselbe.»

»Der Staat garantiert mir zumindest Reinheit und verlangt

einen Preis, den ich bezahlen kann, ohne mich erpressbar zu machen. Ich möchte mich nicht auf die kriminelle Schiene begeben. Im Gefängnis soll's nicht so spaßig zugehen.«

»Der Staat ist kriminell, hast *du* selber gesagt«, erinnert sie mich an unsere Diskussionen mit Walter.

»Darum gehe ich auf die Straße, demonstriere und unterschreibe Aufrufe. Der Staat, das sind doch auch wir. Wir müssen etwas bewegen, wenn wir etwas verändern wollen.«

»Dann landest du bei den Terroristen, also auch im Gefängnis. Kommt aufs Gleiche raus.« Himmel, sie hat bereits aufgegeben, bevor sie aus Größe 34 herausgewachsen ist. Sie sinkt in die Resignation zurück, die vor fünfzehn Jahren in ihrem Gipsbett begonnen hat, nur mit dem Unterschied, dass sie sich damals allein in ihrer seelischen Quarantäne befand und heute das Ghetto mit dem Abschaum teilt, der ihr mit Drogen zu Spaß und einem flüchtigen Gemeinschaftsgefühl verhilft. Ihr bisheriges Leben war fragmentarisch, von Schmerzen bedroht, von Angst begleitet, es war anstrengend.

Die Sehnsucht nach rauschhaften Zuständen entspringt dem Bedürfnis nach Entlastung, jeder kennt das. Ihre Sehnsucht ist normal, aber ihre Ausgangslage ungünstig. Die Männer ihrer Kindheit waren zum größten Teil Chirurgen, also Männer mit Skalpell, die nur ihren Körper sahen und ihren Sinnen mit einer Spritze abhalfen. Sie ist gerade dabei, dieses Urbild von einem Mann wiederzufinden, allerdings nicht in Ärztekreisen. Das wäre zu bürgerlich, das würde Mama begeistern. Ein eigener Stil ist oberstes Gebot. Der Tütenfuzzie von letzter Nacht ist so ein wandelndes Skalpell und dass Spritzen zu seinem Sortiment gehören, dafür spricht sein Statussymbol. Bei ihrer Vorliebe für starke Motoren sind sich Unterwelt und Establishment seltsam einig, darauf weise ich

Ingrid nicht ohne Absicht hin. Sie solle ihre Clique einfach mal kritisch, also politisch sehen. Wem nützen die Aussteiger am meisten?

»Wir wollen niemandem nützlich sein, wir machen nur, was *uns* Spaß macht«, sagt sie und legt *The Who* auf, was die Kommunikation erschwert. Mich brüllend zu verständigen macht *mir* keinen Spaß. Es ist ein Dialog zweier Gehörloser. Aber man soll ja nicht alle heiligen Kühe auf einmal schlachten. Also ertrage ich diesen Lärm, den ich als Totschlag durch Innenweltverschmutzung empfinde, genauso stoisch wie sie, ohne nach einem Messer zu greifen. Ich will an einer anderen Front vorwärts kommen, und zwar mit dem Verstand als Waffe.

»Euer Spaß nützt allen, gegen die ihr euch auflehnt. Den reichen Drogenbossen, den Pharmafritzen, den Polizisten, die ihr vor der Arbeitslosigkeit rettet, den Ärzten, die sich an euren Giftlebern eine goldene Nase verdienen werden und am Schluss den Leichenbestattern, wenn sie euch von der Straße wegkratzen.«

»Wer sagt, dass wir Drogen nehmen?«, fragt sie trotzig. Jetzt geht es zur Sache, sie soll mich nicht für naiv halten. »Erzähl mir nicht, dass euer Joint vor der Disco der Zapfenstreich war. Ich hab doch Augen im Kopf.«

»So so, mit deinen kurzsichtigen Augen siehst du gleich Drogen, nur weil wir eine Tüte Gras rauchen. Echt, du bist so was von spießig.« Sie wendet sich angewidert ab.

»Ingrid, dein Motorradhengst ist kein Freund. Der füttert dich mit allem, was süchtig macht. Der hat seine Maschine mit süßen Schnitten wie dir verdient, deine Nadel ist seine Lebensversicherung.«

»Jetzt hör aber auf! Das ist doch lächerlich. *Dein* Freund fährt auch ne Maschine, das verdrängst du wohl?«

»Der fährt ein popeliges Uraltvehikel, an dem er mehr bastelt als draufsitzt und das Benzin dafür verdient er sich als Zeitungsausträger. Womit verdient *dein* Kerl sein Geld, weißt du das überhaupt?«

»Keine Ahnung, ich bin nicht seine Mutter.«

»Aber er könnte dich schwängern.«

»Mein Gott, du redest wie Mama. Dabei warst du die Erste in unserer Familie, die diese Antibabypillen geschluckt hat.«

Ich muss grinsen. Sie hat wirklich alles registriert, was ich zu meiner Befreiung heimlich getan habe. Wenigstens weiß ich nun, dass sie verhütet. Gut so. Aber es ist nicht das Kernthema.

»Wo hast du eigentlich übernachtet?«

»Im Heustadel bestimmt nicht.« Sie meint es verächtlich, dabei war es so harmlos. Nur verliebte Lämmer begnügen sich mit einem solchen Quartier.

»Nimmst du mich mal mit zu deinen Leuten?«, bitte ich sie, als sei ich die kleine Schwester. Die Frage wirkt wie eine Razzia.

»Das ist nicht dein Ernst! Was willst du bei denen?«

»Na ja, auch ein bisschen Spaß haben. Ich bin schließlich noch keine achtzig.«

»Du willst mich ausspionieren«, stößt sie hervor, »du hältst mich wohl für bescheuert.«

Sie durchschaut mich, logisch. Aber ich lasse nicht locker. »Ach Ingrid, sei nicht gleich so misstrauisch. Wir sitzen im selben Boot, sind jung und wollen das Leben genießen. Wenn du mich in Heidelberg besuchen willst, kannst du jederzeit anrücken. Mit oder ohne Anhang. Dann lernst du meine Clique kennen. Das wäre doch klasse, oder?« Auf ihrem Gesicht, das sich die ganze Zeit hinter einer hölzernen Fassade verbirgt, löst sich ein winziger Riegel und enthüllt für Sekunden einen träumerischen Ausdruck jenseits der Täfelung. Sie zögert, sie durchkämmt mein Angebot nach Fallstricken, dann schiebt sie den Riegel wieder vor und sagt: »Hör zu. Du hast deine Leute und ich meine. Wir würden uns bloß auf die Nerven gehen.«

»Glaub ich nicht. Wir haben uns doch immer gut verstanden.«

»Ja, schon, in ein paar Jahren können wir ja sehen ... Aber jetzt brauch ich meine Ruhe. Jeder braucht mal eine Familienpause. Du hast sie dir auch genommen.« Damit hat sie recht, aber ich mache mir Sorgen um sie und das sage ich ihr auch. Sie hört sich meine Horrorgeschichten aus der Heidelberger Drogenszene an, sie rollt dazu genervt die Augen und empfiehlt mir, nicht überall das Gras wachsen zu hören, nur weil sie ein bisschen Gras rauche. Sie habe alles im Griff, bloß keine Panik. Ich nehme ihr ein Versprechen ab und später beschwichtige ich unsere Mutter, die nicht weiß, womit sie *solche* Töchter verdient hat. Über kurz oder lang sei auch die stürmischste Pubertät ausgestanden, prophezeie ich ihr, dann werde sie darüber lachen, wie verrückt sie sich gemacht habe.

Aber ich täusche mich. Ingrid hat nichts im Griff. Wie eine Flamme, die sich eine Benzinspur entlangfrisst, züngelt sie sich ins Verderben. Sie kennt nur Diskotheken, nur Freaks und deren schreckliche Zerstreuungen, die der Sehnsucht nach Sinn abträglich sind. Die Briefe meiner Mutter werden immer verzweifelter. Sie habe Spritzen in Ingrids Tasche gefunden und haufenweise Tabletten, ich solle kommen, sie wisse sich nicht mehr zu helfen, Ingrid sei nicht mehr ansprechbar. Wenn sie zu Hause sei, schlafe sie zwanzig Stunden wie ein Stein und ehe man es bemerke, verschwände sie für Tage, wohin wisse der Himmel.

Ich ziehe nach München, das erleichtert mir das Heimkommen, aber nicht das Leben. Die Wochenenden im Elternhaus wachsen sich zu einem Drama aus. Manchmal treffe ich Ingrid an, schlafend. Schlafend, als wolle sie nie mehr aufwachen. Manchmal ist sie weg und Mama ein Nervenbündel, zerrissen von Sorgen und sich in Spekulationen verlierend. Miteinander klappern wir nachts die Diskotheken im Landkreis ab und am Tag die Häuser, von denen es heißt, unter ihrem Dach tummeln sich Kommunen.

Von Silvia, die in einem Hotel in Bad Reichenhall arbeitet und wohnt, bekommen wir manchen Insider-Tipp. An ihren freien Abenden steuert sie auf die gleichen Schuppen zu wie Ingrid, wenn auch weniger exzessiv und mit anderen Leuten. Sie hat nicht diese Affinität zu giftigen Beziehungen und Verlockungen, sie bleibt mit einem Fuß immer auf dem Boden, auf Urgestein. In einer anderen Familie würde ihr Lebenswandel sicher für Aufregung sorgen, in unserer Familie hingegen stellt Ingrids Talfahrt alle anderen Geschwindigkeitsüberschreitungen in den Schatten und lässt sie als Kavaliersdelikte erscheinen.

Silvias Tipps humpeln wir immer ein paar Stunden oder Tage hinterher, es ist zum Verrücktwerden. Wir stöbern Ingrid nie auf. Das Glück ist auf ihrer Seite, wenn es denn ein Glück wäre. Einmal ist das Glück tatsächlich mit ihr. Das Auto, in dem sie auf dem Beifahrersitz mitfährt, wird aus einer Kurve getragen und zerschellt am nächsten Baum. Der Fahrer hat sich unter LSD mit den Dimensionen von Raum und Zeit verschätzt. Das kostet ihn das Leben. Während er neben ihr verblutet, wartet sie eingeklemmt auf Hilfe. Sie kommt mit einem gebrochenen Arm und Schrammen davon und natürlich mit dem Schrecken, aber als Warnung nimmt sie es nicht. Im Gegenteil. Ihr seht doch, dass das Glück mit mir ist, gibt sie uns zu verstehen und macht umso besessener weiter, als sei sie durch den Unfall zu der Erkenntnis gelangt, das Leben sei zu kurz, um es im Stall zu vergeuden.

Ich kann nicht fassen, dass der, mit dem ich so schöne Stunden verlebte, nicht mehr unter uns weilen soll, lese ich in Vaters Buch an einer Stelle, wo er sich zum Bergtod eines Kameraden auf der Aiguille Noire äußert. *Trotz dieses tragischen Unglücksfalles wollen wir das Unternehmen nicht abbrechen. Es bleibt der Ruf des Berges. Die zwingende Sehnsucht: Empor!*

Wie ähnlich sich Vater und Tochter sind. Die Sehnsucht nach Extremen kocht in beiden Seelen. Zwanzig Jahre Distanz sind für die Gene nicht einmal eine Schrecksekunde.

Lieber einen Tag Tigerin als tausend Tage Schaf, ist Ingrids Parole. Erziehst du dir einen Tiger, so bricht er dir das Genick, sagen die Inder. Unserer Mutter bricht sie das Genick. Ihr Haus steht in Flammen, sobald ihre Jüngste über die Schwelle tritt. Hilflos muss sie zusehen, wie ihre Tochter innerlich verbrennt. Wie sie durch die Räume tigert, sobald die Chemie in ihrem Körper verdampft ist. Ihre Rastlosigkeit nimmt uns den Atem.

Mittlerweile ist Ingrid volljährig, eine Zwangseinweisung also nicht mehr möglich. Wir können nur warten, hoffen und ihr die Tür offen halten. Nach jedem Ausflug kommt sie härter und abgerissener zurück. Sie kann ihr Versprechen nicht halten. Die Droge war anfangs nur ein Fenster im Adventskalender. Nun ist sie ein von Kerzen erleuchteter Raum geworden, den sie freiwillig nicht mehr verlassen wird. Die Einstichmale auf ihrer Haut, das Sammelsurium aus Aufputsch- und Schlaftabletten, Appetitzüglern und Trips sprechen eine klare Sprache. Sie ist eine Gefangene der Sucht. Trotz der Qualen, die ihr die Entzugsphasen bereiten, kann sie sich nicht zur Umkehr entschließen. Der Rausch akzentuiert ihr Dasein ebenso wie das meines Vaters, der in seiner Autobiografie von sich sagt:

Doch was bedeuten schon Mühen und Entbehrungen im Vergleich zum großen Erleben. Die körperliche Pein, das Unangenehme vergisst man schnell. Das Schöne aber bleibt unauslöschlich in der Erinnerung haften und treibt mich weiter.

Auch wenn der Rausch mit unterschiedlichen Mitteln und unter dem Vorzeichen unterschiedlicher gesellschaftlicher Akzeptanz herbeigeführt wird, zeigt er doch, dass sie beide vom selben Stamm sind.

Für den Mathematiker besteht die Welt aus Formeln, für den Bergsteiger aus Wänden. Für meine Schwester, die Patientin, besteht sie aus Spritzen. Wenn die Droge durch ihre Adern rinnt, taucht sie ihr Inneres in die Fruchtwasserwärme eines Mutterschoßes, erlöst ihren Körper vom Gewicht der Schwerkraft, die sie nach jeder ihrer Operationen so mühsam zu überwinden gezwungen war. Die Droge macht alles so mühelos. Hypnotisiert vom Tempo und von der Wucht der Strömung, kann sie sich mitreißen lassen, bis etwas in ihr aufgeht und sie mit den Ozeanen, den Lüften und Wolken verbindet, als sei die Welt in ihr.

Das Heroin ist nun ihre einzige Mutter und gleichzeitig ihr Vater, endlich ist er da. In seinen Armen fühlt sie sich stark und geborgen. Solange sie schläft, können wir uns der Illusion hingeben, sie zu retten und alles würde gut. Wir brauchen nur einen Plan, einen Trick, um sie aus diesem unseligen Fahrwasser herauszufischen. Vielleicht eine Reise, auf eine griechische Insel mit Silvia und mir, nur Wärme, Licht und Meer, Mama würde bezahlen. Sobald sie aufwacht, lesen wir in ihrem Gesicht, was sie empfindet. Sie stürzt kopfüber zurück in die Nacht, sie sieht den herabfallenden Mond, sie ist ein erloschenes Bündel aus Narben und sich selbst ein Gewicht aus Blei.

Unheimlich schnell rast der weiße Strom zur Tiefe. Die ganze Umgebung bewegt sich. Oder rase ich hinauf? Was ist los mit mir? Stehe ich überhaupt noch oder bin ich schon im Sturz? Das Gleichgewichtsgefühl will mir einen Streich spielen ...

So beschreibt unser Vater eine prekäre Situation in seinen Erinnerungen. Wie hätte wohl *er* auf Ingrids Talfahrt reagiert, wenn er sie erlebt hätte? Ganz bestimmt hätte er jegliche Parallelen zu seinem eigenen gefährlichen Getriebensein weit von der Hand gewiesen, denn sein Streben prämierte ihn zum Helden, während seine Tochter auf der anderen Seite der Medaille eine Manifestation des Scheiterns wird.

Sie kannte ihren Vater nicht. Aber sie kommt ihm immer näher. Rauf, runter, ihre Seilbahn rast mit ihr über den Fußstapfen des Vaters gipfelwärts und talwärts, eine Geisterbahn zwischen Himmel und Hölle.

Auf eine griechische Insel möchte man sie entführen? Wozu? Sie sieht traumlos durch uns hindurch. Sie kommt gerade von einer Reise. Die Magie der Wörter, der Töne, der Farben verliert sich im Nebel, sie will auf keine Insel, sie braucht nur einen Schuss, um ihre Reise fortzusetzen.

An Mamas einundfünfzigstem Geburtstag Ende September spült sie die unergründliche Strömung des Blutes zum letzten Mal in unser Elternhaus. Sie hat keine Zähne mehr. Kaum daheim, nimmt sie ihr provisorisches Kassengebiss, das schlecht sitzt und drückt, aus dem Mund und legt es neben den Kuchenteller. Sie ist eine alte Frau.

»Was ist mit deinen Zähnen passiert?«, fragen wir sie wie betäubt.

»Eine Infektion. Die mussten alle raus. Starrt mich nicht so an.«

»Lass dir helfen, Ingrid«, fleht Mama. »So kannst du nicht

weitermachen. Es gibt gute Suchtkliniken. In einem halben Jahr hast du es hinter dir. Du wirst froh sein.«

Sie hat es bereits sechs Wochen später hinter sich. Mitten in der Nacht ruft Mama mich an. »Komm«, sagt sie wie ein Roboter. »Ingrid ist tot. Sie liegt jetzt im Krankenhaus in Mühldorf. Wir müssen sie identifizieren. Die Polizei war gerade bei mir.«

»Ein Autounfall …?«

»Nein. Der Tod kam im Schlaf. Der Kerl, in dessen Wohnung sie starb, hat es gegen Abend gemeldet.«

In der eigenen Familie glaubt man nicht, dass etwas zu Ende geht, für immer. Ich habe Ingrid zu selten gesehen, zu wenig gesprochen, um sie nicht zu vertreiben. Aber das war doch nur vorübergehend. Nichts ist abgeschlossen. Eines Tages würde es weitergehen, das war doch klar. Sie hat es selbst gesagt. Wo ist sie jetzt? Wer kann das wissen. Ihr Gesicht ist wieder schön wie das von Schneewittchen. Das Gebiss hat man ihr gelassen. Es drückt nicht mehr. Ihr Passionsweg ist nach zwanzig Jahren zu Ende.

Ich habe niemals eine solche Stille gehört wie in diesem Leichenraum mit ihrem Körper, der, von der Hippeligkeit der Süchtigen befreit, endlich seine Ruhe fand. Ich habe nie etwas Friedlicheres gesehen als dieses lunare Kindergesicht in diesem stillen Raum. Vielleicht hat sich ihr Traum von unendlicher Liebe bei unendlicher Freiheit erfüllt. Ich stelle mir vor, dass sie *da* ist, wo unser Vater ist. Dass sie beide für immer in dieses Licht gegangen sind, das sie so verzweifelt, jeder auf seine Weise, gesucht haben.

Berge versetzt

Seitdem sind dreißig Winter vergangen, viel Schnee hat sich auf Ingrids Grab gelegt und ist wieder geschmolzen, ebenso wie er unseren Vater unter seinen lautlosen Fittichen geborgen hat. Ingrids geschundener Körper ist in die Natur zurückgekehrt, aus der Tiefe ihres Grabes lässt sie Rosen blühen und Vergissmeinnicht und eines Tages werden von ihrem Körper nur noch ein Kunststoffgebiss und zwei Metallschrauben übrig bleiben, die ihre Hüften zusammengehalten haben. Das immer während Flackern eines Grablichtes über ihr ist ein Zeichen von Leben, *unserem* Leben, das weitergeht. Einfach weiter. Der Tod jedes Menschen nimmt uns etwas von unserem Leben, denn er war ein Teil des Ganzen. »Lass daher niemals fragen, für wen die Stunde schlägt. Sie schlägt für dich«, gemahnt uns John Donne. Wenn wir uns über Gräber und Gedenktafeln beugen, um Blumen zu pflanzen, Kerzen zu entzünden in diesen abgezirkelten Wohnräumen der Erinnerung, dann steht das Riesenrad unserer Umtriebigkeit für einen Augenblick still und wir werden uns des vernichtenden Laufes der Zeit gewahr. Dann ist mein Herz voller Mitleid mit meinem Vater, ich sehe das leidende, heimatlose Kind in ihm, der wie ein Getriebener nach immer neuen Zielen hastete, ein Suchender, dem das Leben als solches zum Leben nicht reichte. Voller Mitleid mit meiner kleinen Schwester, in der sich seine Sehnsucht am hemmungslosesten wiederholte und sie auf Mittel stoßen ließ, die ihr für kurze Zeit die Illusion gaben, vollkommen zu sein. Diese beiden Jungverstorbenen buddelten sich – jeder auf seine Weise – ihre Fluchttunnel aus der Vergangenheit, aus der Einsamkeit. Ihr Ziel war das intensive, alles durchströmende Hier und Jetzt. Sie konnten nicht einfach sein wie die Katze, die so perfekt und selbstverständlich eine Katze ist, nach nichts strebt, nichts vermisst und nicht weiß, dass sie eines Tages ihre letzte Maus jagen wird. Die Grausamkeit von Leben und Sterben kann bestürzend sein. Wir atmen durch, *noch* hat uns das Leben, aber wie lange noch? Was wird *uns* den ultimativen Stoß versetzen? Ein leichter Schwindel droht uns zu erfassen, etwas treibt uns weiter, schnell weiter hinein ins Getümmel, bevor wir straucheln, bevor uns Panik überwältigt angesichts der Unausweichlichkeit des Todes.

Für Silvia und mich dreht sich das Rad wirklich einfach weiter. Wir stehen unter Schock, sind verstört und traurig, wir verlernen zu schlafen aus Sorge um unsere Mutter, aber wir sind jung und wollen fröhlich sein. Wir tanzen uns zurück zu den Lebenden, wir verdrängen das Ungeheuerliche, lachen, berauschen uns, paaren uns, stürzen uns in die Gegenwart, als sei sie das einzig Greifbare im Leben. Und vielleicht ist sie das wirklich. Aber es gibt auch düstere Stunden. Geburtstage, Todestage, Allerseelen, Weihnachten – all die Gedenktage an Bord von Mamas havariertem Halbmastschiff, die in uns das Ausmaß ihrer Verluste emporschwemmen.

Bei den Sufis gibt es eine Tradition, sich im Sterben zu üben, *lebend zu sterben*. Unsere Mutter hat schon viel geübt. Manchmal ist ihr, als sei auch sie bereits tot. Aber offenbar ist sie mit dem Sterben noch nicht fertig. Sie überlebt, atmet, watet gegen den Sog an, der sie nach unten zieht, sie versorgt das Haus, die Gäste, schaufelt Schnee, nunmehr allein, sie fragt sich zuweilen, warum gerade *sie*, was hat sie falsch gemacht, womit hat sie das verdient, sie hat sich doch so sehr bemüht, wo bleibt die Gerechtigkeit? Wo ist Gott?

Manche Völker haben keine heiligen Schriften, keine von einem Propheten überbrachte Heilsbotschaft nötig. Das Buch, aus dem sie lesen, ist die Natur. Im Gebirge steckt etwas zutiefst Heiliges. Seine ursprüngliche Reinheit und Stille weist jene Ganzheit auf, nach der wir Menschen uns sehnen. Berge haben mit Gebären zu tun, die Erde gebärt sich in den Bergen. Das Hochgebirge geht wie der Atem aus Bewegungen hervor, senkt und hebt sich, der Himalaya hebt sich, Skandinavien ebenso. Im Berchtesgadener Land gibt es magische Plätze, Kraftorte, an denen man die Wucht des Gebirgsmassivs spüren und sich mit dessen Energie aufladen kann. Wenn die Zweifel an Gott für unsere Mutter zu verwirrend werden, steigt sie hinauf über Almen und Kare zu den Schrofen, geht hinein in die Arena der Felsen, um in deren riesigen Domen eine Antwort zu finden, ein Echo zu hören, ihr Bewusstsein zu erweitern, das in der Begrenztheit des Hauses von der Trauer erdrückt wird. Sie ist allein dort oben, doch wohin sie den Blick auch wendet, sie ist umgeben von den unzähligen Zeugnissen der Schöpfung, überall ist Leben in den verschiedensten Farben und Formen, in den unterschiedlichsten Stadien von Entwicklung. Entschlossen trotzt die Natur hier heroben den Stimmungen der Welt dort unten, die Zeit ist ihr einziger Herrscher und ihr einziger Gott. Sollte es auch ihr, Generl, beschieden sein, sich einfach der Zeit zu überlassen, sich an der Natur ein Beispiel zu nehmen?

Es gibt Kiefernarten, die nur bei extremer Kälte keimen. Sie brauchen eisige Winter, damit ihre Samen aufbrechen und neues Leben beginnt. Ist auch sie so eine Sorte Kiefer? Ihr Dasein ist eisig geworden, dabei wollte sie immer nur Wärme.

Die Hitze einer Liebe, die Stallwärme einer Familie, die wohltemperierte Geborgenheit unter Vertrauten und nun muss sie einsehen, dass das Schicksal anderes mit ihr vorhat. Das Bild, das wir von uns entwerfen, passt nicht zu dem, was die Zeit aus uns macht. Staunend betrachtet sie von ihrem ausgesetzten Rastplatz aus das Panorama zu ihren Füßen, die Schönheit dieser Aussicht holt sie jedes Mal mit Macht in das Jetzt zurück. Sie spürt den Magen, sonst ihre schmerzvolle Geißel bei jeder Aufregung, aber nun meldet er Hunger und sie packt ihre Brotzeit aus. Zum ersten Mal seit einer Ewigkeit schmeckt es ihr, nirgendwo anders mundet eine altbackene Semmel so köstlich wie hier oben. Langsam, mit jedem Bissen, flutet das Leben in sie zurück. Vielleicht gibt es ja doch einen Gott, denkt sie voller Hoffnung, vielleicht hat er mich nicht vergessen, sondern seinen eigenen unergründlichen Plan mit mir, so wie mit Hermann, mit Ingrid, den Eltern, dem gefallenen Bruder und all den anderen Trauernden und Betrauerten. Seit alters wird Gott in der Höhe angesiedelt und sie fühlt hier seine tröstliche Möglichkeit in ihrer eigenen wiederkehrenden Zuversicht. Für Bergsteiger ist das Erreichen des Gipfels ein religiöser Ritus, von Opfern begleitet. Manchmal opfern sie ihr Leben, manchmal gewinnen sie ein neues. Hier oben fühlt sie sich Hermann trotz der Schneise, die der Tod zwischen ihnen aufgerissen hat, sehr nahe. Hier trennt sie nur noch der Himmel von ihm, dieser Himmel, der ihr von jedem seiner Ausflüge aus seinen Augen entgegengeleuchtet hat. Kam er nicht auch wie neugeboren von seinen Gipfeln zurück, selbst wenn er noch so mitgenommen war? Die Erschöpfung erstreckte sich nur auf den Körper, während sein Innerstes aufgetankt hatte.

Auch unsere Mutter steigt gestärkt zu Tal. Jedes Mal. Die Berge, sie sind ihre Zuflucht und ihr Heil, dort ist sie mit dem

Unsichtbaren näher verbunden als mit dem Sichtbaren, das entlastet sie.

Nicht aufgeben, war das nicht auch Hermanns Parole? Unmerklich wirkt sein Charakter auf sie ein, gerade nun, da er selbst als Gegenpol nicht mehr greifbar ist. Ihre angeborene Emotionalität weicht mehr und mehr einer, *seiner* pragmatischen Beharrlichkeit – wozu Emotionen, wenn keiner da ist, der sie auffängt? Obwohl einst von quecksilbrigem Temperament scheint ihr Leben letztlich aus Dauer gemacht. Als hätte sie für sich beschlossen, sein kurzes Leben durch ihre Standhaftigkeit mit einem würdigen Abschluss zu krönen.

Der Schnee fällt und schmilzt, das Haus ist da, die Gäste kommen und gehen, die Arbeit bleibt ihr, die Kinder sind weg, das jüngste für alle Zeiten, und sie selbst ist immer noch da. Sie häutet sich, wächst, während ihr Körper schrumpft, sie durchläuft Metamorphosen und gewinnt Konturen. Wenn es ihre Bestimmung sein soll, einfach da zu sein, um das Gedenken ihrer Toten zu erhalten und den zwei lebenden Töchtern ein Wegweiser zu sein, *Hier sind eure Wurzeln, vergesst den Ursprung nicht!*, dann wird ihre Geduld nicht vergebens sein, ermutigt sie sich. So schlägt sie sich durch die Tage und Jahre wie eine Axt durch die Taiga, die Klinge wird stumpfer, der Schmerz lässt nach und eines schönen Tages, vielleicht, als sie zum ersten Mal ihre Enkeltochter auf den Arm nimmt, merkt sie, dass sie es geschafft hat. Sie ist über den Berg. Erinnern war Trauer, Vergessen war Trauer, aber nun, beim Anblick der neugeborenen »Stammhalterin«, verblasst ihre Trauer zu einer flüchtigen Erinnerung und sie vergisst alle Mühen und Sorgen ihres eigenen Lebens und wünscht sich nichts inniger, als dass sie dieses Kind noch viele Jahre begleiten könne.

Sie ist sechzig Jahre alt, an der Schwelle zum Alter, vor dem ihr zeitlebens graute. Das Alter der Frau beginnt, wenn ihre Liebe aufhört, aber ihre Liebe erwacht gerade mit einem kräftigen Schub und verdrängt das Altern in eine zeitlose Ferne. Auf einmal fühlt sie sich fast wieder jung, jedenfalls jung genug, um ihrem Augenstern die ganze Vielfalt ihrer Bergwelt aufzutischen, sobald dieser für ein paar Tage bei Oma weilt. Wenn sie ihre Enkelin, das »arme Stadtkind«, auf Almen schleppt und per Seilbahn in die Felsregionen entführt, wenn sie die Kleine auf dem Schlitten über den zugefrorenen Hintersee zur Wildfütterung zieht und ihr die ersten Pistenweihen, eingeklemmt zwischen ihren eigenen geländesicheren Beinen, verabreicht, dann ist sie im siebten Himmel einer Verliebten. Die Zukunft hat einen Namen: Amelie.

Mittlerweile ist Amelie erwachsen und besucht Oma mit ihrem Freund. Jeder Freund ist willkommen, von Eifersucht keine Spur, Hauptsache, *s'Dirnei* ist glücklich und lässt sich gelegentlich blicken, damit man sieht, woran es sich zu glauben lohnt. Das ist das Besondere an Familienbanden. Sie können uns das Genick brechen, aber auch den Rücken stärken. Die Biografie unserer Mutter wird zu ihrer Biologie. Sie bleibt vital bis ins hohe Alter, denn nun, nach jahrzehntelangem besinnungslosem und oft verhasstem Überlebenskampf *will* sie leben, *will* alt werden, um Zeugin einer Zukunft zu sein, deren Initialen ihre Handschrift verraten. Auf dem immer wieder neu beschriebenen Pergament ihrer Lebensgeschichte ist noch Platz für Anmerkungen, Korrekturen und Ausblicke.

Zum fünfzigsten Jahrestag der Erstbesteigung des Nanga Parbat zelebriert der Staat Pakistan das nationale Jubiläum mit patriotischem Pomp. Er lädt die Witwe des Erstbesteigers mit ihrer Familie sowie alle übrigen Bergsteiger, die diesen Achttausender überstanden haben, zu einem schillernden Festakt in Islamabad und einem einwöchigen Ausflug an den Fuß des Nanga Parbat ein. Mama ist Ehrengast, sie tritt aus dem Schatten der Nebenfigur heraus und schlüpft in die mediale Rolle als Repräsentantin des Helden, wird für ein paar Tage selbst wie eine Heldin gefeiert. Es ist ein Staatsakt genau wie ein halbes Jahrhundert zuvor, als Hermann mit seinen erfrorenen Zehen durch die jubelnden Massen getragen wurde.

Einer der Hunza, die den fußlahmen Gipfelbezwinger damals in einer Kraxe zu Tale trugen, lebt noch und zeigt unserer Mutter ein verblichenes und signiertes Foto ihres Mannes, das dieser seinem Träger zum Dank geschenkt hat. Zwei Zeitzeugen und das Foto, das sie verbindet. Es hat etwas Gespenstisches. Der ewig junge Gatte, als sei die Zeit seitdem angehalten worden. Waren die Jahre ohne ihn nur ein schrecklicher Traum, aus dem sie gerade erwacht? Sie muss sich die Augen reiben. Für Minuten überwältigt sie eine Illusion, dem Arrangement fehlt nur noch Hermann, der gleich um die Ecke biegen wird. Seine Stimme ist schon da, sie stammt von einer Tonbandaufnahme nach seiner Rückkehr vom Berg, aufgenommen von damaligen BBC-Journalisten. Er danke dem pakistanischen Staat für seine Gastfreundschaft und Unterstützung und seinem Gott dafür, den Berg überlebt zu haben, und nun freue er sich auf zu Hause, auf seine Frau und die Tochter. Seine Stimme verleiht der Szenerie etwas Surreales und lässt Mama schwanken. Gleich wird sie zusammenbrechen, fürchte ich und halte sie fest am Arm. Aber sie bricht nicht zusammen. Tapfer, wie sie es sich anerzogen hat, in Hermanns Sinne zu handeln, steht sie an seiner Stelle Rede und Antwort vor den eingeschalteten Mikrofonen. *What do you feel?*, fragen die Journalisten. Ich dolmetsche und habe Mühe, meine Stimme zu halten. Sie sei stolz auf ihren Mann, sagt sie, sie fühle hier seine Gegenwart und sei glücklich, das Land seiner Träume selbst kennenzulernen.

Noch immer geht es um *ihn*, nur um ihn, keiner will wissen, wie *sie*, die Witwe überlebt hat. Das Heroische verdrängt alles Kollaterale in den Schatten. Ist es nicht so viel heldenhafter, den Alltag mit Würde zu bewältigen, ohne zu fallen? Die ganze Tragik ihres Lebens steigt in mir hoch. Doch sie selbst scheint in diesen Tagen ihre eigenen Kämpfe vergessen zu wollen, um dem berauschenden Gefühl einer Wiedervereinigung, einer Neuvermählung Raum zu geben. Vielleicht erhält sie sich dadurch den Traum einer Liebe, die ihre Ehe überdauern konnte, weil sie nicht dem langsamen Altern des Helden und dem Verschleiß durch den Alltag ausgesetzt war?

Alltag – *sie* brachte es in dieser Disziplin zur Meisterschaft, aber flüchtete Hermann nicht wie ein Besessener aus dem Nest, wann immer es nach Alltag auch nur roch? Die meisten Bergsteiger sind neurotische Gesellen, auf Erfolg programmiert und von Sinnkrisen gebeutelt, sobald das Nachlassen der Kräfte sie zu einer Neuorientierung zwingt. Sie sind auch Egomanen, sie müssen es zwangsläufig sein, um sich auf ihrem Weg zum Ziel nicht beirren zu lassen. Ihre Ehen, wenn sie denn die Halbwertzeit überhaupt überdauern, sind meist das Produkt einer besseren Hälfte, die jedes Management und sich selbst in den Schatten stellt. Unsere Mutter musste nicht – wie so viele Frauen von Extrembergsteigern – den schleichenden Konkurs einer Bergsteigerehe erfahren, ihre Liebe nicht der Erosion durch die Dauer aussetzen. Ihr blieb der Horror des Scheiterns erspart. Somit konnte sie sich in dem Glauben wiegen, dass die Verbindung mit ihrem Auserwählten, verewigt auf einer sich über dem Horizont abspulenden Schriftenrolle, schicksalhaft und vom Chaos der Beliebigkeit ausgeschlossen sei. Es gab genügend Leidenschaft, um für die Gläubige eine Religion darauf zu gründen. Der Anblick des »Nackten Berges«, sein strahlendes unschuldiges Weiß, unter dem sie Hermanns Spur visualisiert, verleiht ihrer eigenen Geschichte eine nachdrückliche Bedeutung und erlöst sie von der Versuchung, *ihr* Leben als bruchstückhaft und von *seinem* entkoppelt zu sehen.

Manchmal, in den Jahren nach seinem Tod, hätte sie ihm gerne alles gesagt. Dass sie ihn liebte und dass sie ihn hasste, weil er sie einfach mit den Kindern zurückgelassen hat. Hat sie ihn wirklich gehasst? Die Gefühle, die sie einmal so heftig bewegt haben, sind unscharf geworden, Trauer und Wut sind verebbt. Ihre Einsamkeit war nur vorübergehend. Hier und jetzt ist sie wieder Teil eines Paares, *er* fühlbar, beinahe greifbar neben ihr, die seinem Credo ihre Stimme gibt. Er ist ihr in die Haut eingebrannt, aber das Tätowiereisen schmerzt nicht mehr.

Die Ausflüge im Jeep durch die Bergregionen Nordpakistans sind anstrengend, da wir niemals alleine sind, immer umringt von einem Pulk aus Regierungsdelegierten, Presseleuten und Bergsteigern verschiedener Nationalitäten. Weder Durchfall noch mangelnde Privatsphäre noch das nicht enden wollende Durchgerütteltwerden auf den Kamikazestraßen hoch über dem Indus schmälern für unsere Mutter das Erlebnis dieser Wallfahrt, von der sie erschöpft, aber zufrieden nach Hause zurückkehrt. Es ist fast so, als würde sie denken: es ist vollbracht. Sie hat sich der Vergangenheit gestellt und die Vergangenheit hat sie mit offenen Armen aufgenommen, einen nahtlosen Bogen in ihre Gegenwart gespannt. Vom Flugzeug aus wirft sie einen letzten Blick nach Osten auf die Berge ihres

Broad Peak – Collage von Arno Puskas (Slowakei)

ÖAV Karakorum
Expedition
Broad Peak 8047m
Erstbesteigung
9. Juni 1957

*von den Alpen zu den Achttausendern
40 Jahre Alpen-Stil im Himalaya 1957-1997*

für Buhl Hermann

Diemberger Kurt

Schmuck Marcus

Wintersteller Fritz

Mannes, den Nanga Parbat, den Broad Peak und die Chogolisa, die, von Schneefahnen hofiert, majestätisch in den straff gespannten Morgenhimmel ragen. Sie sieht die Welt, wie ihr Mann sie sah. Ein unvergessliches Bild. Sie ist glücklich.

Nachwort

von Kurt Diemberger

Der Wettkampf um die vierzehn Achttausender, der in den Fünfzigerjahren nach dem zweiten Weltkrieg seinen Höhepunkt erreichte, jedoch sich schon früher zu einer Frage der nationalen Ehre gesteigert hatte, hat den Bergsteigern das Äußerste abverlangt. So mancher fand auf diesen Expeditionen nicht nur Ruhm und Ehre und kostete das Glücksgefühl, als erster Mensch auf dem Gipfel eines Achttausenders zu stehen – nein, so mancher fand auch den Tod.

Schon der Krieg hatte unzählige Restfamilien hinterlassen – mit dem tragischen Erbe einer heroischen Zeit. Aber waren die Männer, die zurückkehrten, noch dieselben?

Man sagt, dass auch die großen Berge, das Vordringen in die letzten Höhen, Menschen verändern können – sie zumindest zeichnen. Das Dasein wird oft in schärfster Weise geprägt: allerdings nicht nur für diejenigen, die aufbrechen. Auch für die Hinterbliebenen des Krieges, auch für Frauen, deren Männer, für Kinder, deren Väter die Gipfel im Herzen tragen, zu denen sie die Sehnsucht immer wieder emportreibt.

Wie sieht die Tochter eines Extrembergsteigers ersten Ranges, wie Hermann Buhl es war, ihren Vater im Rückblick; welche Probleme, Höhen und Tiefen des Lebens steht ihre Mutter durch? Wie ist es, wenn der Vater, der Ehemann, eines Tages nicht mehr zurückkehrt, weil die geliebten Berge ihn für immer behalten haben? Er kann die Liebe nicht mehr erwidern, kann Härten und Schicksalsschlägen, die das Leben bringt, nicht mehr entgegentreten. Wie wirkt sein Schatten dennoch weiter, zeichnet die ganze künftige Existenz, ohne dass er selbst da ist?

Kriemhild Buhl hat ein mutiges Buch geschrieben, sie geht all diesen Fragen in großer Offenheit auf den Grund. »Eigentlich wollte ich das Buch *Die Frau des Bergsteigers* nennen, weil meine Erzählung wohl treffend für die Geschichte vieler Frauen an der Seite von Abenteurern ist. Aber es erinnert manchmal eher an eine Spurensuche nach dem Vater, den ich so früh verloren habe. In Wirklichkeit ist es beides: Vatersuche und Hommage an die Mutter«, sagt sie.

Meines Erachtens gelingt ihr beides: Sie bringt nicht nur die Hingabe, die vielen Opfer und doch immer wieder das Glück ihrer Mutter an der Seite dieser Berglegende zum Leben, nein, auch die Eigenwilligkeit, Härte und doch letztendlich Fürsorglichkeit ihres Vaters – die ich selbst noch auf seiner letzten Expedition erlebt habe. Freilich, ohne die Berge konnte Hermann Buhl nicht existieren und Tochter Kriemhild sagt es deutlich, mit eigenen Worten: »Extrembergsteiger sind Besessene. Sie müssen es sein. Ohne Besessenheit kann man das Ziel, das so viel Entsagung und Selbstüberwindung fordert, nicht erreichen.« Es stimmt; Jahre hindurch – mit bis zu drei Expeditionen pro Jahr – habe ich das selbst erlebt und muss es eingestehen: Wir Besessenen wissen, was wir unseren Angehörigen abverlangen. Manchmal alles. Wir saugen die Energie aus unseren Nächsten heraus, zentrieren unsere Mitmenschen auf uns, machen sie vorübergehend zu Trabanten.

Aber da ist auch die andere Seite: Wir bieten im Gegenzug viel Licht. Unsere Leidenschaft ist ansteckend – sogar für diejenigen, die nie die letzten Höhen mit eigenen Füßen betreten werden. Wir schenken ihrem Alltag Höhen und Tiefen, Spannung, Glaube und Hoffnung. Wir teilen mit ihnen unsere Träume. Solange wir leben ...

Ich habe Hermann Buhl nur kurz gekannt. Uns blieb nicht viel Zeit. Dennoch betrachte ich ihn als meinen »Expeditionsvater« – und was wir erlebten, war einmalig. Minuten im letzten Sonnenlicht in achttausend Meter Höhe, die ersten Menschen auf einem Gipfel, die das sahen. Der Ansturm zu zweit mit einem winzigen Zelt, höher und höher, an einem Siebentausender. Und Zukunftspläne, Träume ... Was bedeutet am Berg schon Zeit, die vergeht, dort, wo nur die Gegenwart zählt?

Ich war ein junger Draufgänger, der schon jahrelang davon träumte, einmal im Leben hinauf zum Gipfel eines der ganz Großen zu steigen – und da war Hermann Buhl, ein Mythos seit seinem Alleingang auf den Nanga Parbat. Er wurde mein Lehrmeister und ich habe seine Ideen bis heute weitergetragen. In fünf Jahrzehnten habe ich ihn immer wieder gegen Falschdarstellungen anderer verteidigt und so wird es bleiben. Seine Taten sprechen eine klare Sprache.

Der Tod des Freundes beendete Träume, aber für mich nicht sein Dasein.

Bologna, im März 2007

Kurt Diemberger

Elly Beinhorn
Alleinflug

Das aufregende Leben der Flugpionierin

Sie war die erste Frau, die um die Welt flog: Elly Beinhorn, eine der mutigsten Frauen des 20. Jahrhunderts.

Mit 20 machte sie als eine der ersten Frauen den Pilotenschein, mit 23 startete sie allein zu ihrem ersten Afrikaflug, der mit einer Notlandung und vier Tagen Fußmarsch durch die Sahara endete. 1932 gelang ihr die Weltumrundung im Alleinflug, 1936 überflog sie innerhalb von 24 Stunden drei Kontinente (Afrika, Asien und Europa). Und sie flog als erste Frau über den Atlantik. In ihrer Autobiografie lässt Elly Beinhorn ihr abenteuerliches Leben Revue passieren.

384 S. mit großem Bildteil, ISBN 978-3-7766-2522-6
Herbig

Lesetipp

BUCHVERLAGE
LANGENMÜLLER HERBIG NYMPHENBURGER
WWW.HERBIG.NET